CHIKEN Kunihiko
知見邦彦

米国における
保険の金融化

唯学書房

# はしがき

　本書は、2011年に中央大学経済学研究科に提出させていただいた博士（経済学）学位論文に若干の修正・追加をおこなったものである。本論文の構想および内容は同校同研究科の米田貢教授をはじめ、井村進哉教授、黒木祥弘教授、同校商学研究科の高田太久吉教授の指導を受けたものであり、深く感謝申し上げたい。

　東京農業大学の小松善雄教授、立教大学の小西一雄教授には資本論研究会および研究会終了後の論壇風発を通じて、20年余にわたり経済学全般、マルクス信用理論をご指導いただき経済理論研究を継続するエネルギーを注入していただいたことに感謝したい。

　米国の保険の実証研究においては勤務していた会社や同業の方々にアドバイスをいただく等のお世話になった。個別名をあげることはさし控えるがお礼を申し上げたい。

　私は40年近く損害保険会社に勤務していたが、その会社が2001年の同時多発テロによるファイナイト再保険契約の巨額ロス発生の影響で経営破綻した。それ以降、当然のことながら破綻の直接原因となった保険契約の仕組みと背景について無関心ではいられなかった。2007～2008年の世界金融危機で金融保証保険を引き受けていたモノライン保険大手社とAIGの経営破綻を契機とした金融システムの動揺をみることによって、保険と金融の関連と区別についての問題意識がより一層鮮明となったことが、米国における保険の金融的変化を理論的に研究する契機となった。

　本論は、それらの米国での保険現象を「保険の金融化」という概念で総括し、保険本質論に立ち返って分析し、あわせて保険理論の金融理論化を批判的に考察したものであるが、そのような分析視角をもつ保険研究は一般的ではない。未開拓の分野に一石を投じることになるとすれば望外の喜びである。

ご批判をいただけたら幸いである。

　　　　　　　　　　　　　2011年冬　猿橋の山里にて
　　　　　　　　　　　　　　　　　　知見邦彦

# 目　　次

はしがき　iii

## 第1章　序　論 … 3
1・1　問題の所在と研究の目的　3
1・2　保険の金融化の分析視角　5
1・3　本書の以下の構成　7

## 第2章　保険の金融化現象 … 11
2・1　米国の保険商品、保険産業、監督・規制　11
　2・1・1　保険産業の概観　11
　2・1・2　保険種目と保険機関　12
　2・1・3　個別保険商品　14
　2・1・4　再保険　35
　2・1・5　保険販売チャネル　41
　2・1・6　保険監督・規制　43
◆補論◆　保険の金融化に関わる経営危機・破綻事例　48
2・2　保険と金融の融合　55
　2・2・1　リスクマネジメントの多様化　56
　2・2・2　保険の代替的リスク移転（ART）　59
2・3　保険商品（機能）の金融商品（機能）化　64
　2・3・1　保険商品に金融機能を付加したファイナイト保険　64
　2・3・2　金利感応型保険商品　65
　2・3・3　保険リスクの証券化　66
　2・3・4　保険機能のデリバティブによる代替　73
　2・3・5　金融リスクの保険対象化と信用補完機能化　75
　2・3・6　保険商品の金融商品化による保険機能の衰退　79

v

## 第3章 保険産業の収益構造の変化および機関投資家化 …… 91

- 3・1 保険の金融化による収益構造の変化　92
  - 3・1・1 保険商品価格（料率）への投資収益反映　93
  - 3・1・2 生命保険商品の変化による利潤率への影響　95
  - 3・1・3 年金の伸張が収益構造に与えた独自な影響　97
  - 3・1・4 保険産業の相対的な利潤率低下　99
  - 3・1・5 損害保険の収益構造の変化　101
- 3・2 保険企業の金融機関化と金融コングロマリット化　104
  - 3・2・1 保険企業の金融機関化（投資信託化）　104
  - 3・2・2 金融コングロマリット化と保険産業　109
- 3・3 保険の金融化と保険企業の機関投資家化　112
  - 3・3・1 機関投資家の資金の規模と役割　112
  - 3・3・2 機関投資家の年金資金受託・運用責任　115
  - 3・3・3 投資活動の多様化と投機化　117
  - 3・3・4 資産・負債総合管理（ALM）導入とその限界　124
  - 3・3・5 投資銀行ビジネスモデルに組み込まれた保険企業　126
  - 3・3・6 保険資金の特徴・制約とリスクマネーに転化する構造　129
- ◆補論◆ 機関投資家としての損害保険　132

## 第4章 経済の金融化と保険の金融化 …… 137

- 4・1 経済の金融化と金融システムへの影響　137
  - 4・1・1 経済の金融化　137
  - 4・1・2 経済の金融化が金融システムに与えた影響　139
- 4・2 保険料基盤と保険企業への経済の金融化の影響　141
  - 4・2・1 経済の金融化のもとでの「個人セクター」の変化　142
  - 4・2・2 「非金融セクター」の金融資産投資と金融収益依存　150
  - 4・2・3 経済の金融化とコーポレート・ガバナンスの変化　155
  - 4・2・4 金融機関の競争激化と保険産業への影響　157
- 4・3 経済の金融化が保険に与えた独自の影響　159

## 第5章 保険本質論の学説史的考察 ……………………… 163
- 5・1 保険の経済的役割と保険機能の歴史的考察　164
- 5・2 保険商品の使用価値をめぐる保険本質論争　169
  - 5・2・1 保険商品の使用価値としての経済的保障機能　170
  - 5・2・2 各種保険の統一的本質規定と予備貨幣説　180
- 5・3 保険資本の経済的保障機能と金融機能　184
  - 5・3・1 経済的保障機能を中心として　184
  - 5・3・2 金融機能の拡大と保険資本の性格規定　187
  - 5・3・3 金融仲介業としての保険資本とリスク論　194

## 第6章 終　章 ……………………………………………… 207
- 6・1 米国における保険の金融化と保険論の課題　207
- 6・2 本書における残された課題　209

参考資料　213
参考文献　215
索　引　225

# 米国における保険の金融化

# 第1章 序　　論

## 1・1　問題の所在と研究の目的

　米国では保険を通じて集められた資金が累積され、保険企業（特に生命保険）は保険の保障機能より金融機能の側面で、また巨大な機関投資家としてその存在が注目を集めるようになった。2008年世界金融危機のなかで「システミック・リスクの引き金を引いた」とまでいわれたAIG（American International Group）の経営破綻は、保険を一躍表舞台に引きずり出した。保険が金融システムを脅かす存在になったのははじめてのことである。

　問題の第1は、保険と金融の差異と連関の問題である。AIGはCDS（クレジット・デフォルト・スワップ）取引による失敗が破綻の直接原因であったが、このデリバティブは保険と酷似していた。また、モノライン保険大手社の経営破綻で注目を集めた金融保証保険は、ローンを証券化し二次的・三次的に組成した証券化商品がデフォルトした時の元利保証をおこなうものであったが、これもまた立ち入ってみなければ、保険なのか、金融商品[1]なのか判然とはしない。さらに、保険システムと金融システムがどのように関係しあって変化し、2008年世界金融危機につながっていったのかという問題がある。これが本書の課題を研究対象にしようとした最初の動機であった。

　第2は、保険の経済的本質についてである。保険とは何か、金融のなかでの保険の独自性とは何かという時、経済制度との関連で保険機能はどのよう

な役割を果たしているのかということが問題になる。損害保険は偶発的な事故により発生した経済的損害を補償し、また生命保険は経済的な保障をおこなう機能をもつというのが通説である[2]。保険業、特に生命保険業では平準保険料方式[3]という保険料支払方法によって巨額の保険資金[4]が蓄積される。その資金の投資による利潤が保険利潤のなかでの割合を高めることが一般的になる。そこから保険の保障機能と金融機能をどのように関連付け、保険の経済的な本質をどう規定するかという問題が現出する。

　第3は、公的保険の民営化が私的保険にどのような影響を与えるのかという問題である。米国では公的社会保険制度が部分的に存在するだけで大部分を民間保険会社が代替している。このことは、米国では本来であれば、民間保険の公共性が強いという性格をもっていることを意味しているが、実際には保険の金融化現象のなかで、投機的性格の強い金融商品化をともなう年金・医療の民営保険化が一層進行することによって、米国保険企業は巨大な機関投資家になった。公的保険の民営保険化とそれによる機関投資家化が保険業にどのような変質をもたらすかが問題となる。

　第4は、保険資金がなぜハイリスクな投機的資金に転化したのかという問題である。社会保険を代替する保険も含めて、生損保保険料は機関投資家である保険会社に吸引される。2008年世界金融危機では、保険会社を含む機関投資家に蓄積された過剰な貨幣資本が、実体経済へ還流するよりむしろハイリスクな金融商品・市場に流れたといわれている。保険でみれば、保険金支払準備金の一部がハイリターンを求める投資資金に転化したのである。保険料の多くは労働者の賃金を原資とするが故に安全性を優先すべき資金でありながら、なぜハイリターンを追求する投機的資金に転化したのか、それを必然化させた要因は何か、ここも筆者の大きな関心事であり、論理的に明らかにしたいところである。

　第5は、保険の金融化現象と「経済の金融化」の関係である。AIGやモノライン大手社の破綻をもたらした金融的変質は、一時的あるいは、特異な現象ではなく、全般的また構造的な性格をもつものであると思われる。「経済の金融化」のなかでの実体経済の変化が保険に与えた影響、金融「肥大

化」現象が保険商品・利潤に与えた影響、各金融業界間の競争が保険に与えた影響などの角度から問題が解明されなければならない。

　第6の問題として、筆者は保険の金融化を合理化し、誘導したのは保険理論の「保険と金融の融合」論化、金融主導の保険金融論化ではないかと考えているが、これを批判的に検討する手掛かりは、かつての我が国における保険本質論争を経て形成された伝統的保険学[5]のなかにあると考えている。「保険と金融の融合」の意義として、保険リスクが金融市場へ移転することにより、保険市場と金融市場が一体化し、リスク移転の効率性が高まるとの議論がなされたが、その妥当性を保険本質論に立ち返って考察する。

　2008年世界金融危機のなかで具現した保険の暴走を抑制するためには、保険資金の投機的資金への転化を規制するだけではなく、これらの保険の金融化現象全体にメスを入れなければ有効な保険監督・規制はできないだろう。度重なる金融取引での失敗による経営破綻を繰り返しながら保険の金融化現象はますます広範囲にわたり、保険システムは全体として存立が脅かされている。取り扱う商品が、保険か金銭の貸借かデリバティブなどの金融商品かの見きわめがつきにくいだけでなく、保険企業の子会社を使った企業行動はますます複雑なものになっている。保険の本質を明確化する課題は政策的課題としても緊急性・重要性が高まっている。

## 1・2　保険の金融化の分析視角

　特定の産業の変質を分析しようとする時、そもそもその産業がいかなる商品を販売するのか、どんな価格で販売するのかについて、その変化の内容を分析することによってはじめてその産業の基底的変化が把握できる。販売される商品が市場でどのような需要を満たし、その商品の価格がどう変化するかによって、当該産業、それゆえそこで利潤を求めて活動する企業の収益構造と成長が規定されるからである。保険の金融化という場合も同様である。

　ところで、保険の金融化という本書の分析対象の規定の仕方に対して、学

間的な立場の違いや、保険業は金融部面の一部面という常識的な立場に基づいて違和感を覚える向きも多いと考えられる。そこで、本書の展開に先立って、筆者が、保険と金融をいかに区別しているのかについて、あらかじめ簡単に述べておきたい。金融（機能）とは、資金の融通のことであり、資金余剰の経済主体から資金を必要とする経済主体へ資金を融通することであると一般的には理解されている。これをマルクス信用理論の立場から敷衍すると次のようになろう。金融市場、本来の貸出市場で取り結ばれている関係は貸借関係であり、そこで売買されているものは、資本という商品である。貸し手は、一定額の貨幣を資本商品として販売する売り手であり、借り手はこの資本商品の買い手である。この貸借関係は、明らかに、一般商品の売買における売り手たる商品所持者と買い手たる貨幣所持者の関係とは異なる内容と外観を有している。資本という商品の買い手である借り手は、商品購入時点（貸借契約成立時点）では貨幣を所持せず、借り入れた資本商品の返済時点で、借り入れた元本と合わせて資本商品の使用料として一定の利子を支払う。この利子が、資本商品の価格なのであるが、それは明らかに投下労働量によって基本的に価値の大きさが決まる一般商品の価値価格とは根本的に異なる価格形態である。マルクス信用理論でいうこのような利子生み資本関係が一般に金融関係として理解されている。

　金融関係を以上のような利子生み資本関係としてとらえるならば、保険市場は本来の金融市場でないことは明らかである。なぜなら、保険契約者は保険企業に対して資本商品の売り手、すなわち貨幣の貸し手として対峙しているのではなく、保険会社が提供する何らかの経済的保障サービスの買い手として保険市場に現れるからである。保険契約者は、何らかの経済的保障を求めて保険市場に登場し、また保険企業も、何らかの経済的保障をもつ保険商品を売ることによって、その販売代金として一定の貨幣額を受け取っているのである。本書全体で明らかにされるように、米国では保険会社が、経済の金融化という現代資本主義のより構造的な変化の下で金融化、すなわち利子生み資本関係に絡めとられる関係が進行した[6]。

　それゆえ、本書では、保険の金融化現象を、①保険市場では何が売買され

ているのか、すなわち保険商品の使用価値は何か、②保険商品の使用価値に対して支払われる価格はどのようにして決まっているのか、③保険商品を販売する保険企業（資本）は、自らの手元で集積される大量の貨幣資本をどのよう運用しているのかの、三つの分析視角に基づいて考察を進める。①の分析視角からは、保険商品の使用価値の側面が後退し、保険契約者にとって金融商品の購買の側面が強くなっていく過程が、さらに保険機能が金融商品（市場）によって代替される過程が主要な検討課題をなす。②の分析視角からは、保険商品の価格は保険料率によって表現されるが、その水準の決定に対して保険資金の運用利益（利回り）がどのように影響するのか、従ってまた、保険企業の利潤率への影響が問題となる。③の分析視角においては、他の金融業態との激しい競争によって資金流出に見舞われた保険企業（保険資本）が、経済的保障機能に比して金融機能を次第に拡大していき、その結果機関投資家、あるいは投資信託化し、金融市場依存を強めていかざるをえない過程が、主要な検討対象となる。

## 1・3　本書の以下の構成

　このような課題に対する本書の構成は以下のようになっている。
　第2章は、米国の保険について商品、産業、諸制度を概観したうえで、保険の金融化現象を分析していくが、上記の三つの側面のうち、①の保険商品の使用価値の金融商品化に関連する保険商品の変化、また金融的手法を活用した保険代替としての保険リスクの証券化等および金融リスクの保険対象化を対象とする。
　第3章は、保険の金融化が保険産業の収益構造と機関投資家化にどのような影響を与え変化をもたらしたのかを分析する。第1には、上記の三つの側面のうち、②の側面、保険商品の価格が保険の金融化によって影響を受け、収益構造が変化したことを分析する。第2には上記の三つの側面のうち、③の側面、保険の金融化が保険企業の金融機関化、機関投資家化にどのような

影響を与えたのかを分析する。その内容は、保険産業の機関投資家としての役割の増大、資産増加の要因、資産運用の多様化・投機化などであり、さらに、保険資金運動の特殊性、保険資金が保障機能から制約される投資活動上の制約、その制約が突破され保険資金が投機的資金に転化する構造についても包含される。

　第4章は、経済の構造的な変化である「経済の金融化」と保険の金融化の関係を考察する。「経済の金融化」そのものについては本書の主題ではないので、その保険の金融化への影響に焦点を当てて考察する。経済の金融化がもたらすものは、保険基盤に与えた影響、金融肥大化が与えた影響、金融機関の競争に与えた影響等の諸側面がある。そのなかで保険市場に関わりの大きい家計部門、非金融産業部門が経済の金融化によって保険料の伸びに影響を受けた問題とともに、家計部門の金利選好の強まりが保険商品の金融商品化に与えた影響の問題を重視する。

　第5章は、保険機能の本質論(保険商品の使用価値)と保険金融論についての学説史的な研究をおこなう。保険本質論争は、保険の本質を経済的保障の達成を目的とする経済的制度としたいわゆる「経済的保障説」を中心に様々な角度から論争された。そのなかで、実証研究との関係で重要と思われる二つの議論、①保険の経済的保障機能と金融機能のうち、どちらが中心的な保険機能であるのか、②保険資本の銀行資本と異なる独自な性格とは何か、についての論点を重視しながら考察する。さらに、「保険機能と金融機能が融合する」との議論を保険本質論争との関連でどのように評価できるのかを考察する。

　第6章は、第2章から第4章までの実証研究と第5章の保険理論の学説史的な考察のなかから、筆者が新たな理論的な貢献と考えうる内容と今後に残された理論的な課題を述べる。

**注**

1　　上野、[2004]、4頁によると、金融商品は、現金、受取手形・売掛金・貸付金

2 　損害保険の機能は偶然な事故により発生した経済的損害を「補償」することであり、生命保険の機能は経済的な準備を「保障」することである。両者を包含した保険機能についても経済的保障という表現が一般的に用いられる。

3 　生命保険料率は死亡率を基礎にして計算される。年齢別の死亡率によれば当然ながら高齢者は高く若年者は低い。これに基づき生命保険料を計算すれば高齢者は著しく高い保険料になってしまう。そこで各年の保険料を毎年同額にして平準化する。従って若年保険料は各年の死亡率より計算された保険料より高くなる。これが保険資金の高蓄積の基礎となる。

4 　保険資金とは、保険料として収入され、保険会社に滞留した後、保険金となって支出されるという保険機能に従って運動する貨幣であると同時に、金融収益をあげるために投資資金として金融市場で運動する貨幣資本でもある。

5 　小川、[2008 (a)]、275 頁によれば、伝統的保険学とは、日本における戦前からの流れをくみ、戦後の保険本質論争を中心とした論争過程を経て形成された保険学であり、中心的論者は印南博吉、笠原長寿、庭田範秋等があげられる。

6 　**2・2** および **2・3** で詳述するが、保険会社は投資信託化、機関投資家化したかのようにみえる。なお、マルクス信用論においては、利子生み資本関係は信用関係の一側面にすぎない。もう一方の信用関係は、商業信用―銀行信用に関連する貨幣支払約束書の流通形態の発展における信用関係である。すなわち、それ自体は貨幣ではなく、単なる貨幣支払約束書でしかないものが、あたかも貨幣であるかのように授受され転々流通していく関係である。その原基的形態が流通する商業手形であり、その延長線上に銀行券、さらには預金通貨がある。資本主義に固有の信用制度である銀行信用は、利子生み資本関係と信用貨幣関係が結合したものに他ならない。このような銀行を保険などと一括りにして金融仲介機関と規定すれば、それは銀行資本や保険資本の独自性を見失うことになる（米田、[1987]、第 3 章、第 1、2 節を参照）。

# 第2章 保険の金融化現象

本章では、米国の保険産業の本来的な保険商品とその変化を概観（**2◆1**）したうえで、1970年代以降の保険商品の金融商品化の分析（**2◆2**および**2◆3**）をおこなう。

## 2◆1　米国の保険商品、保険産業、監督・規制

### 2◆1◆1　保険産業の概観

世界的にみて、表1のとおり米国の保険市場が占めるシェアーは圧倒的に

**表1** 世界の損害保険・生命保険元受保険料上位5カ国：2009年
（単位：百万ドル、％）

| 順位 | 国名 | 損害保険料 | 生命保険料 | 合計保険料 (A) | A／世界の保険料：(％) | GDPに占める割合：A／GDP(％) | 1人当たり合計保険料 ($) |
|---|---|---|---|---|---|---|---|
| 1 | 米国 | 648,083 | 501,675 | 1,149,758 | 28.03 | 8.07 | 3,743 |
| 2 | 日本 | 107,762 | 410,309 | 518,071 | 12.63 | 10.18 | 4,074 |
| 3 | イギリス | 95,446 | 216,719 | 312,165 | 7.61 | 12.92 | 4,563 |
| 4 | フランス | 88,993 | 194,077 | 283,070 | 6.90 | 10.37 | 4,289 |
| 5 | ドイツ | 127,945 | 111,996 | 229,941 | 5.61 | 7.11 | 2,904 |

注：ドイツの損害保険には医療保険が含まれる。ドイツの公的医療保険制度は全住民を対象とする社会保障制度であるが、一定額以上の所得層については公的医療保険か民間医療保険を選択することができ、民間医療保険が公的医療保険に代替できるという特徴がある。
出典：スイス再保険会社『Sigma』2010年第2号、9～14頁から作成。

表2　米国における従業員1人当たり資産額：2008年（単位：ドル）

| 順位 | 産業 | 資産額 |
|---|---|---|
| 1 | 商業銀行、貯蓄銀行 | 9,852,282 |
| 2 | 生命保険、医療保険 | 7,852,939 |
| 3 | 損害保険 | 3,731,880 |
| 4 | 複合金融機関 | 2,637,934 |
| 5 | エネルギー | 1,970,439 |
| 6 | 公益事業 | 1,814,128 |
| 7 | 石油精製 | 1,696,087 |
| 8 | 鉱業、石油 | 1,279,101 |

出典：フォーチュン500、Top Industries: Most bang for the buck（http://money.cnn.com/magazines/fortune/global500/2009/performers/industries/）。

大きい。米国の保険事業の特徴は日本と比較して、事業設立認可・商品・料率・ソルベンシーなどについて比較的自由度が高いことである。監督・規制は基本的には連邦ではなく州ごとにおこなわれる。また、保険会社の数が多く[7]（2006年現在、損害保険会社2,648社、生命・健康保険会社1,257社）、機関投資家（特に生命保険）としての位置が高い等の点が米国保険産業の特徴である。ただし、GDPに占める合計保険料割合および1人当たり合計保険料は、米国よりイギリス、フランス、日本が高い。

また表2によれば、米国における従業員1人当たり資産額では生命保険、医療保険が2位、損害保険が3位を占める。保険産業の機関投資家としての位置の高さは第3章で論述する。

## 2・1・2　保険種目と保険機関

米国における保険は、生命保険、火災保険、災害保険（火災保険と災害保険をあわせ損害保険との分類もされる）と分類される他に、保険会社の扱い保険種目がモノ（単独）かマルチ（複数）かによって分類される[8]。歴史的にみて、海上や陸上の大災害の際の多額の保険金支払いによって生命保険契約者が犠牲になることを避けるために、モノライン営業の必要性が重視されてきた。サブプライム・ローンに関連した仕組み債の信用リスクに対し、金融保

証保険を提供したのも、同様の発想からモノライン会社である。しかし米国では、自動車保険が創設されると、火災保険者が車両保険を、災害保険者が賠償責任保険を別々に引き受けるという利便性の問題が生じた。これに対して、消費者から自動車事故に関わるすべての事故を一括してカバーする保険の要望が強まったこと、英国では完全なマルチライン営業がおこなわれていたことから、1955年までに自動車関連リスクの一本化が全州で施行されるようになった。モノライン志向が根強いという米国保険業の特徴は漸次後退し、後にみるように近年、企業のリスク（保有有価証券の価格下落等も含め）すべてを包括してカバーする保険が登場するようになっている[9]。この包括カバーは特定リスクごとの損益がみえなくなり、本来は料率引き下げをおこなって消費者に利益還元すべきリスクに関する保険商品料率が、割高なまま維持されてしまうという問題がある。

　次に生命保険と損害保険の主要な個別保険商品をみていくが、それらの歴史的背景、社会状況、経済的発展との関係にも必要な範囲で触れていく。その前に、営利保険事業以外の保険―共済保険について概観しておく。

　米国の共済組合の歴史は欧州からの移民が米国に流入してきた1800年代にさかのぼる。民族、宗教等の同一の背景をもつ人々の相互扶助的な性格のものであった。1868年、鉄道におけるAOUW (Ancient Order of United Workmen)が嚆矢とされる。スキームは加入時に1ドルの支払いを義務付け、死亡が発生した場合には各会員から1ドルを徴収し、遺族に対し2,000ドルを限度に支払うという賦課方式の事業運営をおこなっていた。低廉な掛け金が人気を博し、AOUWおよび、その類似タイプが急速な発展をとげた。当時の営利生命保険の主力商品であった養老保険および終身保険が中・高所得層を対象としており、定期保険が定着していなかったことが背景にあった。保険市場における共済保険のシェアーは、1900年前後には40～50％を占めていたが、民営保険会社の商品開発や共済保険の民営保険との同質性の強まりと競争激化によって、シェアーは2002年には保険料で1％、総資産で2％に落ち込んでいる[10]。

## 2・1・3　個別保険商品

### 2・1・3・1　生命保険商品
(1) 商品分野別の事業概況

米国生保会社は、中核事業として生命保険 (life insurance)、年金 (annuities)、医療保険 (accident and health insurance) の3事業分野に加え、資産運用をはじめとする金融業などを営んでいるが、その基本は生命保険である。まず、商品分野別の量的変化を表3で確認しておく。

約60年間で、生命保険が76％から23％へ大きくウェイトを低下させる一方、年金が12％から51％へと著しい上昇を示している。医療保険も20％を超える占有率を維持している。米国生保業界で終身保険等を主体とする伝統的な生命保険が中心的地位を占めていたが、近年劇的な減少をもたらしていることが歴史的な特徴である。ウェイトの低下が顕著な生命保険分野のなかでも商品構成面では大きな変化がみられる。代表的な生保リサーチ機関であるリムラ (LIMRA) の統計によると、個人生命保険部門の商品構成変化を新契約年換算保険料ベースでみると、1976年には88％を占めていた終身保険のウェイトが2008年には23％までに低下している。これに対して、1980年頃から急速に普及し始めたユニバーサル保険が、1981年の2％から2008年には、54％（変額ユニバーサル保険を含む）にまでウェイトを高め、今日では個人生保の中心的な役割を担うまでになった[11]。

図1で、全種目合計の個人生命保険契約件数と新契約年換算保険料の推移をみると1970年代～1980年代半ばは件数、保険料とも増加し、1980年代半ばから件数は減少、保険料は1980年代末頃から停滞に移り、2000年前後

**表3　米国生保の収入保険料事業種類別占有率の推移：1950～2008年（単位：％）**

|  | 1950 | 1970 | 1990 | 2008 |
|---|---|---|---|---|
| 生命保険 | 76 | 59 | 29 | 23 |
| 年金 | 12 | 10 | 49 | 51 |
| 医療保険 | 12 | 31 | 22 | 26 |

出典：ACLI (American Council of Life Insurers) Fact Book より作成。

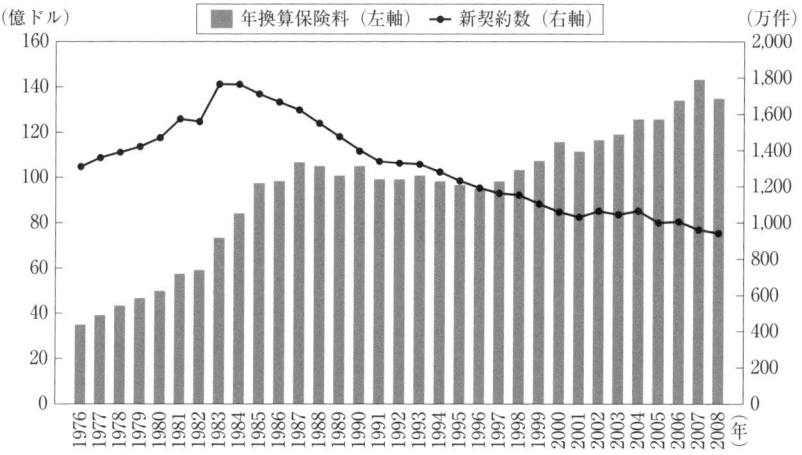

図1　米国個人生命保険契約件数と新契約年換算保険料の推移：1976〜2008年（単位：億ドル、万件）

出所：松岡、[2009]、30頁。
出典：表3と同じ。

から再び上昇に転じている。保険料増加の一因は一時払い保険料の増加があげられる。1989年から2008年までの間に一時払い保険料が2.8倍に増加しているのに対し、平準払い保険料は1.3倍に増加しているにすぎない。一時払い商品は伝統的な保障商品ではなく、金利感応型商品（積立保険料部分を市場金利等に関連させた商品）が大部分を占める。ユニバーサル保険の伸張の背景には、保険の金融化現象をもたらした高金利があり、様々な新たな金融商品が登場するなかでの生命保険の金融商品型保険商品へのシフトが生じた。1990年代の保険料の伸びの停滞は過当競争のなかでの定期保険の保険料値下げ競争が一つの要因である。その過当競争の激しさは「タームウォー」とよばれた。また、1990年代には不正販売問題が発生した。金利低下局面でおこなわれた「高金利が継続すれば、将来は配当で保険料が賄えるようになる」とのセールストークが違法とされ、1993〜1994年には苦情、訴訟が多発し、消費者の生命保険会社への信頼は低下し販売不振につながった。生命保険の世帯加入率（団体契約を含む）は1960年に83％あったものが、2004年に78％まで低下している（日本は87.5％）。内訳では個人契約が減少、団体

契約が増加している[12]。

(2) 生命保険
① 生命保険商品の分類と使用価値
　個別の生命保険はどのような使用価値をもつものかをみていこう。生命保険は、保険事故が被保険者の死亡、生存、または両者が組み合わされたものであるかどうかによって、基本的に、死亡保険、生存保険、生死混合保険に分類される。死亡保険の代表的なものは定期保険（Term Insurance）で被保険者が死亡した時だけに保険金が支払われる。いわゆる掛け捨て保険とよばれ、満期保険金がない生命保険で、死亡した時の保障だけが保険の目的である。契約者が定められた期間（保険期間）に生存していれば保険金は支払われず、契約は消滅する。

　米国では当初、家計を対象にした生命保険の引受をおこなっていたが、ドイツ、イギリス等と比較し社会保険の発達が遅れていたため、その不備を補うものとして企業を対象とした団体生命保険（Group Life Insurance）が登場した。会社が契約者となり（保険料を支払い）、従業員（被保険者）が事故または病気で死亡した場合に、一定額の死亡保険金が遺族に支払われる保険である（個別従業員との契約不存在が問題として指摘された）。社会保険の不備を補う性格とともに労務管理的な福利制度として発展し、他国でも導入されていった。

　生存保険とは、被保険者が一定期間経過した後で生存している場合だけに保険金が支払われるものである。年金が代表的なもので、いわば自分や家族のための資金蓄積を目的とした保険であるともいえる。定期保険との違いは貯蓄部分があるため、契約の途中で貯蓄部分を引き出すことが可能な点である。

　これまで最も一般的な生命保険であった終身保険（Whole or Permanent Life Insurance）は、保険加入時点から被保険者が死亡するまで保険期間が継続し、被保険者が死亡した場合に死亡保険金が支払われるという点では死亡保険に分類される。しかし、定期保険と違って、責任準備金が年々積み増しさ

れ資産運用によってキャッシュバリュー（解約返戻金）が増加していく。生存中でも契約を解約すれば解約返戻金を享受することができることから生存保険の性格も併せ持っているため、生死混合保険ともいわれる。養老保険（Endowment Insurance）は被保険者が保険期間内に死亡した時にも、生存して満期を迎えた時にも同じ保険金額が支払われる典型的な生死混合保険である。

② 保険料積立部分とユニバーサル保険

　個人生命保険分野で主力商品となっているユニバーサル保険（Universal Life Insurance）は、終身保険の変形で、保険契約締結後も毎月の保険料を変更することができる商品である。1982年に、MMMF（Money Market Mutual Fund、短期金融資産投資信託）の対抗商品として開発されたものである。保険料が保障部分、保険料積立部分（貯蓄部分）に区分され、保険料払い込みおよび保険金額設定に自在性がある。毎月、預かり金口座のなかから、保険を継続していくために必要な経費を自動的に引き落とし、残された預かり金が運用される。運用対象はTB（Treasury Bill、短期国債）やCD（Certificate of Deposit、譲渡性預金）等の短期運用商品が中心となっている。運用利回りに基づき毎月利息が計算され預かり金口座に繰り入れられる。また、保障ニーズに合わせた保険金額の増減が可能である。具体例でみてみよう。従来の生命保険では、1,000万円の保険金額に対し、毎月3,000円の保険料というように、基本的に保険金額を基準に保険料が計算される。たとえば、保険金額を500万円に減らしたい、という要望があれば、保険会社はそれを受けて500万円の契約に変更し、同時に保険料も変更（再計算）される。ところがユニバーサル保険の場合は、積立部分と保障部分が明確に分けられているので、たとえば毎月の支払保険料3万円に対して、必要な死亡保障額に必要な費用が3,000円であれば、差額2万7,000円は積立口座に蓄えられる。ここで、死亡保険金が500万円に変更された場合、3万円の払込額は変更されず、3,000円の死亡保障への充当が1,500円に変更されるとすると、積立口座への繰り入れが2万8,500円となる。上下限の制約はあるが、被保険者が貯蓄部分を増やせば増やすほど金融商品の性格が強まるのである。死亡時の保障

は、その定期保険部分に存在しているだけで、貯蓄部分は投資信託に近いといえよう。ただし、投資信託と違って、元本保証に類似した最低保証があることは後述する。変額生命保険（Variable Life Insurance）は契約者の判断で資金を運用し、運用実績に応じて死亡保険金、解約返戻金が増減するものである。

　死亡保険は「人が死ぬ偶然性」により将来の支払保険金が確定しないが、生存保険（生死混合保険）はすべての契約に対して将来の保険金（解約返戻金）支払額が確定している。年金であれば、将来の年金給付のために予定利率で割引いた年金保険料を責任準備金として積み立てられる。ここに生命保険会社が貨幣資本を蓄積し機関投資家として機能する一つの基礎がある。また、貯蓄性を有する生命保険契約（含む年金）を獲得することによって、個人貯蓄を吸収する金融機関の性格をもつことになり、他の金融機関との類似性と競合性をもつ基礎にもなっている。

## (3) 年金

### ① 生命保険会社の最大営業種目

　米国の公的年金制度は大恐慌による大量の失業者の発生を機に、ニューディール政策の一環として社会保障法が制定されたことを基礎に老齢・遺族・障害者年金（Old Age Survivorship Disability Insurance）が整備された。年金受給には10年以上の加入期間が必要とされ、年金支給開始年齢は65歳[13]である。80年代のレーガン政権下において給付水準が引き下げられた結果、水準は月1,000ドル未満で、生命保険会社の年金、401（k）[14]、個人退職積立勘定（Individual Retirement Accounts、IRA）等で自衛せざるをえなくなり、私的年金への加入者が急増した。公的年金が後退すると私的年金が発展するという関係があることは後述する。米国の年金制度は公的年金、企業年金、個人年金の三層から構成されるが、私的年金である企業年金および個人年金の役割が大きい。これらの各層において莫大な年金資金の積立がおこなわれており、その運用資金は退職金市場（retirement market）の重要な部分を構成し、保険会社を含む資産管理・運用をおこなう金融機関に大きなビジネス

機会を提供している。

　生命保険会社の年金への関与は、団体年金および個人年金保険の提供と一体的な受託運用である。企業年金の積立（運用）機関として生命保険会社があり、団体年金が受け皿の商品となる。個人年金ではIRAなどの積立が生命保険の変額年金保険等によっておこなわれるという仕組みである。また、GIC[15]は各年金プランの主要な運用対象の一つとなっている。

　生命保険会社の保険料全体に対する年金保険料のウェートは、2008年で51.3％、責任準備金で61.5％を占めるまでに至っている[16]。年金商品には死亡保障の機能が含まれてはいるが、生命保険会社の主要な機能は年金商品の提供と受託資産の運用実績による退職者への生活保障サービスの提供となっている。伝統的生命保険商品を中心に販売する生命保険会社像は過去のものになっており、生命保険会社の主要業務は年金サービスといっても過言ではない様相を呈している。次に、個人年金および企業年金の使用価値が金融商品的に変化する過程とその内容を述べる。

② 個人年金

　生命保険会社の提供する年金商品は個人年金と団体年金（企業年金）に分類される。個人年金は、被保険者が所定の年齢に達すると毎年一定額の年金が給付される保険商品である。年金を受け取る期間によって終身年金、確定年金（生死に関係なく一定期間年金を受給）、有期年金（一定期間のうち、生きている限り年金を受給）などがある。受給する年金額が固定する定額年金保険と運用成果によって年金額が変動する変額年金とに分けられる。死亡した場合は死亡保険金が支払われる（年金給付は終了）ので生命保険としての性格も併せ持っている。

　生命保険会社が管理・運用する個人年金制度には、IRA、自営業者退職年金、節税年金がある。その中心は確定拠出型のIRAである。401（k）プランと同様に拠出額や投資対象を自ら決め、税制上も401（k）プランと同様の優遇措置があるため急増し、2007年の資産残高は4兆7,000億ドルに達し、米国家計の4割弱に普及する米国最大の年金プランになっている[17]。自営業者退職年金（キオ・プラン＝Keogh Plan、HR-10ともよばれる）は、自営

業者とその従業員を対象に 1963 年に設立された。節税年金（Tax-Sheltered Annuities）は、当初は慈善団体等の従業員を対象にしていたが、その後非営利、非課税の教育機関や宗教団体にまで拡大された。

生命保険会社の販売する年金は、団体年金が先行した後、1980 年代に入ると定額個人年金が成長を始め、さらに 1990 年代に入り株式市場の堅調や新たな商品開発の影響を受けて変額年金が急成長するに至り、規模面でも変額年金が定額年金を大きく上回る状況となった。加えて定額個人年金の変形として 1990 年代半ばに、払込保険料に対して株価指数にリンクして超過利率が付与されるうえに最低利率保証付きの株価指数連動型年金が発売され、2000 年代に入り急成長することとなった。個人変額年金は、今や米国生保の中核的事業に成長し、ベビーブーマー世代（1946〜1964 年生まれの約 8,600 万人）の退職後の資産確保の重要な手段を提供しており、2007 年度でその資産残高は生命保険業界の総資産の 29.2％を占めるに至っている[18]。

変額年金の基本的な内容・特徴は次のとおりである。変額年金は一般的には在職中の積立期間に契約者が一時払いまたは任意払いの保険料を払い込み、保険会社は、変額終身保険と同様に分離勘定においてミューチュアル・ファンド等で運用し、運用実績に応じて年金を支給する。運用パフォーマンスの実績は契約者のものであり、会社は、運用から得られる可能性のある利差益を放棄している一方で、契約者は何らかの運用最低保証を受けられるという保険会社にとってリスクの大きな商品である。最低保証には次のタイプがある。

- 最低年金給付保証（Guaranteed Minimum Income Benefit）
  契約者が年金を受ける時に、自己の積立金の運用実績如何にかかわらず所定の年金を保証するものである。
- 最低積立金保証（Guaranteed Minimum Accumulation Benefit）
  自己の積立金の運用実績如何にかかわらず、保険会社が投資資金の一定率（通常 100％、すなわち投資元本）を保証するものである。
- 最低中途引出額保証（Guaranteed Minimum Withdrawal Benefit）
  これは運用実績にかかわらず、毎年、当初投資資金の一定率（5％から

7%）を限度に、積立金の引き出しを認めるものである。投資元本まで引き出しを継続することができる。

　これらの最低保証特約は2007年度末で、変額年金契約の66％程度に付帯されている。この他に、終身引出保証、最低死亡給付保証がある。変額年金の全契約中、何らかの保証特約が付されている割合は2007年度で91％に及んでいる。では、なぜ保険会社は利幅の少ないリスクの大きいこの商品を売るかというと、他の金融機関の金融商品との競争上、資金流失を防ぐためであり、また一定の死差益が得られるとともに、費差益となる諸経費・手数料収入が一定の魅力となっているのである。諸経費・手数料は、解約控除（Surrender Charge）、死亡保障・管理経費（勘定残高の一定率、たとえば毎年1.25％）、管理手数料（毎年0.15％程度）、ファンド管理経費等である[19]。

③ 企業年金

　企業年金は政府による公的年金制度を補完する性格をもち、企業にとっては労務管理としての位置を占め、労働者・労働組合にとっては後払い賃金として団体交渉の対象とすべき重要制度であり、また、その商品としての性格は、経済的保障と同時に金融商品の色彩が濃いなど多面的な性格を併せ持っている。企業年金の運営は信託形態と生命保険形態があるが、信託の概念で展開されているのは、米英と日本である（生命保険形態並存）。世界的にみると、生命保険型企業年金が一般的であり、営利生命保険会社が中心となって企業年金を受託・運営しているといえる。米国における団体年金は、1921年に企業年金として始まった。当初は賦課方式（pay-as-you-go-Approach）[20]だったが、従業員の平均年齢が高まるとともに企業負担の支払額が増大したため、積立方式（funding method）に変わっていった。これが年金基金積立機関としての生命保険会社が企業年金を受託・管理する契機となった[21]。1930〜1940年代は企業年金制度が発展する背景の一つとして労働組合の発展期でもあった。AFL（米国労働総同盟）[22]は1935年の全国労働関係法（通称ワグナー法）で団結権、団体交渉権、ストライキ権が認められ活発な活動を展開、影響力を強めた。企業年金制度の展開に大きな影響を与えたのは傘下の全米トラック運転手組合（チームスター）であった[23]。一方、鉄鋼、自

動車等の資本集約的な産業の展開にともなって、CIO（産業別組合会議）が結成され、年金制度導入の交渉を促進していった。1947年の労使関係法（いわゆるタフト＝ハートレー法、Taft=Hartley Act）は、年金給付は賃金に含まれるべきものであり、雇用条件に影響を与えるものとして労使の団体交渉の対象となるとした。これが労働者に年金への一定の信頼を与え、これを契機に企業年金制度は大きな発展の時期を迎えた（ペンション・ドライブといわれる）。企業年金が爆発的に増加した一つの転機が1950年、GM社が全米自動車労組（UAW）に提案・発足した企業年金制度であった[24]。この当時の企業年金のタイプは、大企業の事業主が提供する信託型制度、中小零細企業が主体の保険型制度、大企業ブルーカラー向けの団体協約型制度および多数事業主制度に分類できる。問題は、いずれのタイプでも、この当時の企業年金の多くで積立不足や、企業倒産によって年金支給が反故になる例や不正会計事件などの課題が山積していたことであった[25]。

　年金受給者の権利を保護しつつ企業年金をめぐる様々な利害関係者の調整として成立したのが1974年のエリサ法（Employee Retirement Income Security Act、従業員退職所得保障法）であった。主要な内容は、(1) 加入員や行政サイドに対する情報開示、(2) 制度への加入資格や受給権付与の最低基準、(3) 年金資産の最低積立基準の設定、(4) 制度の管理・運営者の受託者責任、(5) 制度終了保険[26]、などである。受給権付与の要件は、勤続5年後に受給権額の25%、以降6年から10年まで5%ずつ、11年から15年まで10%ずつ加算、15年で100%とされた[27]。積立基準については、企業側の抵抗もあって積立不足を厳しく規制する基準は作られず、「クレジット勘定」[28]も温存された。401（k）はIRAと並んで同法の適格要件を満たすこととなったため、急成長することとなった。

　企業年金には確定給付型と確定拠出型があり、後者が自助型の年金である。1990年代後半から後者が前者を残高で上回るようになった。確定拠出型企業年金の代表である401（k）が1990年代に急増した理由は、運用対象を個人が選択できることと、企業の拠出（補助）もあったこと、および、次の内容の税制上の優遇措置があったためである。①従業員の給与からの支払

いは課税所得から控除され、年金給付まで課税が繰り延べされる。②運用収益の課税も同様、課税所得から控除され年金給付まで課税が繰り延べされる。③企業の拠出金も従業員の課税所得とされず、年金給付まで課税が繰り延べされる。④企業は拠出金を損金算入できる。

　企業年金の運用・管理体制と受託責任の問題は、同法によれば、企業年金は積立方式の場合、その資産が会社から分離され保全される必要があり、その資産は信託受託か生命保険会社に積み立てられなければならないとされた。運用は外部運用機関である銀行、投資顧問、保険会社、ファンド・マネージャーなどの専門業者を指定して委託する。受託責任はカストディとしての信託会社および運用を委託された外部運用機関にある[29]。受託責任の問題は3・3・2で詳述する。

(4) 医療保険
　医療保険の背景として米国の公的医療保険を含む医療事情全般の問題を概観しておく。
① 市場原理で運営される医療保険
　米国の医療サービスは主として、利潤原理で行動する医療機関（株式会社形態の大病院が存在する）および生命保険会社等によって運営されており、公的医療制度による保障は、日本やヨーロッパと比較して役割が低く対象者の範囲が狭い。公的な医療保険はメディケア（65歳以上、24カ月就業不能者などに対する医療保険）とメディケイド（低所得者に対する医療保険）が存在するが、国民全体を対象にした単一の医療保険制度は存在しない[30]。従って医療費の高い米国では保険会社の医療保険を購入せざるをえない。医療保険の加入状況は、表4のとおりである。

**表4　医療保険加入状況：2006年（単位：％）**

| 保険サービス種類 | 雇用主提供・民間の医療保険 | 無保険者 | メディケア | メディケイド | 民間の個人医療保険 | 軍人用ケア |
|---|---|---|---|---|---|---|
| 加入人数割合 | 59.7 | 15.8 | 13.6 | 12.9 | 9.1 | 3.6 |

出典：BlueCross BlueShield Association "Medical Cost Reference Guide 2008"（http://www.bcbs.com/）。

ブルークロス・ブルーシールド協会（個人を対象に地域密着型で総合的に医療関連サービスを提供する医療保険提供機関）によると、公的保険にも民間の医療保険にも入れない無保険者が15.8％存在する。そのうち、ヒスパニックは37％、アフリカ系は24％、貧困レベル所得層は36％といわれている。

　民間の医療保険は生命保険会社、損害保険会社および医療保険に特化した保険会社（CIGNA、Aetna等）ならびに非営利組織によって提供される。ブルークロス・ブルーシールドは非営利の組織として誕生し、2008年現在、全米総人口の3分の1をカバーしている[31]。

　保険会社の医療保険の保障内容は、入院費、手術費、診療費、検査、処方箋等の費用の給付である。営利保険企業が医療保険サービス分野に進出すると優良な保険契約（収入の安定した若い健康的な個人の契約）の保険料収入を極大化し、保険金支出を極小化しようとする。収入の乏しく経済的に不安定な、病弱な老人等の契約は加入制限を設けたり、排除する傾向も現出する。米国の医療市場は、保険サービス提供者（生命保険会社等）の他に、保険購入者（企業、個人）、病院等、消費者・患者で構成され、その4者の力関係で医療費や医療保険料率が変動する。

② 管理型医療保険

　民間の医療保険加入者は、1980年代前半まではインデムニティ（Indemnity）とよばれる医療保険でカバーされていた。インデムニティとは、加入者がすべての医療機関のなかから受診する医師、病院等を選択できるシステムである。加入者は定額控除額を設定し（年額200ドルが一般的）それを上回った入院費、手術費、診療費等を保険会社に請求し、適正額と認定されると保険金として支払われる。この制度は保険会社が医療行為、診療内容に関与するシステムでなかったため、医療費の高騰と保険料率の引き上げにつながったとされた。保険購入者の保険料率引き下げ要求が強まるなか、保険会社は低い保険料率でも利潤が維持できるように管理型保険（マネージドケア）[32] を導入、保険加入者、医師、保険会社があらかじめ医療サービスの内容を取り決めておくプランに改められ、その管理方式が主流となっていった。その結果、病院側は診療報酬額が減少し経営内容が悪化、その対策として医療

機関の吸収合併が増加、規模の拡大を果たした医療機関は保険会社等に対し価格交渉力を強めていった。このような医療市場におけるパワーゲームに置き去りにされたのは患者・消費者で、受診制限等、医療サービスからの排除という問題まで生じている。90年代に急増したHMO（Health Maintenance Organization）は、保険機能と医療機能を有し、加入者に対し、保険と医療を提供する組織である。経営主体は、消費者団体、保険会社、ブルークロス・ブルーシールドが多いが、医師・病院・労働組合の場合もある。保険対象は主治医もしくは主治医の紹介による専門医の診療に限られる一方、加入者が窓口で支払う金額は低く（10～40ドル）、保険料の定額控除はなく、保険料率は高くない。HMOは主治医が「ゲートキーパー」とよばれ、診療にあたって大きな権限をもっており患者との間でのトラブル・訴訟が多発した。その是正策として登場したPOS（Point-of-Service Plan）は、医師の選択が可能となるが自己負担が大きくなる制度である。さらにPPO（Preferred Provider Organization）があり、医療機関の選択が自由となるものであり、近年PPOが主流となっている。HMO、POS、PPOの順に自由度が高まり保険料は高くなる。これらの医療費高騰を抑制するための対策で試行錯誤があったが十分な効果はあがっていない[33]。公的医療制度を民営化して管理を強めても限界があることを示している。医療費高騰は米国経済に深刻な影響を与えている[34]。

③ 医療費負担の逆進性

　米国民の6割が雇用主提供の民間生命保険会社の医療保険に加入しているが、企業規模の大小によって制度の内容が異なっている。企業は福利厚生制度の一環として、民間生命保険会社等と保険契約を締結し保険料を支払う。大企業ほど制度の導入率は高く、企業規模が大きくなればなるほど制度が充実し保険料率が低い。

　表5のように、従業員200人以上の企業における制度導入率は、1999～2008年の間98～99％を保っている。小規模企業は導入率が低下している[35]。

　民間医療保険の6割を占める団体保険での保険料は、企業にとっても個人にとっても大きな負担となっている。HMO、POS、PPOのプランごとに企

表5　従業員数規模別の医療保険制度導入率の推移：1999〜2008年（単位：%）

|  | 1999 | 2000 | 2001 | 2002 | 2003 | 2004 | 2005 | 2006 | 2007 | 2008 |
|---|---|---|---|---|---|---|---|---|---|---|
| 200人以下 | 65 | 68 | 68 | 66 | 65 | 63 | 59 | 60 | 59 | 62 |
| 200人以上 | 99 | 99 | 99 | 98 | 98 | 99 | 98 | 98 | 99 | 99 |
| 全企業計 | 66 | 69 | 68 | 66 | 66 | 63 | 60 | 61 | 60 | 63 |

出所：佐々木、[2009]、109頁。
出典：The Kaiser Family Foundation and Health Research and Education Trust, "Survey of Employer-sponsored Health Benefits, 1999-2008"。

表6　医療保険の損害率の推移：1995〜2004年（単位：%）

|  | 1995 | 1996 | 1997 | 1998 | 1999 | 2000 | 2001 | 2002 | 2003 | 2004 |
|---|---|---|---|---|---|---|---|---|---|---|
| 医療保険 | 71.9 | 72.4 | 72.7 | 73.8 | 74.4 | 74.2 | 74.2 | 74.1 | 74.0 | 73.9 |
| 生命保険 | 33.6 | 33.7 | 32.6 | 33.4 | 34.4 | 34.3 | 34.2 | 34.1 | 34.1 | 34.0 |

出典：Moody's Economy.com, Insurance-Life & Health（http://www.economy.com/default.asp）。

業および個人の負担保険料に相違があるが、2008年で、全プランの企業拠出保険料と個人拠出保険料の割合（世帯ベース）は、2.8対1、金額対比では、9,325ドル対3,354ドルとなっている[36]。GM社の社員・退職者約110万人は保険料や治療費をほとんど負担せず、企業の支出は年間56億ドル（その約70％が退職者向け）の巨額に達しており、販売自動車1台当たりコストのうち、医療費相当額が約1,500ドルといわれる[37]。

医療の市場主義の生み出す問題は、負担の逆進性にも存在する。米国では大企業ほど人材スカウトのため充実した医療保険プランを購入する。賃金水準が高ければ高いほど安い医療保険を購入でき、大企業から中小企業へ転職するに従い保険料が高騰する。医療保険の提供のない零細企業の従業員になったり失業すると最終的に医療保険システムから排除されるのである。

上述のとおり医療保険料率は4者の力関係で変動しており、保険会社の料率引き上げに対して大企業等の抵抗は強く、料率水準は保険会社の望むレベルを維持するのは容易でない。生命保険会社の医療保険の損害率（保険料収入に対する支払保険金）は表6のとおり、伝統的な生命保険（30％台）と比べ高く、医療保険の生命保険会社に占める収益の貢献度は低い。

### 2・1・3・2　損害保険（含む災害保険）商品

　米国の損害保険（含む災害保険）は、前記の表1（11頁）のとおり、世界市場で圧倒的なシェアーを有している。日本と比較して、生命保険より損害保険のウェイトが大きく[38]、そのうち企業保険のシェアーが高く、賠償責任保険のウェイトが高いことなどが日本と異なる米国の損害保険の特徴である。

　生命保険のような貯蓄部分をもつ損害保険商品は米国には存在しない。日本では一般的である保険料積立型の火災・傷害保険は日本独特[39]のものであり米欧にはみられない。それでは、損害保険は保険の金融化現象と無縁なのかというとそうではない。生命保険と比較すると保険期間が短いとはいえ責任準備金として積み立てられる資金は巨額であり、資産運用によって得られる利益は重要な利潤源泉で、保険収益の金融収益依存は高まっている。後述するが、過当競争が料率引き下げ競争をもたらし保険事業損益での利益が低下し、金融収益で埋め合わせる傾向が強まっている。また投資収益の損害保険料率への反映や、損害保険が対象とするリスクの証券化が進んでいる。

### (1) 事業概況とキャッシュフロー・アンダーライティング

　図2で米国損害保険の正味保険料の伸びをみると、1980年代後半から1990年代をとおして1桁前半の増加率にとどまっている（1985、1986年を除き）。2000年からの急増は住宅バブルの影響である。2007年と2008年には2年連続して正味保険料は減少した。住宅バブルの崩壊と金融危機の影響で、住宅建築や自動車販売が落ち込んだためである。

　1980年代に生命保険会社が金融収益依存と投資の失敗から多くの破綻会社が現出したが、損害保険会社の破綻も多かった。主たる原因は、保険料の伸び悩み、コンバインド・レシオ（収入保険料に対する支払保険金＋経費の割合）の悪化、投資の失敗であるが、次のような原因調査もある。CRS（Congressional Research Service、米国議会調査室）の倒産原因の調査レポート「保険会社の支払能力」では、損害保険会社の主な倒産原因を詐欺、再保険の保険金回収不能、不当な料率引き下げ等としている。一般的にいって、損

### 図2　米国損害保険正味計上保険料の推移：1970〜2008年
（単位：億ドル、%）

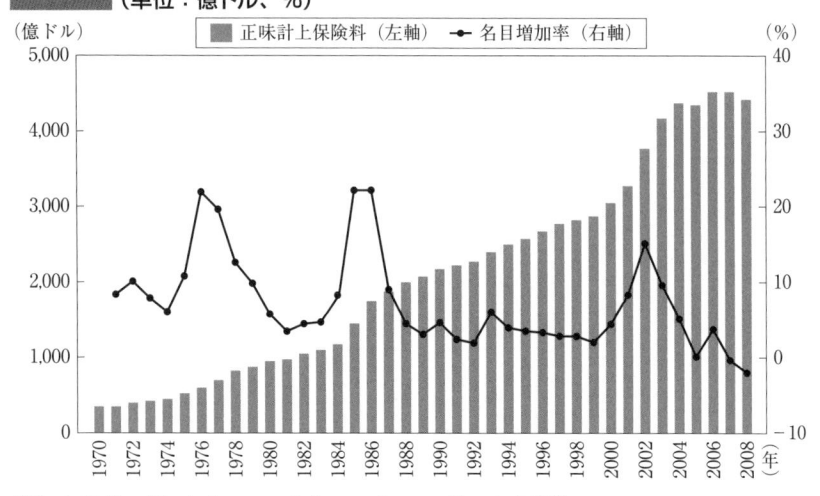

出典：A. M. Best, "Best's Aggregate & Average Property/Casualty" 2009。

　害保険は詐欺、暴動、暴力、不正などがはびこる社会では健全な経営を維持できない。事故が故意に起こされたり、事故が起きた後の不正保険加入が頻繁に起きたり、架空事故を創作したりするようなモラル的な問題が多い社会、また、「お金のあるところ（保険会社）からはお金は取れるだけとる（ディープ・ポケット）」風潮は、保険の健全な発展にとって好ましくない。アメリカ社会が病めば病むほど保険事業と保険経営の基盤がゆらいでいくという関係があることを看過できない。

　表7にみられるように、主要な企業保険のコンバインド・レシオは高い。コンバインド・レシオが100を超えるということは、保険事業（保障事業）が赤字であることを意味している。1980年代の前半の高金利の時期に顕著になった傾向で、保険収支ではなく投資収益に依存する傾向から抜け出せない状態を、「キャッシュフロー・アンダーライティングの罠」という。採算のとれない物件の安易な保険引受をおこなう傾向が続き、過当競争がそれに拍車をかけた。自制がきかずほぼ恒常的にコンバインド・レシオが100を超え、周期的に115を上回り危機的状況に陥り保険危機となったのである。

表7 企業保険コンバインド・レシオの推移：1999～2004年
（単位：％）

|  | 労働者災害補償保険 | 製造物賠償責任保険 | その他の賠償責任保険 | 企業総合賠償責任保険 | 医療過誤賠償責任保険 | 火災保険 |
|---|---|---|---|---|---|---|
| 1999 | 120.0 | 159.1 | 106.2 | 113.4 | 128.6 | 104.0 |
| 2000 | 119.8 | 130.8 | 110.9 | 115.5 | 131.1 | 111.0 |
| 2001 | 120.8 | 213.8 | 120.6 | 121.4 | 152.9 | 117.7 |
| 2002 | 111.4 | 354.6 | 124.8 | 114.0 | 138.8 | 84.1 |
| 2003 | 110.5 | 165.8 | 112.2 | 115.0 | 139.0 | 79.7 |
| 2004 | 105.8 | 158.5 | 113.8 | 104.6 | 109.2 | 75.8 |

出典：全米保険庁長官会議（NAIC）年次報告書。

表8 米国損害保険種目別元受保険料・シェアー：2006年
（単位：10億ドル、％）

| 保険種目 | ①個人自動車保険 | ②住宅所有者保険 | ③その他賠償責任保険 | ④労働者災害補償保険 | ⑤企業総合保険 | ⑥企業自動車保険 |
|---|---|---|---|---|---|---|
| 保険料 | 164.51 | 61.34 | 55.67 | 47.23 | 36.47 | 30.50 |
| シェアー | 33.3 | 12.4 | 11.3 | 9.5 | 7.4 | 6.2 |
| 保険種目 | ⑦インランド・マリーン保険 | ⑧医療過誤保険 | ⑨火災保険 | ⑩雑危険保険 | ⑪傷害・健康保険 | ⑫モーゲージ担保保証保険 |
| 保険料 | 14.19 | 12.18 | 11.64 | 8.95 | 7.46 | 5.41 |
| シェアー | 2.9 | 2.5 | 2.4 | 1.8 | 1.5 | 1.1 |
| 保険種目 | ⑬保証（surety） | ⑭農産物総合保険 | ⑮製造物賠償責任保険 | ⑯その他種目 | ⑰オーシャン・マリーン保険 | ⑱航空機保険 |
| 保険料 | 5.03 | 4.88 | 4.52 | 4.39 | 3.73 | 3.06 |
| シェアー | 1.0 | 1.0 | 0.9 | 0.9 | 0.8 | 0.6 |

出典：表7に同じ。

この投資利益依存傾向はまさに「罠」と称されるように、簡単には抜け出せないビジネス習慣で、米国損保業界を蝕む体質となっている。

(2) 個別保険種目

2006年の米国損害保険種目別元受保険料・シェアーをみてみよう。ほとんどの保険種目が企業活動、家計に関連をもつ保険商品である。表8で保険種目①②⑤⑥⑦⑨⑩等が財物の損害をカバーする保険である。しかし自動車保険、ホームオーナーズ保険、企業総合保険でも賠償責任損害をカバーする

リスク部分が含まれており、賠償責任保険部分の実質的な割合は大きい[40]。
① 自動車保険

　最大保険種目の自動車保険をみてみると、個人自動車保険と企業自動車保険の合計で、全体の39.5％を占める[41]。米国が車社会であることの一つの反映である。米国の戦後経済をけん引したのは自動車およびその関連産業（保険産業も含んで）であった。しかし、そのマイナス面も大きく、最も大きな社会的費用は交通事故による死傷者であった。何らかの形で被害者あるいは加害者の立場になった人が、平均して一家族に1人いるといわれている[42]。

　自動車保険は財物としての自車両損害をカバーするだけでなく、同時に賠償損害をカバーする保険である。賠償損害は他人の財物（自動車を含む）および、他人の生命、身体へ与えた損害であるが、それは治療費だけではなく、労働期間の喪失による遺失利益（失った所得）をも含んでいる。社会的にみれば自動車事故により失った労働力の再生産費用をカバーする役割をもっているといえる。車がないと生活できないような社会にあって、低所得層にも加入できる安い自動車保険料率水準への要請が強い。これが料率をめぐっての過当引き下げ競争となり、キャッシュフロー・アンダーライティングの要因となる。一方、訴訟社会といわれる米国社会の現実がある。訴訟提起側の弁護士に対する成功報酬制のもとで訴訟件数の爆発的増加と賠償額の高額化が続いた結果、支払保険金の3分の1は弁護士の収入になるといわれている[43]。このためにコスト高となり、日本と比べても自動車保険料は割高となっている。

② ホームオーナーズ保険（住宅所有者保険）

　米国経済をけん引したもう一つの重要な産業は住宅産業である。住宅産業は米国の景気に重要な影響を及ぼす指標産業となっている。ホームオーナーズ保険は住宅建物や家財に対する火災・盗難・風水雪害、落雷などの損害に加え、個人の生活に起因する損害賠償責任をカバーする保険である[44]。米国では、私生活上の賠償責任は自動車運転中以外でも、買い物、歩行中、食事中などあらゆる日常生活の局面で厳しく追及されるため、賠償責任保険をセットしたこの保険には需要がある。

近年、サブプライム・ローンが促進した住宅バブルによってこの保険は好調を持続した。本来なら住宅取得をあきらめざるをえない低所得者までが住宅を取得し、さらに「エクイティ」で買い替え、家財を新調し、保険を購入したからである。一方、地球温暖化の影響といわれるハリケーンの大型化などの異常災害により支払保険金が急増している。

③ 企業保険

　企業保険のうち、損害賠償責任保険、労働者災害補償保険、企業総合保険、企業自動車保険、インランド・マリーン保険、製造物責任保険等が企業保険の主力種目である。最大種目の一つである労働者災害補償保険は、日本においては労働基準法上の災害補償を担保する制度として国営の強制保険であるが、米国においては、国営の労働者災害補償保険は存在しない。米国の労災補償は州法に委ねられており、各州の労災補償法により、使用者が労働災害につき労働者に対し補償責任を負う。その履行を担保するために使用者にこの保険を加入することを義務付けているのであるが、一部の州で民間の労災保険ではなく州の基金による保険制度に加入しているところがある。

　一般的に、利潤原理にのっとれば、保険引受において事故の多い不採算物件を避け、採算優良物件を引き受けるのが保険会社経営の鉄則となる。大数の法則の適用のために多数のリスクの集積が必要であるにもかかわらず、一定数を排除しないと超過利潤は確保できないという問題がある。米国の企業保険でその矛盾が大きく露呈している。損害賠償責任保険が必須の米国社会にあって保険会社が引受を拒否すると社会的混乱が生じる。1975年と1984～1985年に発生した保険危機といわれた事態では、アスベスト等の公害・環境問題、製造物賠償責任、医療過誤などに関連した賠償責任保険の支払保険金が急増し、保険会社の採算が悪化、保険引受を拒絶したため、深刻な社会問題が発生した[45]。

　米国企業がどのようなリスクを抱えているのかという点で注目されるのは賠償責任保険のウェートの高さである。その他の賠償責任保険と製造物責任保険を加えた一般賠償責任保険が、全体の12.2％のシェアーを占める。その他に、企業総合、医療過誤などを加えると、賠償責任保険は22％を超え

る。企業が抱える賠償責任リスクを甘くみて企業破綻に陥ったケースは数多い。米国における賠償責任をめぐる訴訟の多さは異常である。製造物賠償責任（PL、Product Liability）訴訟は州裁判所（15州）だけで20万～25万件にのぼる（日本では1995年のPL法施行までに累計150件、その後10年間に68件のみ）。史上最大のPLといわれるのがアスベスト訴訟で、1966年に始まり、1970年代から1980年代にかけ急増し1982年には300社以上が訴訟の対象になった。2000年前後から再び増加傾向となり現在では8,400社以上が訴訟に巻き込まれている。これほど数多くの訴訟が長期間に及ぶ原因は弁護士過多の問題とアスベスト訴訟にみられるように症状が出るまでの期間の長さのためである[46]。

　企業保険が米国の企業家精神を鼓舞し、経済的発展・成長をもたらすうえで下支えとしての重要な役割を果たしてきた側面をみてみよう。先端産業の一つ、人工衛星の打ち上げをとりあげる。損害保険が特定のリスクを引き受ける場合、過去の事故統計を重要な指標とする。しかし、人工衛星のような先端的産業には十分な過去のデータが得られないことが多い。基本的な問題として大数の法則が働きにくいのである。さらに、人工衛星の非均一性、損害額の巨額性[47]、技術開発の早さから生じる将来の事故予測の困難さなどが考えられる。ジャンボジェット機が導入された時にも同様の問題があった。保険と経済発展の歴史的経過をみると、保険会社が積極的にリスクをとろうとして、保険技術を発展させ担保力を増強し引受困難なリスクを保険対象化することによって起業家的精神を鼓舞し、その結果、危険をともなう海上交易、鉄道輸送、航空機輸送などが発達してきたという関係がある。保険の歴史はリスクを他に回避するのではなく、新たなリスクを引き受けて発展してきた歴史なのである。これが社会進歩に対する保険の大いなる役割である、ともいえる。しかし、巨額リスクの引受は、後述するファイナイト（金融再保険）や資本市場・金融市場を活用したリスク移転手法にみられるように、リスクを吸収するのではなく金融市場に転嫁するという変質を生じさせた。

④ 信用リスクに関する保険

　信用リスクは、古くから保険会社が担保するリスクの一つとされてきた。

信用リスクに関する損害保険には信用保険、保証（シュアティ）、モーゲージ担保保証保険などがある。信用保険は、国内外の商取引を円滑にする点で実体経済と密接に結びついた信用リスクをカバーする保険である。信用リスクは、銀行に対する債務不履行のリスクというとらえ方が一般的であるが、信用保険が対象にする範囲は、保険契約者の取引相手が財貨の引渡しや役務の提供についてそれを履行しない場合に、その損害を保険契約者に対して補償するものである。補償した後に保険会社は保険契約者から資金回収する代位権を得て、取引相手から支払保険金を直接回収する。この保険機能は、契約不履行リスクをカバーすることによって売主に一層大きな信用の供与を促すところにある。この機能は銀行がおこなう輸入業者に対する信用状（L/C）による不履行リスクの肩代わりの機能と競合・補完関係にある。またファクタリング会社は売掛債権を回収できないリスクをカバーするためにこの保険を活用するので、信用保険はファクタリング機能を補完しているともいえる。この保険はモノライン会社が提供することが多いが、モノライン保険会社は、企業の売掛債権を個別にではなく包括的に引き受けるのが一般的である。

　保証（シュアティ）は契約の履行（公共・民間プロジェクトの請負契約義務、商業上の契約義務等）を保証する保険である。通常の保険では契約者（保険料の負担者）が受益者になるが、この保険では請負業者等が保険契約者でプロジェクトの施主等が受益者となる。

　信用保険の代替手段がクレジット・デフォルト・スワップ（CDS）であるといわれている。しかし、CDSの仕組みは（2・3・5で詳述する）、企業の破産といった特定のイベントによる債券の支払不能リスクのカバーであるのに対し、信用保険は破産の前に起こりえる売掛債権の支払不能等のリスクをカバーするという違いがある[48]。

　米国の住宅ローン保証に関する保険は、民間損害保険会社のモーゲージ担保保証保険と公的保険として連邦住宅局のFHA保険（Federal Housing Administration Insurance）と退役軍人省のVA保険（Veterans Affairs Insurance）がある。民間の保険が公的保険の約2倍のウェートを占めている。モーゲー

ジ担保保証保険のカバーされる損害は、住宅ローンに債務不履行が発生した場合、元本残高、未収利息が対象となる。その合計額から担保処分等を通じて回収された金額を差し引いた残額が支払保険金となる。保険料を支払う保険契約者はローンの貸し手であり、保険金を受領するのも貸し手である。米国では債務不履行が発生した場合に担保処分を通じて回収できるのは債権額の 50 〜 60％といわれているので、この保険は抵当権を補完する役割を果たす。90 年代後半になると、ファニーメイ等の政府関連機関の MBS（Mortgage-Backed Securities、住宅ローン債権担保証券）中心の住宅ローン証券化市場が変質をとげ、2008 年世界金融危機の原因となった MBS を担保に二次的に組成した CDO（Collateralized Debt Obligation、債務担保証券）が中心になってくる。さらに住宅ローン以外の各種ローン、債務を組み合わせ第 3 次的仕組み債へと複雑さを増していく。それに対応する保険として金融保証保険が提供されることになった[49]。金融保証保険については **2・3・5** で詳述する。

　信用リスクを保険会社が引き受けるのは、商取引の円滑化という実体経済の下支えの役割があると同時に、銀行等の信用リスクの保険会社への移転になることから、これまで述べてきた保険商品とは異質な問題をはらんでいる。というのは、銀行等が貸付先のデフォルトによる回収不能を信用保険でカバーできることになれば、貸付審査が安易に流れやすくなる。なぜなら、貸倒損失を保険会社から回収できるからである。一方、保険会社にとって企業等の貸付金返済能力の判断は、保険事業の自然災害、自動車事故等のリスク判断と全く異質であり、伝統的な保険業務と異なる機能・能力を要し、安易な引受は保険経営の安定性を損なう危険性が存するのである[50]。

⑤ 原子力損害賠償責任保険にみる巨大リスクと保険カバーの問題

　米国では 1979 年のスリーマイル島の原発大事故以来、原子力発電所の新設が認められていなかったが、オバマ政権になってほぼ 30 年ぶりに認可され、2020 年までに 30 基の新設予定がある。他に類をみない損害が想定される原発リスクに対して 1955 年に制定されたプライス・アンダーソン法によって、放射能漏洩関連損害賠償責任保険（American Nuclear Insurance）、い

わゆる原子力保険プールへの加入が義務付けられ、その他に原子力事業者の財物補償や利益補償については、原子力事業者により構成される共済保険が提供されている[51]。スリーマイル島の原発大惨事をみるまでもなく、巨大損害が想定されるリスクを民間保険会社は進んで保険対象にはしない。リスクが巨大というだけでなく合理的な保険料率が見つかるほどの経験値がないのである。それを政府が替わって算定しようとしたのが原子力委員会『災害調査報告書』であった。1975年のラスムッセン報告書では「原発は隕石に当たるよりも安全（10マイナス5乗から6乗の確率）」と結論付ける内容であった。この報告は、原発は安全との立場から災害可能性と損害額を過小評価したといわれている[52]。国策的に推進しなければならないような事業に関して、民間保険会社のリスク引受能力を超えるリスクを国家が保険会社に引受を強制する場合、その保険は政治的にゆがんだ保険商品、保険料率の性格をおびることになる[53]。

その他にも大規模地震、地球温暖化リスク、ナノテクノロジーの応用による人体・環境被害、テロ損害などの巨大リスクや災害可能性と損害額の推定が困難なリスクが増加している。引受能力に限界がある民営保険にこの種のリスクを国家が強制的に引き受けさせれば、保険会社の破綻の危険性から、一般の保険契約者の利益を損ねる可能性がある。

## 2・1・4　再保険

### 2・1・4・1　再保険の仕組み──リスクの保有と移転

保険会社にとってアンダーライティング（保険引受）とコンバインド・レシオ管理は保険会社の収益管理にとって決定的に重要な課題である。生命保険が対象とする人の死亡についての確率は過去の統計から安定して算出できるが、損害保険はあらゆる経済活動が対象となっており、前述の人工衛星打ち上げのような新しいリスクは過去の事故データが乏しいため料率算定が難しく、また1件当たりの引受金額が巨額になるケースがある。これらの契約をどの程度自社保有にし、どの程度再保険するかが保険経営上重大な判断と

なる。

　再保険の仕組みを簡単にみてみよう。再保険とは保険会社が他の保険会社と保険契約を結ぶことをいう。一般の契約者が保険会社と結ぶ契約を元受保険契約といい、保険会社が他の保険会社と結ぶ保険契約を再保険契約という。元受保険会社の保険事業損益では、自社の保険引受能力（自己資本等）を増強し、収支残（元受保険料－元受保険金－事業費）を高めるのが最も重要であるが、巨大リスク等、引受能力を超える契約については再保険する必要がある。また、保有額（割合）の決定と自己資本の大きさは連関がある。通常の保険経営は、当年度の支払損失額をその年度の収入保険料で賄うことを原則とする。現実の支払額が当年度保険料を超える時は、不足分を自己資本から支払うことになる。再保険を活用すれば自己資本を使うことなく経営は安定しリスク引受能力も拡大する。従って再保険には次の二つの役割があるといわれている[54]。

　①再保険は元受保険会社の保険引受能力を拡大させ、保険システムを安定化させる。
　②再保険は元受保険会社の代替資本として寄与する[55]。それによって元受保険会社はさらに多くのリスクを引き受けることが可能となる。

　再保険の形態には伝統的な特約再保険（あらかじめ細かく定義されたポートフォリオ全体に対して用いられる）、任意再保険（個別の、比較的大きなリスクを個々に評価し再保険する手法）があり、カバーの種類としては比例再保険（リスクごとに同じ割合の保険金額、保険料、保険金とする）と非比例再保険がある。再保険会社がさらに他の保険会社に再保険契約を結ぶ場合は、再々保険契約という。それが何層にもわたって繰り返されることがある。最初に当該リスクを引き受けた保険会社が、再保険市場をめぐりまわったリスクを再度引き受けることさえある。世界中に網の目のように張りめぐらされた再保険ネットワークはリスクを地球的規模で地理的に、また時間的に分散するといわれている。

　図３のように再保険契約をおこなう時には元受会社は再保険会社（受再会社）に再保険料を支払う。事故が発生すると元受会社は元受保険契約に基づ

### 図3　再保険の仕組み

```
契約者 ──保険料──→ 元受会社 ──再保険料──→ 再保険会社
       ←─保険金──          ←─再保険金──      (受再会社)
```

出典：筆者作成。

き契約者に保険金を支払う。元受会社は再保険契約に基づき、再保険会社に再保険金の支払いを求め、再保険会社は再保険金を支払う。元受会社は自己の元受契約の自社保有分を残して再保険（出再）するが、逆に他の保険会社から再保険の引受（受再）もおこなう。元受契約をおこなわず再保険取引だけをおこなう再保険会社も存在する。

#### 2・1・4・2　再保険市場

表9で世界の再保険市場の規模を元受保険料と対比しみてみよう。

2001年度、世界の生命保険の元受保険料（危険保険料）の11.4％が出再され、再々保険を含めて12.8％が生命保険会社に保有されず、再保険に出されている。損害保険では、危険保険料の13.6％が出再され、再々保険を含めて15.3％が保有されず、再保険に出されている。再々保険料は危険保険料に対し1.7％弱であるが、これを頻繁に繰り返すと、再保険会社の1社にでも信

### 表9　世界の再保険市場規模と元受保険料：2001年（単位：10億ドル、％）

| 保険料実績 | 生命保険 | 損害保険 | 合計 |
|---|---|---|---|
| ① 元受保険料 | 1,439.2 | 969.1 | 2,408.3 |
| ② 危険保険料 | 214.4 | 952.1 | 1,166.5 |
| ③ 出再保険料 | 24.4 | 129.5 | 153.9 |
| ④ 再々保険料 | 3.1 | 16.4 | 19.5 |
| ③／② | 11.4％ | 13.6％ | 13.2％ |
| (③＋④)／② | 12.8％ | 15.3％ | 14.9％ |

注：危険保険料は積立保険料（貯蓄）部分を除いた保障保険料部分である。生命保険の危険保険料部分は保険料全体の15％を下回る。危険保険料部分はスイス再保険会社の推定による。
出所：スイス再保険会社、『Sigma』2003年第5号、11頁。
出典：スタンダード・アンド・プアーズ、スイス再保険会社調査・コンサルティング部。

用リスクの懸念が生じると破綻の連鎖が発生する可能性がある。

　再保険契約は、1出再者と1受再者の2当事者間でおこなわれる直接方式と多数の再保険ブローカーがリスク案件を持ち込む伝統的なロイズ[56]を含むロンドン・マーケットや、最近存在感を高めているバミューダ・マーケットなどの公開市場を活用しておこなわれる。担保力、技術力をもった世界的な再保険会社は直接取引をおこなうとともに、ブローカーを介する公開市場でも取引をおこなっている[57]。再保険会社ではミュンヘン再保険、スイス再保険とロイズを加えた3社が、再保険料率や契約条件の決定に大きな影響力をもっている。近年、バミューダ市場が脚光をあびてきたのは、2005年のハリケーン・カトリーナの巨額支払以後、新たに9社の再保険会社がバミューダに設立され、再保険料シェアーを世界市場の1割程度に伸ばしたからである。出資者は投資銀行、ヘッジファンド、投資ファンドなどであり、巨大な資本市場を背景にした信用力をバックに成長しつつある[58]。

　最近、英国の再保険の名門ロイズが、米国最大の再保険会社バークシャー・ハザウェイ社（Berkshire Hathaway Re）に再保険契約をおこなったことが、再保険の主役の交代、「再保険の最後の砦」の凋落の象徴的事件といわれている[59]。1988～1992年までの5年間にロイズがアスベスト公害問題で受けた損失は累計で約80億ポンド、自然災害や世界同時テロなど、1997～2001年までの5年間に受けた損失は約70億ポンドといわれ、過去に築いた蓄積をはき出し格付けも急低下した。ロイズの被った損失の背景に、ロンドン再保険市場で米国のロング・テール・リスク（保険金支払いの長期化リスク）を中心とするポートフォリオが超過再保険[60]の形で市場のなかでたらい回しされ、損害の事由と再保険金支払いの因果関係も不明確なまま長期間にわたり損失が垂れ流しされてきたこともあった[61]。一方、再保険の需要（出再）は北米中心であり、マーケットの中心はロンドンからアメリカへ徐々に移行している。

　IAIS（保険監督者国際機構）によると、世界の主要再保険取引会社56社の地域別グロス受再保険料は表10のとおりである。

　地域別にみると北米の出再が多く再保険依存度が高いことが示される一

### 表10　56社グロス受再（生損保）保険料の出再者所在地別内訳（単位100万ドル、％）

| 出再者所在地 | ① グロス再保険料 | ② 元受保険料 | ①／②（％） |
|---|---|---|---|
| ヨーロッパ | 59,444　（34.37%） | 1,035,838 | 5.7 |
| 北米 | 98,696　（57.07%） | 1,116,897 | 8.8 |
| アジアおよびオーストラリア | 9,554　（5.53%） | 731,073 | 1.3 |
| アフリカおよび中近東 | 2,049　（1.18%） | 45,463 | 4.5 |
| ラテンアメリカ | 3,201　（1.85%） | 42,089 | 7.6 |
| 合計 | 172,944　（100%） | 2,958,359 | 5.8 |

注：グロス再保険料は各地の再保険取引会社の出再保険料を意味する。①の（　）内の％はグロス再保険料の地域別割合、最右欄の％はグロス元受保険料に対する出再保険料の割合を示す。①は2001年、②は世界のグロス元受保険料、2003年の数値。
出所：スイス再保険会社、『Sigma』2005年第2号。
出典：IAIS（保険監督者国際機構）"Global Reinsurance Report" 2005 -November。

方、日本を含むアジア地域が自社保有を高め、再保険料流失を防いでいるのがみてとれる。

再保険市場の主たる構成メンバーは出再者、受再者および再保険ブローカーの三者であるが、近年、受再者の信用力を評価する格付け機関、巨大保険損害の発生頻度と損害額予想をおこなう計量モデル提供会社等も役割の重要性が高まっている。

### 2・1・4・3　再保険制度の役割と問題点

元受保険会社からの再保険によるリスクの移転と資本代替の役割を果たす再保険の機能は、元受保険会社の収益の安定化と追加引受能力の確保を通じて、保険市場の拡大と安定化に寄与するといわれている。しかし、活用の方法によってはリスクをもたらす側面も併せ持っている。保険会社は各州保険監督当局より契約者余剰（Policyholder Surplus）すなわち、自己資本の比率を規制されている。契約者余剰が減少してくれば新規に大量の保険契約を引き受けることができなくなるのである。急激な保険料収入の増加のため責任準備金を積み増すことにより、必要な契約者余剰の割合が不足すると予測される時に一定の保険契約を出再すれば、出再保険料は支払うものの、必要な責任準備金が減少し契約者余剰の割合が増大するのである。これは再保険契約が保険会社の利益またはバランスシート調整に使われることを意味してい

る。

　これを意図的に使えば、巨大保険資本グループが、傘下の複数の保険会社間で再保険取引を相互に使うことによる利益調整が可能となる。世界最大の再保険ブローカーグループ、エーオン・リー・グローバル（Aon Re Global）は、「売上高（保険料収入）、支払保険金、利益、資本などの問題が再保険を使って解決できる」と宣伝しているほどである。再保険の活用を誤れば、不正会計、粉飾決算として摘発されるリスクと隣り合わせであることを指摘しておきたい。

　歯止めのない再々保険の連鎖には受再保険会社の信用リスクの問題がある。個別の再保険取引はリスクを分散し、市場の安定に寄与するようにみえるが、関わる再保険会社が増えれば増えるほど、それらの企業の信用リスクを抱えると同時に再保険取引コストが加算されていくことになる。一例として 1990 年代初頭にロンドン・マーケットで発生した LMX（ロンドン・マーケット・エクセスロス）のスパイラル事件がある。ロンドン市場のシンジケートのアンダーライターが次から次へ再保険契約を重ね、自ら出したリスクを再び引き受けることまで発生したのである。出再コスト（出再保険料、手数料）の重複により保険金支払余力がなくなっていったのである。

　再保険に関するリスクについて金融安定化フォーラム（FSF）や IMF の「世界の金融安定化に関する報告書」（2002 年 6 月）などが、再保険システムの懸念される点として次のような内容を指摘している[62]。

①国際的に統一した財務会計基準が存在しないため、再保険会社について一貫性のある評価を不可能にしている。格付け会社は必ずしも信用の質の低下を遅滞なく指摘しなかった。格付け会社は再保険会社の連結ベースによる分析を必ずしも実施していない。

②金融再保険について、再保険会社も元受保険会社も年次報告書においてその複雑な内容を明らかにしていない。

③次々とリスクを他社に移転する再々保険の連鎖関係が果てしなく続く可能性も潜在的なリスクである。

④再保険会社の破綻が、クレジット・デフォルト・スワップ等を通じて保

険セクターでないカウンターパーティに影響を与える可能性がある。
⑤再保険会社のリスク・エクスポージャーに関する透明性の欠如が、市場の風評リスクに過剰反応する可能性がある。

　再保険制度の本来的な意義は、個別的適用料率を平均的な一般率に接近させることにある。それは各保険企業の独自の利益・損失を消滅させ、平均化させることにほかならない。しかし、現在の再保険は、このような再保険制度の本来の目的とはかなり異なった形で機能している。不採算契約だけを再保険に出し優良契約を保有することによって特別超過利潤を得ようとする傾向が強いのである。このような不採算契約を受再した企業は、できるだけ少額を自社保有しようとして大部分の契約を再々保険に出すであろう。このプロセスはとどまることなく進行し、不採算契約はきわめて多くの保険企業に細分化される。社会全体でみた場合、再保険・再々保険契約をおこなう保険企業が増えれば増えるほど繰り返し事務コストが加算されていく。このコストは社会的な浪費といえる[63]。

## 2・1・5　保険販売チャネル

　保険商品は、顧客が保険会社の店舗に出向いて購入するような商品ではない。リスクを軽視し、保険料を節約したがる消費者を説得して販売する「説得商品」の側面が強い。これは日本でも米国でも共通している。従って保険会社は保険販売チャネルを育成・強化することによって売上高を増加させる。そのための手数料支払いと育成・販売管理費等のコスト増加が避けられなくなる。80年代以降の金融機関のなかでの競争激化によって保険業の利潤率低下が進行している。その打開策として絶えず俎上に上げられるのが販売コストの引き下げの問題である。

(1) 損害保険商品販売チャネル
　米国の損害保険募集は伝統的に保険代理店（エージェント）、保険ブローカーおよび保険会社の営業職員、独立営業員などで構成されている。最近は

銀行による窓口販売、インターネットを活用した通信販売[64]や、保険モール[65]での販売が増加している。代理店は、代理する保険会社の数が複数か一つかにより、独立代理店（Independent Agent）、専属代理店[66]（Exclusive Agent）に分かれる。保険ブローカーは、保険会社と保険契約者の間に立つ独立した保険仲介業者である。顧客のニーズにあわせ保険商品、保険会社の選択をおこなう。日本では一般的ではないが、米国では、保険会社に従属しない重要な保険販売チャネルの一つである。米国の損害保険会社は主として販売するチャネルにより代理店販売型保険会社（エージェンシー・カンパニー）、直販型保険会社（ダイレクト・ライター）、通販型保険会社等に分類される。大手保険会社では代理店販売型は AIG、CAN など、直販型はステートファーム、オールステート等である。代理店販売型は複数社の多様な商品を取りそろえる独立代理店、ブローカー等を抱えるため企業物件契約に強い。直販型はコントロールしやすい販売網を使って自社ブランドの大量販売をおこなうので個人分野に強い。歴史的にみると損害保険では、第2次世界大戦前は独立代理店（一部副業代理店）が主力であったが、戦後はステートファーム等が個人分野に特化した自社商品のみ扱う専属代理店を大量育成したため、直販型は1970年に独立代理店のシェアーを凌駕し、1995年には個人マーケット分野の60％を押さえるまでになっている[67]。

(2) 生命保険商品販売チャネル

　生命保険募集は営業職員や代理店等のエージェントが中心になっておこなわれる。エージェントは専属と独立（乗合）形態に分かれる。専属エージェントは生保会社とフルタイムの労働契約を結び、主として単一の会社の保険商品を販売する。伝統的な生命保険である終身保険では専属代理店での販売が多く、ユニバーサル保険、変額保険などの金利感応型保険の販売は独立代理店での販売が多い。1998年と2007年の代理店数の種類別構成比をみると、専属代理店が62％から53％に減少する一方、独立代理店は38％から47％にウェートを高めている[68]。金利選好を強める消費者に対し、証券販売のライセンスをもつ独立代理店が他の金融商品と比較しながらユニバーサル保

険、変額保険などを販売していることが想定される。

　生命保険の代理店、ブローカーになるためには、ニューヨーク州保険法（NAIC＝全米保険監督社協会のモデル法と同一）に基づく監督官の指定する試験に合格（代理店よりブローカーが試験の要件が厳しい）することが義務付けられている。変額保険は連邦証券法上の有価証券とされており、変額保険を販売するためには証券取引所法上、ブローカー・ディーラーとして登録する必要がある。これは保険法上のライセンスとは別に取得する必要がある。

　米国の銀行による保険販売は1999年に成立したグラム・リーチ・ブライリー法によって正式に認可されたが、それ以前から事実上おこなわれていた。銀行における生命保険販売の中心は個人年金商品である。2003年の銀行で販売した個人生命保険は保険全体の販売チャネルのうちのシェアーは2％程度であるが、銀行が扱う商品別では、銀行の全取扱商品のうち、3分の2程度が個人年金となっている。個人年金保険は、ほとんどが保険料一時払いで取引が完結するために、銀行預金の事務と類似していることが銀行の個人年金販売実績の要因となっている[69]。

## 2・1・6　保険監督・規制

　米国を含む主要国で何らかの保険監督・規制をもたない国は存在しない。保険が経済・社会に与える影響が大きく、その安定した事業が求められるとともに、その存在・役割が公共的であることを物語っている。しかし、保険監督機関は中立的で公的な機関の側面だけではなく、保険資本の利益の立場にたって時々の課題を遂行する側面がある。保険の金融化の進展は、保険監督・規制に内在する様々な障害を除去する規制緩和を実施してはじめて可能となったのである。その背景として金融の規制緩和の流れからみていく。

(1) グラス・スティーガル法の撤廃

　金融の自由化と金融のイノベーション[70]は、米国の戦後の金融の枠組み

の崩壊、すなわち、1970年代のIMF体制の崩壊による変動為替相場制への移行を契機としている。この時期、国際金融の自由化と不安定化および米国での預金金利の自由化等の規制緩和の流れが加速し、自由金利商品が登場し、銀行からの預金流出によって、銀行経営は苦境に立たされた。金融自由化の中での競争激化とメキシコ危機等で苦境に立たされた銀行に対し、金融当局は自己資本比率規制の導入をもって銀行の健全化をはかろうと考えたが、急速に台頭しつつあった日本の銀行等との競争条件から、米国の銀行だけに足かせを課すことを避け、国際的な規制を設ける方向に転換し、1988年にBIS規制が誕生することになった。自己資本比率規制を遵守させるための方策として、内部リスクマネジメントの強化を求め、あわせてディスクローズさせ、市場による規律も機能させることによってBIS規制は一定の権威を獲得した。BISは米銀で採用されているリスク管理手法をオーソライズしグローバルスタンダードとしていった。1999年のグラム・リーチ・ブライリー法の成立は、1933年に銀行業務と証券業務の分離を規定したグラス・スティーガル法の下で66年間継続した米国の金融制度が、大転換をとげたことを意味している。それまで米国の金融制度を規制してきた三つの規制（預金金利規制、地理的業務規制、業務範囲規制）のすべてが基本的に自由化されたのである。しかし、1999年までグラス・スティーガル法が全く変わらず推移してきたのではない。金融の自由化の流れのなかで、預金金利については、1980年の預金金融機関規制緩和・通貨統制法によって大きな規制緩和がおこなわれた。それまではいわゆるレギュレーションQによって規制されていた預金金利を市中金利が大幅に上回ったために、預金金融機関から資金が流出する事態になった。これに緊急に対処するために、1980年改革は避けられなかったのである。1985年に銀行監督局は、銀行持株会社子会社にミューチュアル・ファンドの仲介業務を認可した。1987年にFRBは、CP、モーゲージ担保証券等の引受を銀行子会社に総収入の5％まで認め、その後この比率は高められていった。銀行の証券業務の範囲も1989年には社債、1990年には株式まで拡大した。1999年のグラム・リーチ・ブライリー法の成立はこの流れを集大成するものであり、銀行本体での証券業務

は引き続き禁止されるが、系列子会社を通じた参入が可能となり、業務範囲の規制は実質的に自由化されたのである[71]。

(2) 保険規制の緩和とインソルベンシー問題

　米国における保険の監督・規制は主として州保険法典に基づき州保険局によっておこなわれている。全国的な調整は全米保険監督官協会（NAIC、National Association of Insurance Commission）によっておこなわれる。NAICがモデル法を作り、各州はそれを下敷きに法制化することが多い。州保険監督・規制の対象範囲は、保険会社・代理店・ブローカーの営業認可・取消、保険会社のソルベンシー（支払い保険金に対する自己資本および総資産割合）、保険料率（料率変更の事前認可、しかし、一部の州では規制なし）、残余市場[72]（Residual Market）、保険募集行為と情報開示、保険約款、投資規制などの内容である。

　1980年以降の保険監督・規制の変化は、上記の銀行の変化をフォローするものであった。保険版ディスインターミディエーションともいうべき生保商品の解約によるMMMF等の新金融商品への乗り換えが起きた1980年代はじめには、銀行と同様に保険も経営困難に直面した。保険にも銀行のBISと同様のRBC（Risk-Based Capital Requirement）規制が適用されることになり、組織的にはIAIS（International Association of Insurance Supervisor）が1994年に設立された。保険もリスクベース自己資本比率規制によってコントロールされ、自己責任においてリスクマネジメントをおこない、ディスクローズによって市場規律にさらされることになったのである[73]。

　米国における保険の監督・規制の中心は保険会社のソルベンシーである。歴史的に最低自己資本要件（Fixed Minimum Capital Requirements）を満たすことを求められてきた。1980年代の保険会社の破綻件数の増加が新たなリスクベースの自己資本要件（RBC）を求めることになった。その理念は、より危険な企業行動をとる保険会社は、課されるRBC要件をより厳しく、すなわち、自己資本をより多く保有しなければならない、ということである。

　次に保険の監督・規制の重点が置かれるのは保険料率である。保険料率を

適正に算定し運営することは保険の保障機能を遂行するうえできわめて重要である。それは保険事業の経営主体、保険利用者、保険監督行政のいずれもにとっても変わりはない。米国で一般に損害保険料率算定の基本原則とされているのは、次の NAIC の料率の3原則である。すなわち、① adequate（低すぎないという意味）――保険事業の健全性が損なわれた場合には保険契約者・被保険者等に損失が生じる可能性があることから、保険料率は保険会社がおこなう保険金支払いや事業費等の経費負担を賄うに十分な水準でなければならない、② not excessive（高すぎないという意味）――保険料率は保険会社が過大な利益を得るような水準であってはならない、③ not unfairly discriminatory（差別的でない）――保険料率区分間の格差は、保険金支払いや経費の格差を反映したものでなければならず、不当に差別的なものであってはならない、である。これらの基本原則は抽象的なものであり、実際の適用にあたっては解釈の幅が大きく論争が続いてきた。損害保険では 1960 年代半ばからの自動車保険収支の恒常的悪化にともない料率引き上げが課題となり、その水準をめぐって社会問題化し、保険会社の負担可能性（affordability）と消費者の利用可能性（availability）の衝突といわれる事態となった。そのなかで料率改定の事前認可制の弾力化が焦点になり、州によっては事前認可の要件の一時中止権限が保険長官に付与される変更がおこなわれた。この料率監督規制は規制強化と弾力化・自由化の間で保険種目ごとに各州において変更を繰り返しながら、全体としては自由度を増していった[74]。

　生命保険では、1980 年代初頭の金融自由化と他の金融機関との競争激化のなかで、監督当局は金利感応型商品の商品認可および投資規制の緩和要請を受け、ニューヨーク州ハイマン委員会報告（1982 年）が出され、生保会社の商品開発、投資活動、業務の多様化を基本的に各企業の自己規律と市場の監視機能に委ねるという、競争制限的な規制を大幅に緩和する措置がとられることになった。この画期的な自由化措置が、金利感応型商品の開発・大量販売とハイリスクな投融資につながり、深刻なインソルベンシー問題を引き起こすことにつながった。

　米国保険業界のインソルベンシー問題は深刻である。A. M. Best 社の生

保支払不能問題調査レポートによれば、1976〜1991年の経営破綻会社は290社にのぼる。そのうち、1989〜1991年の3年間に約半分の141社が集中している。1989年に高リスク高利回りのジャンク・ボンドの市場暴落があり、ジャンク・ボンドに過大投資した生保会社が経営破綻に陥ったのである。全体の290社の破綻原因も資産運用に関わるケースが多いと報告されている。次に、同社の損保支払不能問題調査レポートによれば、1969〜1990年の22年間において損保会社の経営破綻は372社にのぼる。そのうち、60％が1984〜1990年に発生している。その原因は高金利下で金融収益増大を追求したキャッシュフロー・アンダーライティングの経営と、料率競争と保険危機での収入保険料の低迷による収益悪化が原因とされている[75]。保険業界は他の金融機関との競争上のハンディキャップ是正（Level Playing Field）確保に熱中するあまり、リスク管理、RBC規制遵守がおろそかになっていったといわれている。監督機関も規制の枠組みは作るが、実際の監督・管理は徹底されていないのが実態である。

　ソルベンシー問題に忙殺される監督機関は、消費者の利益を擁護するうえで十分な機能を果たしていないともいわれる。たとえば高金利時代の不当な例示販売等に対する監督・指導も不十分であった。また、米国司法協会（AAJ、American Association Justice）によると、巨額保険料を集め高い利益率をあげる主要な保険会社が、保険事故がおき契約者が保険金請求しても支払いを正当におこなわないケースが多いと指摘し、次のような事例をあげている[76]。

①正規の保険金請求の支払拒否・抑制、保険金支払拒否・抑制実績による社員評価
②保険金支払いの意図的遅延、契約者が死亡するか保険金をあきらめるまで遅延する例
③読んでも理解できない契約条項による支払拒否
④契約者の経済的信用力による差別、信用力の低い貧困者や老人に対する料率割増、クレジットを使わない、使う回数が少ない、返済で問題を起こした人等への割増保険料の適用

1980年代、高い保険商品に対する消費者の料率引き下げ要求は自動車保険で強く現出し、ラルフ・ネーダーをリーダーとする消費者運動のターゲットの一つになった。1988年、カリフォルニア州での自動車保険料率20％引き下げ要求署名が住民の過半数を超え、州議会で住民発議103号として可決され、保険会社は最高裁に差止め請求したが敗訴した。カリフォルニア州保険庁は同州で営業する損害保険会社に対し、25億ドルを超える保険料払戻を命じた。保険会社の大キャンペーンを敵に回してのラルフ・ネーダー・グループの勝利とうたわれた[77]。

　営利保険の利益至上主義は適正な保険料率の設定、公平な保険引受、適正な保険金支払をゆがめることにつながりやすく、保険監督が厳しく求められるのである。

## ◆補論◆　保険の金融化に関わる経営危機・破綻事例

　保険の金融化現象による経営破綻の事例は、1990年前後の商業抵当貸付やジャンク・ボンドへの投資による準大手生保社の経営破綻、および最大手エトナ社、トラベラーズ社のGIC等の金融商品化した保険商品の大量販売に対応した不動産関連投資の不良債権化などによる経営危機にみられる。その多くが、保険の金融化現象との関わりで起きているといっても過言ではない。最近の金融危機のなかで注目をあびることになったAIG社とモノライン業界大手社の経営破綻、および「金融と保険を融合する金融再保険」による不正会計・倒産事例を以下にとりあげる。最初の二つの事例は、保険が信用リスクをカバーし信用膨張を増幅する役割の一端を担い、結果として金融システム危機をもたらしたものであり、三つ目は「保険の金融の融合」の仕組みが商品の不透明性を作り出し不正会計による企業破綻につながった事例である。これらを示すのは、3事例が伝統的な保険観から程遠い保険の金融化現象の複雑性、不透明性、投機性を象徴的に示しており、金融化現象理解の糸口として適切だと考えたからである。

## (1) AIG

　世界的保険大企業 AIG が保険本業ではなく CDS（クレジット・デリバティブ・スワップ）取引で巨額の損失を被り破綻した例は、保険の金融化に内在する問題を最も象徴的に示す事例である。周知の事例であるので簡単に破綻の経緯と原因に触れたい[78]。同社は典型的な株主利益至上主義の企業論理をもって短期的利益を追求し、AAA 格付けを維持することによって安い調達コストで大量に資金調達をおこない、米国内外での活発な M&A によって様々な金融ビジネスに進出した。そのビジネスモデルの延長線上で究極の投機的取引といわれる CDS のリスク引受で失敗するという軌跡をたどった。CDS の仕組みは、CDO などの債券の所有者がその資産の信用リスクのみを移転し、その対価としてプレミアムを支払うものである。AIG がプレミアムを受け取る場合は、当該資産のデフォルトの時に元利金を支払い、逆に AIG が購入・保有している債券をリスク軽減のためにプレミアムを支払ってリスクを移転することもおこなうものであった。

　AIG は、米国内では、生保より損保、とりわけ企業向け分野を中心とする保険企業であったが、損害保険の米国内の低成長とコンバインド・レシオが悪化したことから、グローバル展開を強化するとともに、米国内では経営の中心を生保事業にシフトしてきた。さらに、1970〜1980 年代から航空機リースや金融デリバティブ、さらに年金や資産運用といった新事業に進出していった。2000 年代に入ると、個人向け資産形成分野の大手サンアメリカ社および生命保険大手のアメリカン・ジェネラル社を傘下に加え、特に生命保険と年金市場の分野で規模の拡大をはかった。AIG の運用部門は、AIG の保険資金の運用だけでなく、機関投資家および個人投資家向けの資産運用、中小企業・消費者ローン、プライベート・バンキングなど多岐にわたっており、運用部門で全体の収益をかさ上げしてきた。AIG はさらに、証券化商品の「組成・販売」ビジネスモデルで高収益をあげる投資銀行との関係を深めることにより、利益のかさ上げをはかろうとした。しかしローンの証券化と再証券化は投資銀行等の独壇場であり、AIG としては CDO 等の証券化商品を購入・保有し高利回りを享受するか、証券化商品のデフォルト時の

損失を保証（CDS 取引）することによって、証券化商品の販売の促進に寄与しながら、高利回りとなるプレミアム収入を得る以外に方法がなかった。デリバティブ取引を AIG が開始したのは、1980 年代の終わりにドレクセル・バーナム・ランベール社からデリバティブ部門を買収してからであった。1990 年代に入り CDS 取引を急拡大させ、JP モルガンやゴールドマン・サックスなどの大手金融機関からもリスクを引き受け始め、AIG は CDS 市場の主要プレーヤーといわれるまでになった。同社はほとんどヘッジせず、一方的にプロテクションの売り手（リスクの受け手）の役割を受け持った。その保証残高は 4,400 億ドルに達し、同社の収益のなかで保険の停滞を埋め合わせるほどのウェートを占めるようになっていた。この CDS が保険の機能と似通った機能をもってはいたが、保険のリスクコントロール手法では通用しない危険性をはらんでいたのである。保険業界は CDS のプロテクションの売り手として、2002 年には全体の 33％という大きなシェアーを占めるという役割を果たしてきた。売買のネットでみると、銀行が買い手で保険が売り手という傾向であった。売り手として巨額リスクを引き受けられる企業は、AAA 格付けのモノライン保険大手社か AIG 以外には見当たらなかったからである[79]。

2007 年、住宅モーゲージ市場がサブプライム・ローンの焦げ付き問題が表面化し CDO や住宅ローン担保証券が大量に格下げされた影響から、2008 年 9 月、AIG は CDO や CDS 関連の評価損が膨らんだことと、同社の格下げによる追加担保の拠出などから資金不足に陥り、FRB からの特別融資と政府による同社株式の取得（事実上の国有化）の公的支援が決定された[80]。リーマン、メリルリンチの破綻から、AIG の株価も連鎖的に急落し市場からの資金調達が困難になっていた。

プレミアム収入依存は短期的には利益に寄与するが、デフォルト時の支払いは巨額になり、破局に至る可能性があった。しかし、証券化商品の「組成・販売」ビジネスモデルの成功のカギをにぎるモノライン会社と AIG は、このビジネスモデルの信用補完機構の役割を担わされていった。同社の高い運用利回りと利潤率、株価を維持するための金融事業の多角化というビジネ

スモデルは証券化商品の組成・販売ビジネスモデルと深く結びつき、その呪縛のなかで破綻を準備することになったのである。

(2) モノライン保険会社

米国のサブプライム・ローン関連の破綻を端緒とする2008年金融危機のなかでモノライン金融商品保証保険会社（以下モノライン保険会社という）は、信用補完機能として証券化商品の元利保証をおこなう保険商品を提供することにより経営破綻し、注目を集めることになった。

金融保証保険は、債券のデフォルトが発生した時に元利金を保証するものであるが、主な対象は地方債であった。信用リスクの審査能力に乏しい個人投資家が、AAAの格付けをもつモノライン会社の元利保証が付されることによって債券を購入する可能性が高まる効用があった。モノライン保険会社は、証券化が進んだ1970年代はじめに米国で誕生した。大株主として銀行、住宅販売会社などとともに保険会社が名前を連ねているのは、金融保証をおこなうリスクの大きさを、モノライン保険会社によってリスク遮断し、マルチラインの保険会社へリスクを波及させないためであったとみられる。1971年、Ambacの前身会社を住宅ローン保険会社が設立、その後、地方債市場の拡大にともなって1973年にMBIAの前身会社、1983年にFGIC、1985年にFSAが設立され、現在の大手4社がそろった。2006年度、この4社で保険料の70％を占める寡占業界である。地方債市場での発行額における金融保証保険付き債券の比率は急増、1985年に20％だったが、1992年には30％、1995年には40％、2003年には50％を超えるまでになった。モノライン業界の保証対象別引受保険金額でみると、証券化商品の急増に対応する金融保証保険が2004年からは異常な膨張をとげ、その残高は2006年に地方債を上回った。モノライン保険業界は地方債の保証中心の段階から、資産担保証券等の保証が過半を占めるという変質をとげた[81]。

証券化商品は当該債券が信用力と流動性をもたなければ投資家に買われない。そこで格付け機関が重要な役割を果たした。格付け会社がサブプライム・ローンを担保に組成されたMBSをミックスしたCDOにも投資適格の

レーティング（大盤振る舞いのトリプルA）を付与し信認を与えたことにより、多くの金融機関や投資家に購入・保有されることになった。しかし、格付け機関は、格付け評価を誤ってトリプルA格付けした証券がデフォルトした時、発生した損失の責任をとるわけではないところに問題が残る（格付けは参考意見という法的位置付け）。その瑕疵を補うのがモノライン保険であり、デフォルトした時の元利金を保証することによって債券の信用性は「完璧」になったようにみえるのである。両者が組み合わさって決定的な役割を演じた。格付け会社がモノライン保険会社をトリプルAと認定することによってモノライン保険会社の信用力を高め、モノライン保険会社が金融保証保険を付した債券がトリプルAに跳ね上がるという構造が信用膨張を可能にしたのである。

さらに、モノライン保険会社は、別会社（SIV：ビークル[82]）を使って金融保証保険の代替ツールとしてのCDSの取引もおこなっていた。モノライン保険会社は主としてプロテクションの売りサイドとして市場参加していたのでプレミアム収入が巨額になるが、一旦デフォルトが発生するとモノライン保険会社の支払急増と格付け低下をもたらす。その結果CDSを保有するカウンターパーティの銀行等の評価損が発生し、信用不安が連鎖する問題が生じた。ビークルは保有債券を担保にCPで短期資金を調達するので、保有債券利回りと調達の際の短期資金利子率の差が利益の源泉となっていたが、この仕組みの弱点は、担保とする債券が値下りすればCPの買い手がなくなり流動性に問題が生じることである。今回の破綻の端緒も本業の保険収支ではなく、このビークルの流動性の問題だった。モノライン保険が地方自治体の信用リスクを対象としている段階では、地方自治体の破綻が稀であったため収益は安定していたが、個別企業の信用リスクを対象とする金融保証保険やCDSの引受に踏み込んだことが経営の安定性を危うくすることになったのである[83]。

（3）金融と保険を融合した金融再保険による不正会計・倒産事例

1990年代以降に目につくようになった金融と保険を融合した金融再保険

（ファイナイト）は、オーストラリアの保険大手 HIH 社の倒産（2001 年）、日本の大成火災社の倒産、日産火災社（損保ジャパンに統合）、あいおい損保社（三井住友海上ホールディングスに統合）の 2 社の多額の損害発生（2001 年）、さらに AIG と GenRe 社の不正会計問題として現出（2005 年）した。

　ファイナイトは、金融と保険を融合したリスクファイナンスの一つで、リスク移転の保険と貸付によるファイナンス機能が統合され再保険の機能を果たすといわれる手法である。ファイナイトはリスク移転が限定的であるとの意味であり、保険金支払いが保険期間中に限定（キャップ）されていることを特徴としている。この（再）保険は、一般的には複数年の保険期間内の保険金の支払い、投資収益、保険会社の経費を勘案し保険者と保険加入者の収支を均衡させるもので、保険機能（リスク移転）は果たさず、事故発生の時期・保険金支払いの時期に関するリスク（いわゆるタイミング・リスク）だけを移転するものである[84]。

　HIH 社はファイナイトのうちのロス・ポートフォリオ再保険[85]での契約を活用したが、その概要は次のようなものである。①現在保有する保険契約の将来の一定期間（たとえば 10 年）の各年度の保険金支払額を現時点で確定し、その合計額に一定の上乗せをして再保険契約の支払額とする。②その一定期間に得られる支払備金の推定運用益を算出し、現時点で確定する。③保険契約者（元受保険会社）は、保険金の支払予想額から推定運用益を差し引いた額を、保険料として初年度に一括して支払う。④上記①の限度額内で、再保険者は保険期間中、再保険の保険事故（元受保険者の支払責任額）が確定するごとに保険金を支払う。⑤再保険の保険事故による支払金額が予定より少なく、余剰が生じた時は、これを保険契約者（元受保険会社）に支払う約定が付されることがある。これにより保険契約者（元受保険会社）は保険料の支払いと引き換えに、ロングテール問題を解決することができる。準備金の運用リスクは再保険者に移転され、積み立てられた準備金より支払う再保険料が少なければ差額は当期利益として計上できる。業績の悪化していた HIH 社はリスク移転のないファイナイト再保険契約を悪用し、負債項目の準備金をオフバランス化し、受取保険金を利益計上することにより利益のか

さ上げをはかったのである。この保険契約では、リスクの集積やリスク分散がはかられていないのは明らかである[86]。

2005年のAIGとGenRe社の不正会計問題もHIH社と同様のロス・ポートフォリオ再保険の悪用による問題だった。AIGはGenRe社から保険金支払額の確定済みの再保険契約を受け、保険料を収入に計上するとともに準備金を計上した。リスクは確定した支払いのみでありリスク移転のない実質的な貸付金であった。AIGは保険料収入の増加と保険金支払いによる準備金の不足解消を狙ったものとされ、不正会計処理として摘発されたのである。

日本の三社の問題は、2001年の9.11同時多発テロによる損害の発生で航空保険のファイナイト保険による問題が露呈した。巨大航空機事故リスクの再保険を「再保険プール」（総代理店）に一旦リスクを集積し、その後プールから再々保険として、ファイナイトを活用し、リスクを再移転していたものである。具体的には5年間のファイナイト保険において、出再者（プールメンバー）は毎年再保険会社に再保険料を支払う。保険事故が発生すると出再者は再保険会社から再保険金を受け取るが、受領した額に所定の利息を付し、復元保険料として再保険会社に分割支払いをしなければならないというものだった。ファイナイトの場合、出再保険料は安く（通常の再保険なら受再保険料と出再保険料の差は大きくないが、ファイナイトの場合の復元保険料は事実上の貸付金の金利分相当）、受再グロスを大きくすることによって収入保険料は膨らみ、その差額が利益となりリザーブは積み上がっていった。三社にはファイナイトの仕組みが、保険ではなく貸付金であるとの認識がなく会計上誤った処理が続いていたうえに、同時多発テロによる損害の発生で支払額が許容量を大幅に超えてしまったのである。

この三つの事例は伝統的な保険観から遠く離れた事象であり、金融暴走に巻き込まれた特殊な事例のようにみえるが実はそうではなく、これから論証していく保険の金融化現象の一部なのである。

## 2·2　保険と金融の融合

　米国において保険と金融の融合が進展したといわれるのは、保険にも適用可能といわれるポートフォリオ理論[87]、CAMP理論[88]、オプション・プライシング理論[89]によって保険を金融の枠組みでとらえるようになったことと、リスクマネジメントの多様化によって保険との橋渡しが進展したためである。ポートフォリオ理論による保険の資産・負債管理は3·3で、CAMP理論の保険料率算定への影響は3·1で詳述する。

　リスク論に基づく金融と保険の融合とはどのような内容をもっているのだろうか。金融取引を拡大・発展させるためには、リスクをもった有価証券（リスク資産）をどう値付けするかという問題がある。その回答が当該資産の収益率の変化に注目し、その分布自体をリスクと表現（マーコウイッツ）し、十分な期間をもってとらえれば収益率の分布が正規分布に近づくとしたうえで、その標準偏差をリスクととらえる理論であった。その理論の発展として、複数のリスク資産の分散投資によって資産配分の最適化がはかれるとしたのがポートフォリオ理論である。また、資産の収益率の分布の標準偏差＝資産のリスク指標を変数とする解析モデルによるオプション価格理論（ブラックとショールズ）もある。これらのリスク論、価格理論は、リスク資産の価格付けに関するフレームワークであるといえるが、保険の分野におけるリスクとは価格変動性ではなく、損失の期待値であり、それに発生確率を乗じた期待損失額であって、この二つは全く異質なリスクである。収益率の分布が正規分布に近づく有価証券の価格変動と、必ずしも正規分布に近似しない保険事故確率に関わるリスクを同じ土俵にあげリスクの融合をはかったのである[90]。

　これまで米国の保険商品・産業を概観してきたが、保険商品の本来的な保障機能が1980年代から金融的に変質したことが顕著な特徴であった。保険商品の金融商品化は三つに類型化できる。第1の商品類型が保険商品に金融商品を付加したもの、第2は保険リスクを金融的手法で代替したもの、第3

は保険対象になりがたい金融リスクを保険対象化したものである。保険商品の金融商品化の3類型を金融的変質の段階的区分の観点からみれば次のように規定できよう。第1は保険商品への金融商品的機能の追加であるが、これは一定の貨幣を受け取り利子を付して返戻するという貸借関係としての金融への変化であり、第2は、保険機能の金融的手法および金融市場による代替であるが、これは、貸借関係としての金融から証券化された金融への依存・変化であった。これに対して、第3は、保険企業が直接的に信用リスクを受け取る（貸借関係としての銀行そのもの）段階であり、利子生み資本的企業への変質であるとともに、前述したような信用膨張の役割を担わされる性格のものであった。

具体商品でいえば、第1の商品類型が保険（再保険）と貸付を統合したファイナイト・リスク（再）保険と保険料積立部分（分離勘定部分）の金融商品化（投資信託等）、第2が保険リスクの証券化（リスクの金融市場への転化）および保険（補償）機能のデリバティブによる代替、第3は金融リスク（信用リスク）の保険対象化（モノラインによる金融保証保険等）および信用リスクを保証するCDS取引等である。その順番にそって保険商品の金融化および代替現象の内容を保険の機能と比較しながら考察する。その前に、保険商品の金融商品化の背景となるリスクの巨大化とリスクマネジメントの変化、および概括的な保険代替現象を2・2・1および2・2・2で整理しておく。

## 2・2・1　リスクマネジメントの多様化

保険商品の金融商品化の背景として、1970～1980年代の金融の自由化・金融のイノベーションと関連したリスクマネジメントの変化があり、リスクマネジメントの変化の背景には、次のようなリスクの多様化とリスクの巨大化現象が存在する。

①地震、ハリケーン等の巨大な自然異常損害の多発化、②アスベスト被害等の製造物責任損害保険のロングテール問題の増加、③テロ、紛争事件の多発化、④放射能汚染、⑤情報通信遮断、システムダウン。

異常損害の多発に関しては、米国において、1960年から1969年の10年間と1986年から1995年までの10年間では発生件数で4.4倍（16件から70件）、保険損害で15.2倍（62億ドルから940億ドル）に増加している[91]。スイス再保険会社は、1994年当時で米国の損害保険会社（再保険も含む）の支払能力（契約者余剰）は約2,000億ドルであり、シミュレーションされた地震とハリケーン予想最大損害額は500〜1,000億ドルで、この契約者余剰が他の支払いにも充てられなければならないことを考慮すれば支払能力不足に陥っている、としている[92]。ミュンヘン再保険会社の推計によると、1999年の世界の異常自然災害による経済損失は1,000億ドル、そのうち保険でカバーされたのは200億ドルでしかなかった。2000年は同じく、310億ドルに対して、保険でカバーされたのは83億ドルであった。元受保険会社は異常災害に対応するため引受地域を分散してリスクの集中を避けたり、料率の引き上げによって対応したが、十分な引受が困難となり、様々な保険代替が進行していった[93]。

　企業の抱えるリスクは、上記の製造・販売等の企業活動上のリスクの他に、貨幣資本の蓄積にともなう資産運用に関わるリスクがある。投機的リスクには価格リスク、金利リスク、信用リスク等があるが、以下の要因でリスクが輻輳・拡大・連鎖する傾向を強めた。
　①資産・債務の証券化
　②グローバル運用によるリスクのグローバル化
　③デリバティブ活用によるリスクの連鎖と積み上げ
　④債務の拡大とレバレッジ増大
　⑤運用の短期化
　これらのリスクの多様化・巨大化に対応して、企業のリスクマネジメントは、対象リスクを純粋リスクに限定した保険による管理中心の段階から、1980年代以降、投機的リスクを含めたリスクマネジメントの段階へ変化していった。1990年代に入り、企業が抱える全体的なリスク、すなわち、企業が直面するすべての重大リスク（純粋リスク、投機的リスク、オペレーション・リスク、財務リスクなど）を統合的にリスク管理するERM（Enterprise

Risk Management)の段階に入ったといわれている。それを支えたのがリスク処理技術の発展、リスク測定に関する数量的手法の改善、デリバティブ等の新たな金融商品の開発であった。また、企業のリスクマネジメントの変化は個別リスクの管理からポートフォリオでの管理（インテグレーティッド・リスク・プログラム）に変わっていった。それまでの伝統的な保険によるリスクカバーは個々のリスクに対応しておこない、再保険カバーする場合も、個々の保有リスクを再保険会社にリスク移転するのが一般的であった。だが1980年代以降は、金融におけるポートフォリオ理論の影響を受け、保険もポートフォリオとしてリスクをとらえ、リスク移転する方が効率的であるとの認識が高まっていった。インテグレーティッド・リスク・プログラムには、保険商品と株価オプションとを組み合わせ、保険リスクの損失許容額と株価をリンクさせるなど多様なモデル・技術がある[94]。企業外へリスクを移転する方法として伝統的な保険機能を活用する他に、非常時劣後債（株式）発行、保険デリバティブ、保険リスクの証券化などの手法がある。これらは保険を代替する側面と同時に、リスクファイナンシング[95]の内容を具備しており、ARF（Alternative Risk Finance）ともよばれる[96]。

　これらの手法で調達された資本は、「オフ・バランスシート・キャピタル」といわれる。企業が通常の方法で資金調達すれば、融資であれ増資であれ、バランスシートに計上され、利益が一定としたら総資産や自己資本に対する利益率は低下する。高株価経営にとっては避けたい事態ではあるが資金調達も必要である。この問題を解決するのがオフ・バランスシート・キャピタルという考え方である。資金の調達契約を締結した時点ではバランスシートに計上されないが、資本不足に陥った時にだけ資金提供されバランスシートに計上されるキャピタルとなる。保険リスクの証券化や保険デリバティブ等では、トリガー・イベントや保険事故が発生した後に資金提供されるので、オフ・バランスシート・キャピタルを提供することになるのである[97]。企業が発生するすべてのリスク対応を自己資本で賄ったり、リスクを自社保有するのではなく、保険やその代替手段を活用することによって、ROA（総資産利益率）やROE（株主資本利益率）等の利潤率を上昇させることができるとの

認識に至ったのである。

## 2・2・2　保険の代替的リスク移転（ART）
### 2・2・2・1　ARTとは何か
　保険代替（ART[98]）の進展を時間を追って概観するとおおよそ次のとおりである。ARTの各種の手法が中心的に発展した時代は、キャプティブ[99]が1950〜1960年代、ファイナイトが1980年代後半、保険リンク証券（保険リスクの証券化）が1990年代前半、保険デリバティブおよびインテグレーティッド・リスク・プログラムが1990年代後半、サイドカー（再保険会社のポートフォリオの一定割合の収益とリスクを投資家と分担）が2005年頃からである。保険の引受能力の問題を契機として、保険に代わる代替的リスク移転手段（ART）が様々に現出し広がったが、画期となったのは1980年代である[100]。損害保険のARTは賠償責任保険の引受能力問題を中心にして大企業でのキャプティブ活用や保険リンク証券購入が活発化し、生命保険のARTは生命保険会社の資本対策を中心として2000年以降に急増した[101]。

　保険代替手法（ART）とは、伝統的保険商品では実現不可能な（または困難な）リスクの移転を保険以外の様々な手法によって実現するもの、といわれる。また、従来の保険とは異なる保険商品、ともいわれる。小川は伝統的保険、従来の保険とは何か、代替する保険とは何かを明らかにする必要がある、と指摘するが、筆者も同意見である。それは暗黙のうちに、営利保険、しかも損害保険（企業保険）を中心に論じられてきた。ARTの発展が急速で理論化が遅れている、との小川の評価は肯けるところである[102]。

　保険の歴史は、経験したことのない新しい質のリスクや量的に巨大なリスクに対して引受能力を高め、保険技術を発展させ、リスク対応してきた歴史であると前述した。その保険の歴史からみて、保険の引受能力の問題を契機として、保険に替わって登場したARTは、保険史のなかでどのような位置をしめるのだろうか。それは市場主義と金融主導の米国経済のもとではじめて、営利保険では引受不可能となった一定のリスクが、国家引受などの公的

保険での引受という方向ではなく、金融市場に依存して引き受けられ、保険の代替的役割を果たしたということである。ARTの新しさの最大の特徴は、金融的手法と金融市場の活用にみるべきであろう。

ARTは保険を真に代替しているのかどうかも重要な論点である。日吉はARTを次のように定義する。ARTは保険に代わるリスク移転の仕組みではなく、従来の保険とは異なったもう一つのリスク移転の仕組みである。それは、①塡補責任の決め方、②保険金支払いの基準、③リスクの移転先のいずれかで従来の保険の損害塡補の仕組みと異なっている、としている。代替（Alternative）の意味は、新しい別のものに替わるか、古いものの補完であるのかという両義があるが、日吉は前者の意味の代替であるとの主張である[103]。

ここで議論される保険とは何であるかを問題にしなければならない。小川は次の四つを保険の要件と規定している。①経済的保障の達成、②確率計算の応用、③多数の経済主体の統合、④偶然事象の存在（保険の本質、保険の経済的要件については第5章で詳しく論じる）。保険には保険として成立する要件があるということは、保険はどんなリスクでも対応できるのではなく一定の限界をもっていることを次に確認しておこう。保険の代替手段の発展は、保険のもつ限界に対する代替物として出発したのである。代替関係でいえば、まずリスクの保有である。リスクマネジメントの概念では、保険とリスクの保有・防止・回避の関係を図4のように単純化して理解する。一般的にいえば、リスクの発生頻度が少なくリスクが大きい時だけが保険に適しているのである[104]。

1950年代の米国で発生したキャプティブは、自社およびグループ内に保険子会社を設立し保険引受（リスクの保有）をおこなうものである。現在のキャプティブの大半がその当時設立されたものであり、新しい特徴をもったARTというわけではない。1980年代のキャプティブの発展は、保険危機にみられた保険の大口需要者が保険市場で保険カバーが得られなかったための代替として特徴付けられる。キャプティブの隆盛が意味するものは保険システムの有効性に対する問題提起であり、保険の衰退現象の一側面ととらえる

図4　リスクの性質とリスクマネジメント

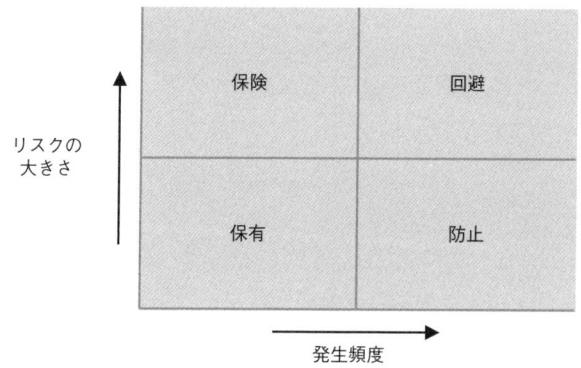

|  | 保険 | 回避 |
|---|---|---|
|  | 保有 | 防止 |

縦軸：リスクの大きさ　横軸：発生頻度

出典：小川、[2008]、262頁。

ことができる。

　最後に、保険リスクの引受を他の手段が代替する仕組みが保険といえるのかという問題である。各種の保険代替手法では保険リスクを金融市場に移転することによって保険を代替するといわれている。しかし、日吉の①塡補責任の決め方、②保険金支払基準、③リスクの移転先の基準でみると、いずれもが保険の仕組みと異なっているので、これらは保険を補完する代替的保険ではなく、別の新しいリスク移転の仕組みということになる。小川の掲げる保険の経済的要件にてらしてみると、詳細は後述するが、多数の経済主体を統合し確率計算の応用をおこなう点で保険の経済的な要件を満たしているとはいえない。従ってこれらは保険の補完的代替物ではなく、別の新しいリスク移転の仕組みということになる。

## 2・2・2・2　ARTの具体的手法と問題点

　ARTの分類について複数の説があるが、森本は次の三つに分類する。①新商品によるリスクの代替移転、すなわち、保険商品に代わる新しい商品（ファイナイト・リスク契約など）によるカバー、②リスクの受け皿を拡大・変更することによるリスクの代替移転（リスクを金融市場へ移転する保険リスクの

表11 リスク移転における保険とARTの違い

| リスク移転の方式 | 対象となるリスクの性質 | リスクの移転の有無 | 被保険利益存在の必要性 | 実損塡補の考え方 |
|---|---|---|---|---|
| 保険 | 純粋リスク | あり | 必要 | あり（損害保険） |
| ファイナイト | 純粋リスク | なし | 必要 | あり |
| キャプティブ | 純粋リスク | なし | 必要 | あり |
| 保険リスクの証券化 | 純粋リスク | あり | 必要なし | なし |
| 保険デリバティブ | 投機的リスク | あり | 必要なし | なし |
| インテグレーティド・リスクプログラム | 純粋リスクおよび投機的リスク | あり | 必要 | あり |

注：①ファイナイトのリスク移転は一部分だけである。
　　②被保険利益とは保険契約者が保険の対象（保険の目的物）に対して有する経済上の利害関係をいう。保険では保険を契約する主体が保険の対象物と利害関係をもっていることが必要である。自分と無関係なものに保険をつけ事故で保険金を受け取ることを認めるとモラル的な事故の可能性があるためである。
出典：日吉、[2002]、18頁を参考に筆者作成。

証券化などがこれに含まれる）、③リスクの流通経路を変更することによる代替移転（キャプティブなどがこれに含まれる）である[105]。また、『Sigma』は、①代替的な保険提供者（キャプティブ等）、②代替的な保険商品（ファイナイト・リスク再保険、保険リンク証券等）の二つに分類する[106]。

各種のARTの具体的手法と保険の違いを、対象リスク、支払基準、リスク移転などについて整理し、表11で確認しておく。

1980年代以降の保険をめぐる変化をみる時、リスクマネジメントの変化と保険代替現象が伝統的保険と保険市場に対して、これまでにない大きな影響を与えたのは間違いない。保険市場と金融市場の一体化によりリスク移転の効率性が高まったという理解が通説であろう。しかし、筆者は、1980年代以降の保険をめぐる変化の中心軸をリスクマネジメントの変化と保険代替現象とすることには以下のような問題があると認識しており、それによって他の重要な変化が見失われてしまう恐れもあると考えている。

①保険代替という時の保険は何を対象にしているのかが明確にされていない。保険代替は1980年代に起きた賠償責任保険を中心にした保険危機において必要な保険商品が供給されず、自家保険やキャプティブが発展する形態で始まったが、議論の主たる対象の保険は企業保険分野の損害保険であった。従って家計保険（生命保険）や公的保険を含めた保険全

体の傾向として把握することには問題がある（ただし 2001 年度以降は生命保険リスクの証券化も増加し発行残高では損害保険関係の債券残高を上回った）。

②生命保険でみればこの間の主要な変化は、筆者の主張する保険の金融化現象、生命保険商品の金融商品化である。それは生命保険リスクを他のリスク処理方法で代替したのではなく、生命保険商品に金融商品部分が付加されたという変化が主要なものであった。

③代替現象をいうなら、保険リスクを他の経済主体が引き受けるものだけでなく、公的保険（年金、医療）を営利事業の生命保険が代替して引き受けることをみなければ一面的であろう。この時期の生命保険は年金等の公的保険の代替によって成長したのである。前記の生命保険商品の金融商品化とこの公的保険の代替がなければ生命保険が巨大な機関投資家となることは不可能であった。保険会社の巨大機関投資家化はこの間の保険をめぐる変化の中軸をなす内容の一つである。

④米国で機関投資家としての生命保険会社が保険料収入において依存しているのは企業ではなく主として個人・家計である。リスクマネジメント論やARTの主な対象は個人・家計ではない。生命保険の収支構造に大きな変化を与えたのは、主として個人・家計の収入・資産動向の変化と金利選好の強まりであった。

⑤リスクマネジメントの変化と保険代替の現象を保険の中心的な変化ととらえるだけでは、2008 年世界金融危機と保険の関係は明らかにならない。保険の金融化を中心軸において考察してはじめてその関連が明らかとなる。

⑥保険制度は射幸心、ギャンブル、投機を制度設計上排除してきた歴史であるが、金融リスクを含む総合的リスクマネジメントのなかに保険が位置付けられると、投機の要素を排除することは困難になってくる。1980 年代以降の保険の相対化と衰退方向は、保険と金融の関連、保険の金融化の側面からの考察によって明らかになる。

## 2・3　保険商品（機能）の金融商品（機能）化

　これまで述べてきたARTは保険代替の外観をもつが本質的には保険商品の金融商品化を主たる内容としている。ARTが金融的手法と金融市場の活用を最大の特徴としているからである。以下、保険商品の金融商品化を分類・整理しておこう。

### 2・3・1　保険商品に金融機能を付加したファイナイト保険

　第1が保険商品に金融商品（貸付）を付加したファイナイト・リスク（再）保険である。2・1の補論で述べたとおり、保険に貸付を結合したリスクファイナンスの一つで、リスク移転の保険と貸付によるファイナンス機能が統合され、全体の形式としてみれば再保険の機能をもつものである。ファイナイト・リスク（再）保険はファイナンシャル（再）保険の変形として生まれたという経過がある。ファイナンシャル（再）保険は、保険金の支払い、投資収益、保険会社の経費を勘案し保険者と保険加入者の収支を均衡させることによって、事故発生の時期および保険金支払いの時期に関するリスクだけを移転するものである。たとえば、保険期間を数年間として契約者が保険料を支払うが、事故が少なく保険料より保険金が下回れば、期末に返戻され、事故が多ければ保険料を追徴されるというシステムである。アンダーライティング・リスク（予想損害額と実際の損害額との差）が発生しないことから税務当局から保険とみなされず、保険料が損金扱いされなくなった。そこで限定的（ファイナイト）にアンダーライティング・リスクを負担する仕組みとしたものがファイナイト・リスク（再）保険である。この保険の加入動機は、主として税務会計上の利点にある。前述のロス・ポートフォリオ再保険のような限定的なリスク移転の仕組みを創出すれば、支払保険料は必要経費として税務上の損金に計上でき、事故が起きて保険金を受領した時は所得とみなされず課税されないとするものである。しかし、これとて、リスク移転がさ

れているかどうか疑わしい。この契約でおこなわれているのは、前述したとおり、1対1の当事者間で損失を先送りして多年度に分散しているだけである。本格的なリスクの外部移転とはなっておらず、その意味では代替的リスク移転手法とはいえない[107]。表11で示したとおり、リスク移転が明確になされているとはいえないものが、このファイナイトとキャプティブである。

## 2・3・2　金利感応型保険商品

　第2は生命保険商品の積立保険料部分を金融商品化したものであり、金利感応型保険商品とよばれている。保険商品の金融商品化のなかで金利感応型保険商品の増大が保険経営（利潤）に最も大きな影響を与えたが、その内容は第3章で詳述する。MMMF等の自由金利商品に対抗した生保商品は、ユニバーサル保険やカレント・アサンプション保険、GIC、さらに分離勘定による変額保険であった。2・1で述べたようにユニバーサル保険は保険料積立部分が投資信託に類似した商品であった。カレント・アサンプション保険とは、分離した貯蓄部分を市場の実勢金利を付与する点ではユニバーサル保険と同じであるが、この保険の特徴は、一定期間ごとにキャッシュ・バリューに付与する実勢金利や死亡率、事業費率の変更によって保険料の改定をおこなうことができることである。GICは投資元本と利回りを保証する団体年金商品であり、確定拠出型年金制度の受け皿の中心商品として利用され、1981年に401（k）プランが導入されて以降に急拡大した。生保会社の団体年金契約高の7割以上をGICが占めている。

　分離勘定とは、特定の保険商品の保険料からなる保険資金を分離して運用・管理するために設けられた勘定で、①特定の勘定の運用成果を契約者に返戻したり価格に反映することが可能となり、②運用規制はなく基本的に自由な運用が可能であり、③分離勘定の運用リスクは契約者の自己責任であり、生保会社が運用の責任を負わない、④自己資本比率規制において分離勘定資産は比率計算の分母である生保会社の資産に計上しない等の特徴がある。分離勘定の資産は変額年金、変額ユニバーサル保険など（一部GIC）を

対象としたものである[108]。

　これらの商品は「金融商品付き保険商品」とも「保険リスク付き金融商品」ともいわれるが、生命保険の保障部分は残し、保険料積立部分や分離勘定の資産を金融商品として付加したものである。従って法・制度的には保険に分類されるが、保険料積立部分や分離勘定部分が大部分を占める場合は、経済的役割あるいは使用価値という観点からは、金融商品に近いといえるだろう。この金利感応型保険商品は1981年には新契約保険料の3％であったものが、1987年にはその過半を占めるようになっていった。

## 2・3・3　保険リスクの証券化

　次に保険リスクの証券化（ILS、Insurance Linked Securities）をみる。証券化とは様々な資産を集約し、そのキャッシュフローを裏付けとした有価証券を発行する手法であるが、保険リスクの証券化とは、保険が対象にしてきた（対象可能な）リスクを、デリバティブ等を活用し金融市場へ移転することによって保険機能を代替させる手法である。資産担保証券（ABS）、モーゲージ担保証券（MBS）等が「資産の証券化」であるのに対し、保険リスク証券は「負債（支払保険金）の証券化」といえるものである。保険は保険料というキャッシュフローを生み出す債権（資産）と、保険金の支払義務という債務をもつとみなし、これを証券化し投資家に販売すれば保険金支払義務も投資家へ移転することになるのである。前述した金利感応型保険商品は、主として生命保険商品における変容であったが、保険リスクの証券化は、主として損害保険において、1980年代に、賠償責任保険危機による保険会社（再保険会社）のキャパシティー（危険担保能力＝保険金支払能力）不足、保険料の高騰、保険引受の停止などの事態が生じたことが契機となり広がっていった。

　保険リスクの証券化の一般的な仕組みの概略は次のとおりである。ILSを発行する保険会社は、通常、特別目的会社（Special Purpose Vehicle）を設立、SPVは保険会社と再保険契約を締結する一方、投資家に対し債券を発行・販売する。従って、SPVは保険会社に対して再保険取引（保険業）をおこな

### 図5　ストラクチャー例

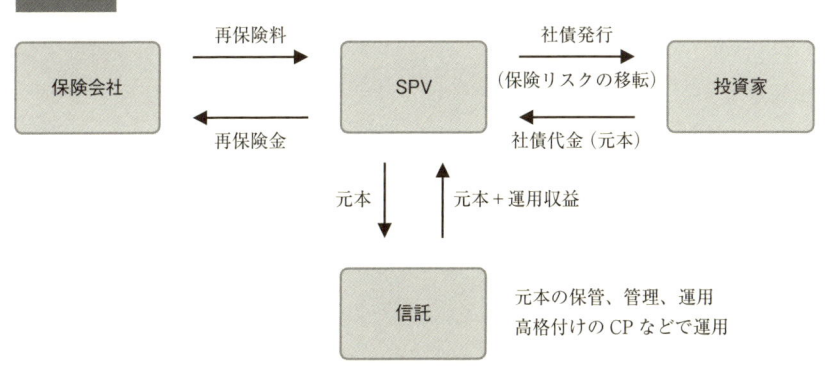

```
保険会社  ──再保険料──→  SPV  ──社債発行───→  投資家
         ←─再保険金──              (保険リスクの移転)
                                ←─社債代金（元本）─

              元本 ↓  ↑ 元本＋運用収益

                    信託    元本の保管、管理、運用
                            高格付けのCPなどで運用
```

出典：筆者作成。

うと同時に、投資家に対しては証券業をおこなうことになる。この二つの業務を兼業することには規制があるので、SPVは規制のない租税回避地のケイマン諸島等に設立されることが多い[109]。その基本的な構造は図5に示したとおりである。

投資家は債券の満期までに、あらかじめ決められた保険金支払事由（トリガー・イベント）が発生すれば、元利金の一定割合が没収される（オプションの権利行使による）というリスクを負う。イベントが発生しなければ、投資家には元本と投資収益と再保険料の一定割合が利息として支払われ、国債等よりは高利回りを享受できる。従って投資家にとってはハイリスク・ハイリターンの債券といえる。

#### （1）損害保険リスクの証券化
損害保険の証券化の具体的手法を簡単にみておこう。
① キャット・ボンド
最も典型的な損害保険リスクの証券化である異常災害債券（キャタストロフィー・ボンド、通称、キャット・ボンド）をみていこう。キャット・ボンドは、異常自然災害による保険損失が発生する場合に、発行者が債券の償還額の一部の支払いを免除されるオプションが組み込まれている債券である。具体

的な仕組みは次のとおりである。SPV は、投資家から払い込まれた元本を一定の残余資金を残して信託会社に預け、そこで高格付けの CP 等で運用、LIBOR[110] の利回りを確保する。イベントが生じなければ、投資家に収入再保険料も含めて LIBOR ＋ $a$ の利息および満期償還金が支払われる。イベントが生じた場合は、保険会社は SPV から再保険金を受け取ることにより保険金支払いの穴埋めが可能となる。SPV は支払再保険金相当分を投資家の償還金等の減額で調整する[111]。

② 非常時劣後債（株式）

保険会社が非常時の際の資本増強のために劣後債（株式）を発行し、投資家へのリスク移転によって資金調達する債券を非常時劣後債（コンティンジェント・サープラス・ノート）という。具体的なイメージは、保険会社が巨額の保険金支払いに備え劣後債（株式）を発行し、投資家へ売りつけるプット・オプションを購入しておく。特定のハリケーン等による保険金支払額（UNL[112]）をトリガーとするプット・オプションである。劣後債を発行することによって担保力（資本）を増強することになるので、保険会社の再保険機能を代替していることになる。例をあげると、1999 年にゴールドマン・サックス社の提案に基づき日本のディズニーランド（オリエンタルランド社）が地震リスクに関する非常時劣後債を発行し、地震による間接損害をカバーした。地震リスクに関しては、日本では伝統的保険によるカバーは限定的であった。オリエンタルランドは地震による周辺の鉄道・道路などのインフラ破壊などによる客数の減少による利益の低下をカバーしたいとの需要があった。ゴールドマン・サックスが提案したのは、地震が発生した時、投資家への元本償還額が減額されるが、地震がなければ高利回りが享受できる地震債券を発行、オリエンタルランドは債券発行体とデリバティブ契約で地震の条件設定と支払手数率を決め、地震のマグニチュードに応じて減額後の残余元本を受け取る。契約時のマグニチュードと実際に発生した地震のマグニチュードの差により、支払額が決定されるオプション取引が内蔵されている。オリエンタルランドへの支払いは、当該エリアのマグニチュードを基準とした算式で支払額が決まる。支払原資は、保険会社の保険資金ではなく債

券を購入する投資家の資金である。地震などの大災害による損害を補償するキャパシティーが不足する保険（再保険）市場から金融市場へ保険機能が移転された例である[113]。

③ サイドカー

サイドカー[114]といわれる保険リスクの資本市場への移転・分担（証券化ではないが）は、保険契約からなるポートフォリオを投資家と分担するものであり、2005年頃より取引が増大している。仕組みの概要は次のとおりである。SPC（サイドカー会社）が再保険会社の保険契約からなるポートフォリオの一定割合を再保険契約により引受、投資家から資本調達をおこなうものである。これは再保険部分のリスクをSPCを通じて投資家へ部分的に移転しているが、投資家から資本を調達するという側面からは伝統的な株式発行による資本調達の代替という見方もできる。

投資家の資本力を活用することによる、保険リスクの引受能力の拡大がはかれるものの、保険契約ポートフォリオを投資家と分担することの問題が指摘されている。保険技術・専門知識の裏付けのない投資家のリスク引受が真に引受能力の拡大といえるかどうかという問題である。サイドカー自身に適切なリスク引受能力があるか、IAIS（国債保険監督機構）も疑問視している。

(2) 生命保険リスクの証券化

生命保険における保険リスクの証券化の目的は保険リスクの金融市場への移転にあることは損害保険の場合と同じであるが、別の狙いとして生命保険会社の負債・自己資本対策に置かれることがある。

① 死亡率リンク債券

死亡率リンク債券とよばれる生命保険のリスク証券化商品を図6でみてみよう。死亡率リンク証券の第一号であるスイス再保険会社発行の死亡率リンク債券（Mortality Bond）をとりあげる。死亡率は自然災害などによる変動要素があるので、その短期的な上昇をヘッジするのが目的とされた。キャット・ボンドが自然災害の発生をトリガーとしているのに対し、死亡率リンク債券は人口全体の死亡率が一定水準以上に上昇した場合をトリガーとし、債

### 図6　死亡率リンク債券（Mortality Bond）の仕組み

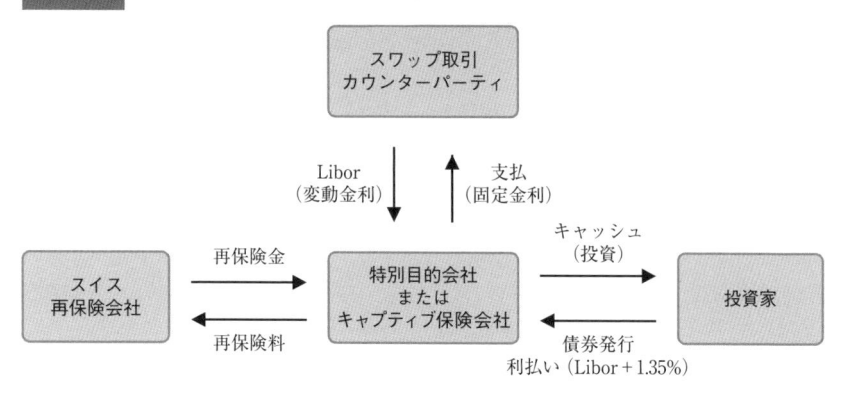

```
                    ┌──────────────────┐
                    │  スワップ取引       │
                    │  カウンターパーティ │
                    └──────────────────┘
                      ↓ Libor      ↑ 支払
                      （変動金利）   （固定金利）
                                              キャッシュ
                                              （投資）
 ┌─────────┐  再保険金  ┌──────────────┐  →      ┌────────┐
 │ スイス    │ ─────→   │ 特別目的会社    │          │ 投資家 │
 │ 再保険会社 │          │ または          │          │        │
 │          │ ←─────   │ キャプティブ保険会社│  ←      └────────┘
 └─────────┘  再保険料  └──────────────┘  債券発行
                                              利払い（Libor＋1.35％）
```

出所：熊迫、田村、[2006]、50頁に基づき一部修正して筆者作成。

券の元利金支払いが免除される仕組みである[115]。スイス再保険会社はキャプティブ保険会社である特別目的会社を設立し、スワップのカウンターパーティと金利スワップ取引を締結し、同社から支払われる保険料（固定金利）とLibor（変動金利）を交換し、投資家は死亡率の上昇がなければ特別目的会社からLibor＋αおよび元本償還額を受け取るという仕組みを作った。もし死亡率が指数の150％上昇した場合は投資家に対して元本の全額、130％から150％上昇の場合は元本の一部の返済が免除され、スイス再保険会社に支払われる。これによって、保険会社は死亡率の大幅上昇による保険リスクを投資家に移転することが可能となるのである。これらのスキームには、インデックスによる死亡率と自社が抱える契約者の死亡率とのかい離が生じた場合は有効なヘッジになりがたいという問題がある[116]。

② エンベディット・バリュー（EV）証券化

　生命保険会社が新契約を獲得すると代理店やブローカーに契約費用として手数料を支払う。新契約獲得のための費用のうち、次年度以降に対応する部分は繰延新契約費として無形資産に計上される。生命保険会社が特定の保険商品の販売を停止し既契約をブロックして証券化し、投資家に販売することにより無形資産の現金化をはかる手法がEV（Enbeded Value）証券化である。

投資家は既保険契約の死亡率リスクや契約失効リスクを部分的に負う。死亡率や失効率が想定より高ければ投資家への支払いは減額されることになる。EV証券化は資金調達、負債（責任準備金）の軽減などを可能にするため、利用頻度が死亡率リンク債券よりは多い[117]。

### (3) 保険リスク証券化の広がりと問題点

　世界の保険リスク債券の発行残高は2006年で230億ドルである。保険リスク証券化は損害保険リスクから始まったが、2001年以降、生命保険リスクの証券化が増加し、発行残高で損害保険リスクリンク債券残高を上回っている。2001年以降の生命保険各社の業績悪化から自己資本の増強を必要としたことと生命保険リスクの証券化が増加したことには一定の関連があると思われる。生命保険関係の債券の償還期間が長いことも残高が増加する一因になっている[118]。

　保険リスクの証券化が、保険の経済的要件からみると保険といえるのか否かは、2・2・1で述べた条件から検討しなければならない。特に問題とされるのは確率計算が適用されているかという点と多数の経済主体の統合が十分されているかという点である。キャット・ボンドの場合でみると、取引は通常、投資銀行の仲介によって限定された数の投資家との取引で成約するので、リスクが集積され、確率計算によりリスク分散しているとはいえない。また、トリガーが実際の損害額（インディムニティ・トリガー）から独立した指数型においては発生する損害額に無関係の条件により支払額が決まるので保険とはいえないことになる。経済的な役割としてみれば金融市場とのリスク相関が少ない金融商品といっていいだろう。

　保険リスクの証券化は、保険リスクの移転による、保険会社（再保険）への安定した保険金支払キャパシティーの提供、再保険会社の信用リスクからの回避、インデックス活用による迅速な保険金支払いなどの利点が保険会社サイドにあり、投資家からみると金融リスクと相関のない自然災害リスクに投資することによりリスクの分散化がはかられるなどのメリットがあるとされてきた。

**表12** 世界のキャット・ボンドの発行状況の推移：1997〜2007年
（単位：百万ドル）

| | 発行件数 | 発行金額 | | 発行件数 | 発行金額 |
|---|---|---|---|---|---|
| 1997 | 5 | 320.0 | 2003 | 7 | 1,729.8 |
| 1998 | 8 | 846.1 | 2004 | 6 | 1,142.8 |
| 1999 | 10 | 984.8 | 2005 | 10 | 1,991.9 |
| 2000 | 9 | 1,139.0 | 2006 | 20 | 4,693.4 |
| 2001 | 7 | 966.9 | 2007 | 27 | 6,996.3 |
| 2002 | 7 | 1,219.6 | | | |

出所：Guy Carpenter, [2008], p.5。

　しかし、表12のとおり、キャット・ボンド発行状況は、2005年以降の増加傾向があるもののその水準は期待されたほどは進展していない。

　原因の第1は、信頼性の高いインデックス開発の困難性、格付け機関の正確なリスク評価の困難性、保険リスクの一般的理解の困難性などにあるといわれている。特にプライシングの有効性・透明性（損失の発生確率および債券利率）に問題がある。キャット・ボンドのプライシングには、金融商品（デリバティブを含む）の価格決定に用いるブラック・ショールズ・モデル等の公式は使えない。異常災害の発生確率は、金融商品価格変動と異なって、損失予想額に対して非対称な分布となるからである[119]。トリガーイベントは、社債のデフォルト確率に相当するが、自然災害発生確率が同程度のデフォルト確率をもつ社債と比べ、保険リスク証券は割高な表面利率が要求される。それは保険リスク証券の流動性の低さに加えて、自然災害の発生確率を計算する専門会社とその結果を受けて格付けする格付け会社への信頼性が十分ではないという問題があるからである。割高なプレミアムを要求される発行体は発行に慎重にならざるをえない[120]。キャット・ボンドのプレミアムが高止まりし保険会社の再保険コスト節約に寄与しない理由をBantwalandとKunreutherは次のように説明している。投資家にとって災害発生確率が不明瞭であることと、投資にあたって利益より損失の可能性に敏感となる「プロスペクト理論」と投資家の近視眼性が重なってロス発生確率を過大評価する傾向にある[121]。基本的にプライシングの曖昧性に問題があるのである。

　第2は、保険リスクに様々な金融機関が関与し保険機能が分解され、保険

リスクの取り手が保険会社から投資家に替わることがもたらす問題である。保険リスクの証券化は、キャット・ボンドの場合、発行をオリジネイトする投資銀行、自然災害のリスク分析・評価をおこなう専門会社、特別目的会社を設立し資産運用する投資銀行と再保険会社、信用格付けをおこなう格付け会社、金融保証保険のモノライン会社、債券を販売する投資銀行等などに保険機能が分解される（保険リスクの証券化市場ではゴールドマン・サックスとスイス再保険会社の2社が支配的な位置にある[122]）。これまでと異なるのは、保険会社が保障機能と運用機能を一体的におこなってきたものを、証券化によってこの機能が分解することである。分解されることにより、コストが割高となりリスクを吸収する保険機能が効率よく代替されたとはいえないのである。発行事例数が多くないため契約内容が標準化されず組成に時間とコストがかかるうえに、SPV設立費用、リスク分析・モデリング費用、格付け費用、起債・マーケティング費用等が加算されるためである。さらに、リスクテイクの主体となる投資家にその適正能力があるかどうかの問題もある。保険業の規制を受けない投資家が保険リスクを熟知しないまま、単なる投資家として債券（証券）を購入・保有しているだけで、保険のリスク処理能力を代替しているとはいいがたいのである。その欠陥を補うものとして、保険リスク証券化の多くには、モノラインによる元利支払保証の金融保証保険が組み込まれているだけでなく、SPCの信用を高めるためにCDSでヘッジしていることが多い。2008年世界金融危機以降、モノライン会社の経営危機で格付けが引き下げられ、CDSの引き受け手のAIG、投資銀行の破綻等で発行コストが急騰し発行不可能となった。保険システムの不備を補完・代替するはずであった保険機能の分解は持続性・安定性に欠けることを示したのである。

## 2・3・4　保険機能のデリバティブによる代替

　保険商品の金融商品化の4番目が保険機能のデリバティブによる代替である。1980年代後半、保険会社のキャパシティー不足問題が発生し、その対

応策として1990年代後半に保険デリバティブ（オプション）の活用が活発になった。デリバティブの活用の有用性としてあげられる事例に、アメリカのノースリッジ地震と日本の阪神・淡路大震災のカバー比較がある。前者は損害の40％が保険等で補償されたのに対し、日本で補償されたのは3％にすぎなかった。日本では在来型の保険商品にほぼ限定されていることがこの差を生んだといわれている[123]。

　保険リスクの証券化と伝統的保険の違いは、①支払条件、②支払金額の基準設定方法にあったが、保険デリバティブにおいても同様である。ハリケーンの例でみると保険の場合は相当因果関係、すなわち、特定した原因による損害のみ支払う。また補償金額は実際の損害額に限定される。保険リスクの証券化やデリバティブによる代替商品では契約した基準で支払いが決定され、実際の損害（額）やその原因には拘束されない。保険リスクの証券化は既存の保険商品が対象にした（対象可能な）リスクの証券化であったが、デリバティブによる保険代替は保険が対象にしていない（できない）リスクも対象にする。その意味では保険商品代替ではない新たなヘッジ（または投機）の仕組みである。

　その内容を天候の変化が企業に与える損害を補償する天候デリバティブでみてみよう。これは天候によって企業収益が変動する複数の企業間でのデリバティブによる相対取引であり、必ずしも保険会社が介在する必要はない。天候デリバティブが対象としているのは、ほとんどが気温に関するものである。気温が上昇することによって、損失が発生する企業と、利益が発生する企業が相手方に存在することが必要となる。天候デリバティブの開発の背景には米国エネルギー産業に対する規制緩和があった[124]。それまでは天候変動に対する使用電力量の変動に対して先渡しや先物契約を使い価格変動をヘッジしていたが、自由化による価格のボラティリティの高まりのなかで天候デリバティブの活用が有効になった。最初の取引は1997年、米国エネルギー会社のエンロン社とKoch社との間の気温を対象にした取引であった。仕組みは次のようなものである。トリガーは企業の収益が影響されないぎりぎりの温度で設定し、気温上昇による収益減から支払条件を決める。冬季

の暖冬による電力消費の減少による経済的損害をヘッジするために、一定の気温でのコールオプション（定められた期間に定められた価格で購入できる権利）を使い、売上が減少するリスクに備え、気温が一定以上に上昇した場合には相手方より支払いを受けるという仕組みである。

しかし、保険リスクの代替としてのデリバティブ活用は、天候デリバティブ以外には活用が広がっていかない現実がある。その理由はデリバティブの機能が基本的にヘッジにあるからである。ヘッジは、価格変動リスクを避けるため、先物取引等で保有資産の利益の一部を犠牲にして利益の確定をはかる取引であり、ヘッジの対象は損失と利益の両方の可能性がある事象に限られるのである。一方、保険は純粋リスクを対象とし損失の可能性のみを問題とするので対象事象の制限は少ないのである。

## 2・3・5　金融リスクの保険対象化と信用補完機能化

保険商品の金融商品化の最後に金融リスクの保険対象化をとりあげる。これは、これまで述べてきた保険リスクの代替・移転および保険商品と金融商品の融合とは全く異なり、保険会社が金融リスクを取り込むものであり、保険会社が直接的に投機的リスクを抱え込むと同時に金融市場における信用膨張を促進する役割を果たすという性格をもつものである。

(1) 金融リスクを保険対象とする金融保証保険

信用リスク管理は伝統的に銀行の専門的業務である。貸付、手形割引、住宅ローンなどの業務では、借り手の信用リスクの調査・管理をおこなうことが銀行の本来的業務であった。銀行が直接、住宅ローンなどを貸す場合は、デフォルトしても銀行と債務者の二者間の問題に限定された。モーゲージ担保保証保険については概要を既に2・1で触れたが、モーゲージにおける信用リスクの保険機能への移転であった。

金融保証保険は、前述したとおり、債券発行体に債務不履行が発生した場合に、モノライン保険会社が約定どおり元利支払いをおこなうことを保証す

る保険契約である。債券発行体は保証保険契約後の格付け上昇による発行コストの低下分の一部を保険会社に支払う。言い換えれば、債務者と保証者の信用力の差の一部を保証料（保険料）として発行体（投資家の場合もある）から受け取る事業が、金融保証業務といえる。従って、債券の信用格付けの仕組みに組み込まれ、債券発行・流通を促進するための役割を負わされた保険機能といえる。金融保証保険の対象は、地方債等および証券化商品の債券のデフォルトによる損失である。従来の信用保険が商業取引における信用リスクを対象にしたのに対し、この保険は債券の信用リスクという金融市場でのリスクを対象にするものであった。

債券の元利保証が保険対象になりえるかどうかを考えてみると、①そのリスクが同質で個数が大量であるか、②損失の発生頻度と大きさのデータに高い信頼性があるか、③保険料（率）が妥当であるか（購入可能性と利益安定性）、④壊滅的な損失が発生しないか、などの要件が充足されない可能性が高い。①については仕組債券の原債務が多種多様であり、②③④については、サブプライム・ローンなどを含むCDOの歴史が浅くデータの有意性に乏しいことなどから保険会社に安定した収益をもたらす保険となり難く、通常は商品化を断念するようなリスクであった[125]。

金融保証保険の問題点について、松井は規制当局やエコノミストのなかにあった信用膨張に対する危惧を紹介しながら次のような点を指摘している。

- 金融保証は投資家が借り手よりもむしろ保証者の信用力に基づいて関与するようにさせるため、信用膨張は止めどもなくなる。格付けの低い発行主体の負債を保証する最高格付けの企業がリスクを引き受けることによって、債務者の格が上がりその結果、市場の判定を上回る信用格付けがなされて割安な資金を得ることに危惧がある。
- 銀行と保険会社は金融保証会社に共同株主として参加しているケースが多いが、損失に対して相互に保証しあう度合いを増やしている。

これらの指摘は、リスク管理において、リスクの保証者の信用力に依存すればするほど信用基準が低下し、信用膨張をもたらし、リスクが増幅することを警告している[126]。今回のモノライン問題でみれば、資産証券化がリス

クを増幅させたが、リスクの保証行為によってさらにリスクが増幅されることを示した。過度の信用膨張の第1の仕掛けが証券化であれば、第2の仕掛けが信用格付けと一体となったモノラインの金融保証保険といえるのである。

(2) 金融保証保険のデリバティブによる代替

　金融保証保険のデリバティブ活用による保険代替としてCDSがある。その仕組みは、CDOなどの債券の所有者が、信用リスクのみを保険会社等に移転し、その対価としてプレミアムを支払うものであることから、保険とは異質なものであるが、保険と同様の機能をもつという外観がある。保険会社がプレミアムを受け取る（リスク引受）場合は、当該債券のデフォルトの時に損失額を支払うので金融保証保険と同様の機能を果たすことになる。CDSと保険の違いは、クレジット・イベントと保険事故の性格が異なるところにある。すなわち、クレジット・イベントは一つのイベント（デフォルト等）が信用不安を引き起こし他に連鎖するが、保険事故は独立しており連鎖しない。

　CDSを裏付けとして信用リスクを証券化する手法としてシンセティック（擬似的）CDOがあり、再保険会社の保有リスクの移転手法としても活用された。CDSが急速に拡大したのはシンセティックCDOが組成されるようになったからである。CDOでは住宅ローンなどの原資産を混ぜ合わせ仕組み証券が組成されるが、シンセティックCDOでは現物資産とは直接リンクしないCDSが対象となるため、供給の制限がなくなるので急速な信用膨張につながるのである。複雑になるが、シンセティックCDOの仕組みは次のようになる。シンセティックCDOの発行体となるSPCは、債券を発行し投資家より支払われた代金で担保債券を購入、その担保債券ならびにCDSを裏付けにCDSプロテクションの売り手（保証サイドになってリスクを受ける）になる。SPCにとって、カウンターパーティからのプレミアム収入と担保資産からの収益が投資家への支払原資となる。クレジット・イベントが発生した時は担保資産を処分し、カウンターパーティへ免責金額を超える損

失金を支払う。この仕組みは、銀行がローンの信用リスクを軽減するためにSPCにローンを売却する（証券化）方法とは異なり、CDSを使ってSPCからプロテクションを購入（プレミアム支払い）することによって銀行が保有するリスクを切り離し、次にSPCの信用リスクを投資家から資金調達することによってクリアにするわけである。保険リスクを信用リスクへ変換する場合は、保険金の支払保証をSPCから取付け、そのSPCの信用リスクに置き換える。具体的な例としては、再保険会社が保有するリスクをSPCが支払保証し（保険リスクの移転）、SPCの信用リスクへ変換、次に、SPCの支払不能リスクを回避するために、SPCはCDSを裏付けとするシンセティックCDOを発行し、投資家から資金を集め支払いの担保とするのである[127]。

　CDS（シンセティックCDOを含む）のはらむ問題点は次のとおりである。その危険性は、クレジット・イベントが集中的に発生し次々と連鎖するところにある。住宅市場が好調な時にはイベントは発生せず、保証料収入が巨額となるが、不動産市場が悪化したり、賃金・所得が減少する事態になれば、ローン返済不能によるデフォルトは集中的に発生する。しかも支払不能に陥るCDOが他のCDOの信用不安を引き起こす。投資家ウォーレン・バフェットが「金融の大量破壊兵器」とよび連鎖的な危険性を指摘した内容である。さらにCDSの売り手（リスクの受け手）のモノラインやAIGが経営不安・破綻ということになれば、リスクを保証するはずのCDSの売り手が債務不履行を起こすというリスクの拡大・連鎖をもたらすのである。保険事故は、火災でも自動車事故でも保険会社と契約者の当事者間の契約に基づき支払いがなされるだけで、事故の損害も支払保険金も当事者以外に経済的な影響を与えるものではなく独立している。さらに監督機関の問題がある。保険は州保険局の監督下にあるが、CDSは保証料だけが取引されるというオフバランス取引のため監督規制の対象とはならず、スワップ契約の売り手が債務不履行をカバーする資金を保有しているかどうかを、だれも監視していなかったのである[128]。

　プレミアムの決定は市場にまかされ、当該債務の信用力に関するトレーダーの投機的な思惑によって左右される。また、保険会社が売り手（リスク

の受け手）の場合、カウンターパーティリスクが正確に把握されないまま安価なプレミアムでの取引に陥りやすい。保険料率を上下させて収益を確保する保険会社のリスクコントロール手法が通用しないのである。しかるに、2004年10月、バーゼル銀行監査委員会、証券監督者国際機構、保険監督者国際機構の合同調査委員会は、「信用リスク移転（Credit Risk Transfer）」という報告書を発表、そのなかで、「CDS等は保険会社の総投資額の1％程度で財務の健全性を脅かすことはない。CDSによる信用リスクの分散は金融システムの安定化に役立っている」としていたのである[129]。

## 2・3・6　保険商品の金融商品化による保険機能の衰退

　保険商品の金融商品化の問題の最後に、保険、デリバティブ、ギャンブル（投機）の関係のなかでの保険機能の衰退について考察しておこう。CDSの仕組みはスワップを使った擬似保険であることを前述したが、CDS取引には保険、デリバティブ、ギャンブルが混然一体となっているようにみえる。しかしトレーダーによる実際のCDS取引は、「短期の固定プレミアム収入＋長期の巨額の支払リスク」と「短期のプレミアム支出＋長期の巨額の受け取り可能性」のどちらに軍配があがるかという「ベット」である（「ベット」の対象者である債務者はそれを全く認識していない）[130]。三者の関係を注意深くみると、デリバティブと投機に親和性があり、両者は保険と明確な違いがある。

　保険は、古くからギャンブルとして悪用されてきた。17世紀頃から、貴族や有名人の死に対して無関係な第三者が保険を購入することが流行した。そこで被保険者に被保険利益のない保険契約は法律で禁止されることになった。保険と賭博を明確に区別することは保険の歴史的課題であり、保険システムの成立要件は賭博性の排除であるともいえる。保険代替としてオプション等のデリバティブが盛んになった今、保険とオプション等をどのように区別するかが新たな課題となる。

　ここで、プット・オプション（定められた期間に定められた価格で売却できる

権利）機能とギャンブルと保険機能との類似性と異質性を考えてみよう。デリバティブと保険は、ともにリスク移転の機能をもつという点では類似している。リスク移転の対価としては、オプション料と保険料がある。たとえば、収入（所得）をカバーする保険（所得補償保険など）機能とプット・オプション（一定金額で売る権利）機能を考えてみよう。高い収入を得ている人が病気の時に減少した収入を保険で払ってもらう仕組みは、保有している有価証券を一定額で売る権利を行使し一定の金額を得ることと似通った経済効果をもつ。損失は支払ったオプション・プレミアムに限定される。ここでプット・オプションの買い手は保険に加入した人、売り手は保険会社、オプション・プレミアムは保険料とみなすことができる。このケースでは有価証券を保有していることが前提となるが、相場によっては無価値になってしまう有価証券に「保険をかける」という意味でプット・オプションを購入し一定の価格で売る権利を確保し、病気で失われる所得を補償することが可能となる。このように、外観上オプションは保険と類似している機能をもつといわれるが、次のような点で明確な違いがあることを再確認しておく。

　天候デリバティブに代表される保険デリバティブは、多数のリスクを集積するわけではなく基本的には1対1の相対取引である。移転したいリスクを保有する企業がある一方で、そのリスクを買取りたい別の企業が存在することが必要になる。これがデリバティブ契約による保険機能代替の制約となる。前述した通り、保険デリバティブがクレジット・デフォルト・スワップや地震スワップ等を除けば、天候デリバティブ以外には広がっていかないのはこのためである。デリバティブの本来的な機能はヘッジにあることから、保険の仕組みがもつリスクの集積、分散という点では、デリバティブは十分な機能をもつわけではない。また、デリバティブの価格であるプレミアムと保険の価格である保険料には基本的な違いがある。プレミアムは市場でリスクの市場価格として決まるが、保険料は大数の法則に基づく保険技術によって、保険会社の判断で決めることができるという点が最大の違いである。デリバティブ契約による保険機能代替には多くの制約があるのである。

　特定の人物がある年度まで生きているかどうか、というギャンブルをみて

みよう。胴元は賭けの対象者の年齢・健康状態に応じて賭け率を調整し、保険会社のように振る舞って賭け金を徴収する。その対象者が死亡すると困難を受ける人々（家族等）が死亡に賭け、万一死亡したら多額の金額を手にする。家族にとって、対象者が生きていたら掛け金が損失となるが、悲しむべきことではない。このギャンブルは、オプションや生命保険に類似している。この賭けの問題は、他人の生命に対する賭けが無限定におこなわれると殺人などの犯罪につながる恐れがあることである。ギャンブルは、リスクが賭け金を払う人にはじめから存在していない（他人の生命に対する賭け）点で保険と異なる。オプションとギャンブルは条件付き給付という性格をもち、共通して投機性と賭博性がある。それらは被保険者に被保険利益が存在する保険とは損害概念や経済的保障機能において根本的に異なるものである。

　アダム・スミスは、保険制度の発展をやや悲観的にみていた。『諸国民の富』を刊行した当時、イギリスに保険業が成立して1世紀近く経過していたが、火災保険の加入率はきわめて低かった。スミスはその原因を次のように考えていた。「現実の世界の人々は合理的に確率計算をして行動するタイプより、向う見ずな行動をとるタイプの人々が多い。その傾向は、リスクがなければおおむね合理的な行動をとるが、リスクが存在すると非合理的な判断をする傾向が強い。あらゆる人は利得の機会を多少とも過大評価し、たいていの人は損失の機会を過少評価する。宝くじやギャンブルに人気が集まるのもそういう不条理さのためである」。スミスはまた、保険と宝くじの関係を次のようにいっている。「完全に公平な宝くじ、つまり、全利得が全損失を償うような宝くじは存在しない。それなのに、宝くじは割高に買われる。というのは、人々が大当たりくじに当たるという空虚な希望を抱くからである。保険の場合は危険を軽視するあまり、それ（保険料）を支払う気になれない人が多くいるのである」[131]。スミスは、人々の保険加入行動における非合理性を鋭く指摘していると思われる。いわゆる掛け捨ての生命保険商品より、積立保険料部分が投資信託のような金融商品となった保険商品が好まれるのは、スミスのいう、「危険の軽視」、「金融商品部分への過度な期待、空虚な希望」に根差している可能性がある。保険の歴史は非合理性や射幸心

を排除し健全な発展を志向してきた歩みではあるが、これは容易に克服できる課題ではないのである[132]。

保険を金融に橋渡しをしたのはリスク概念であり、リスクマネジメント論における保険の金融への包摂であった。前述したように、金融の分野では価格変動性をリスクととらえるのに対し、保険の分野では損失発生の蓋然率をリスクととらえる。しかし二つの異質のリスクを同じ土俵に乗せ、保険代替現象の投機的側面についての批判的な考察がなされることなく、また、保険リスク対象の純粋リスクと投機的リスクの区別があいまいにされたまま、リスクマネジメント論や「金融と保険の融合」論をそのまま受け入れ、保険は金融に包摂され、リスキーな信用リスクの保険対象化やCDSによるリスク引受に抵抗力を失っていったのである。その結末が2008年世界金融危機につながるのである。リスク論は、必ずしもランダム（サイコロの目などのように、各出現項目の出現確率が均等もしくはほぼ均等である状態を意味する）ではない金融市場を対象にしてきた。サイコロを振って、その目が1から6まで6分の1ずつの確率で現れるとの説は、大量の試行によってはじめて当てはまるのである。金融の世界では、資産のリスクを定義するのに正規分布やランダム・ウォーク（次に現れる位置が確率的に無作為に決定される運動）を前提にすることによって、どんな投機も許容されるかのような風潮があった。今、「複雑怪奇な」金融市場を、リスク論に基づいて確率変数で表現される統計処理可能な対象としてきたことに対する懐疑的議論が巻き起こりつつある。複雑系の科学やカオス理論の類である。一般に、すべての金融市場（保険も含む）、金融商品を網羅する統一理論などないと思った方がよいであろう、との声が大きくなってきたのも自然な流れと受け止めることができる。一方、金融との融合を進めてきた保険の場では、金融主導のリスク論を媒介にした保険金融論への内省的検討はほとんどみられないのである。

小川は、「1980年代のリスクマネジメントの一大潮流とARFの現出が保険の相対化をもたらし保険の衰退化の可能性を示す」と論じている[133]。保険制度は射幸心、ギャンブルを制度設計上、排除してきた歴史をもつが、保険商品の使用価値に立脚する本章の分析が明らかにしたように、保険商品が

金融商品化し、金融リスクを含む総合的リスクマネジメントのなかに保険が位置付けられると、投機の要素を排除することは困難になり、保険の本来的機能である経済的保障機能が衰退してくるのである。

## 注

7 　生保社数は 1990 年には 2,195 社あったが、合併が進み 2006 年の 1,257 社からさらに 2008 年には 848 社に減少した。

8 　我が国では、民営保険会社は主として生命保険会社と損害保険会社に分けられる。生命保険は基本的に人間の生死に関わる経済問題に対処するための保険であり、損害保険は、主として、火災などの偶然の事故が発生することによって失った財物、資産などの経済的価値の損失を補償するための保険である。生命保険という名称は保険の対象が人間の生死であることからきたものであるのに対し、損害保険という名称は、保険金の支払いが実際に生じた損害額（協定した保険金額ではなく）を基準にするところからきている。一方、生命保険は損害額にかかわらず一定額を支払うという意味での定額保険である。これは異なる基準に基づいて生命保険、損害保険が規定されていることを意味している。そのために、生命保険と損害保険の境界に位置する保険や両保険の性格を併せ持つ保険などが存在しうるという矛盾を内包している。

9 　米国における保険（商品）の分類については李、［1994］、167 〜 169 頁によっている。

10 　米国における共済保険については高崎、［2005］、3 〜 9 頁によっている。

11 　Kramer, O., [1991], pp.98-99 を参照。

12 　松岡、［2009］、31 〜 34 頁を参照。

13 　年金開始年齢は、年金制度改定にともない、受給開始年齢を 67 歳まで段階的に引き上げ中である。

14 　401（k）は内国歳入法 401 条（k）項に基づく確定拠出型年金である。労働者の拠出金が主要財源となって積み立てられる。企業が半額程度のマッチング拠出することが多い。59.5 歳到達前に引き出す場合はペナルティ課税されるが、IRAに資産を移せば課税を免れる。持ち運び可能（ポータビリティ）といわれる所以である。

15 　GIC とは Guaranteed Insurance Contract の略。雇用主が提供する退職貯蓄プランの運用対象であり、保険会社と年金プランの間での投資収益率を保証する契約をいう。

16 　松岡、［2009］、27 頁を参照。

17　野村資本市場研究所、[2008]、32～35頁を参照。
18　ACLI, [2008], Preliminary Fact Book。
19　小松原、[2008]、3～9頁を参照
20　年金支払原資を当該年度の企業の営業収入から賄い、各年で収支バランスさせる方式。
21　中浜、[1993]、15頁を参照
22　AFLは職業別組織を重視し非熟練労働者の排除によって影響力を維持しようとした。
23　しかし、チームスター幹部の年金会計上の不正事件が発生し、その他の事業体でもスキャンダルが相次ぎ年金支払への信頼性が傷つけられた。
24　GM社の2008年の経営破綻の原因の一つに企業年金・医療保険の支払負担の問題がある（R. ローウェンスタイン、〔鬼澤忍訳〕、[2009]を参照)。
25　小野、[2009]、3～5頁を参照。
26　森宮、[1981]、102～104頁によると、企業年金制度が消滅（終了）する事態に備え給付を保護する目的の（再）保険である。運営主体は労働省の管轄の年金給付保証公庫（PBGC）であり、資金源は保険料収入、財務省からの借入金、未積立債務のある年金制度の事業主からの強制割当額、および消滅した制度の資産である。
27　現在は勤続3年後に25%、以降4年から7年まで20%ずつ加算、7年で100%となっている。
28　積立基準を上回る積立金残高が同勘定にある限り、それを取り崩すことで年度積立を回避することができる制度である。
29　三和、[1999]、78頁を参照。
30　医療保険改革を訴えて当選したオバマ大統領は、公的医療保険導入を最重要政治課題としていたが、保険企業や共和党などの反対で公的制度としての医療保険導入は断念し、2010年3月、営利保険を活用する修正案が可決した。多くのマスメディアはメディケア、メディケイドの成立に匹敵する歴史的出来事と評価している。同法案の成立によって3,200万人の無保険者に保険が適用されるといわれている。しかし結果として、営利保険会社の市場がさらに拡大されたのである。
31　佐々木、[2009]、100頁を参照。
32　保険会社が入院前、入院中、入院後などに、医療の提供に先だって適正な医療を症例ごとに査定し、患者の治療内容の決定に関与することによって医療費を管理するものである（中浜[2006]、69頁を参照)。
33　田中、森、[2005]、45～46頁を参照。
34　公的医療保険センター（Center for Medicare & Medicaid Service：CMS）の09年1月発表によると、以下のような財政上の諸問題がある。

- 2009年の医療費総額予測は2兆5,095億ドル（対GDP比17.6％）であり、2018年には4兆3,532億ドル（対GDP比20.3％）に達する見込みである。
- 医療費の上昇率は、名目GDPの成長率を上回り（1970～2007年で2.4％、2000～2007年で2.5％）、さらに2008年で2.6％、2009年で5.7％上回ると予測されている。
- 2011年以降、ベビーブーマー世代がメディケアの加入資格を得ることから政府の歳出増加が見込まれる。
- 医療費総額に占める民間部門の割合は52.6％（家計部門は11.3％）を占め、公的部門47.4％を上回っている。2007年の全国民に占める企業型医療保険加入割合は59.3％に達している。その保険料上昇率はインフレ率や賃金上昇率を大きく上回っている。
- 2008年における医療保険の平均年間保険料は個人保障で4,704ドル、家族保障で1万2,680ドルに達し、家族保障の保険料は1999年対比119％も上昇した（カイザー家族財団）。2009年の1世帯当たり平均保険料は1万3,400ドル（雇用者が74％負担）、この10年で2.3倍に増加している。
- 2005年の統計で全破産件数208万件のうち、個人破産が204万件、その原因の半数以上が高額医療費負担である。

（国際金融情報センター、「米医療保険改革の行方」、2009年6月17日を参照）

35　佐々木、[2009]、108～109頁を参照。
36　The Kaiser Family Foundation and Health Research and Education Trust, [2008], pp.2-3を参照。
37　『日本経済新聞』、2005年6月8日付を参照。
38　日本では公的保険でカバーされている労働者災害補償保険が米国においては含まれている。
39　韓国に損害保険で積立型保険料部分をもつ保険が存在する。
40　内田、[1993]、7～13頁を参照。
41　米国では日本の自賠責保険に相当する強制保険はないが、全州で法定の賠償額を規定し、ほとんどの州で法定の支払限度額を超える賠償責任保険等の付保を義務付け、これを有しない車の走行を禁じている。
42　宇沢、[1999]、40～42頁を参照。
43　越智、[1992]、70頁を参照。
44　洪水と地震による損害は免責となっている。洪水は連邦緊急事態管理局の運営する全米洪水保険制度、地震はカリフォルニア州地震公社等の公的保険等によってカバーされている。
45　"Sorry, America, Your Insurance Has Been Canceled"、『タイム』、1986年3月24日付を参照。通説ではこの2回の混乱が保険危機と称されているが、1992

年の労働者災害補償保険をめぐる混乱を第3の保険危機とよぶ場合もある。

46　銀泉コンサルティング、[2008]、3～5頁を参照。
47　山口、[1998]、181頁によると、1968年、世界で最初に引き受けられた人工衛星打ち上げ保険の保険金額は450万ドルだった。
48　スイス再保険会社、[2006]第6号、17頁を参照。
49　知見、[2009 (b)]、43～44頁を参照。
50　草苅、[2009]、155～157頁を参照。
51　『保険毎日新聞』、2007年9月6日付を参照。
52　池野、[1998]、173～174頁を参照。
53　R. カーチス、E. ボーガン、(高木・近藤・阿木訳)、[1981]、182～194頁を参照。
54　大沢、竹貫、[2008]、127頁を参照。
55　元受保険契約を出再しなければ責任準備金を積み上げる必要があるが、再保険でそれが不要となることを意味している。
56　17世紀、ロンドンのコーヒー店から始まったロイズは、企業ではなく保険取引市場である。リスクを無限責任で引き受けるアンダーライター・メンバーによって構成され、個人またはシンジケートを作って取引をおこなった。
57　大沢、竹貫、[2008]、94～96頁を参照。
58　浜崎、[2006]、142～144頁を参照。
59　著名な投資家でバークシャー・ハザウェイ社を率いるウォーレン・バフェットは、ライバル社のミュンヘン再保険とスイス再保険に45億ドル余りを投資、世界の1、2位会社に対しても影響力を広げている。
60　超過再保険（超過額再保険、Surplus Reinsurance Treaty）とは、あらかじめ定めた出再者の保有額を超過する部分を保有額の倍数、一定額を決めて出再、受再者は自動的にこれを引き受ける特約である。
61　日吉、[2002]、19頁を参照。
62　スイス再保険会社、[2003]第5号、6頁を参照。
63　芝田、本間・小林、[1983]、142～152頁を参照。
64　最近、個人自動車保険では、インターネットを活用した通販型が売上高シェアーの10％を超えたといわれている。
65　複数の保険会社が参加し、インターネット上に保険モール（仮想保険店舗）を開設、各社の商品が陳列されており顧客は比較検討が容易にできる。
66　会社店舗に席があり、資金・教育・管理を受け、最低販売要件がある。基本的には自社製品を販売する。会社は年金等の社会保障を提供する。
67　長岡、「米国損害保険個人マーケットにおける募集チャネルの最新動向」、1～2頁を参照。(http://www.sj-ri.co.jp/issue/quarterly/data/qt32-1.pdf)
68　松岡、[2009]、34～39頁を参照。

69　松岡、[2005]、1～2頁を参照。
70　金融のイノベーションとは、金利の自由化、業態間規制の緩和、金融手段・商品の革新、資金チャネルの多様化などの諸現象を含む1980年代の金融の構造的な変化をいう。
71　樋口、[2003]、47～48頁を参照。
72　保険に加入できない人々のために保険を提供する制度、保険会社はそのためのプール制度に参加し規制料率での引受を割当てられる。
73　小川、[2008（a）]、254～255頁を参照。
74　越知、[2001]、13～24頁を参照。
75　越知、[1992]、34～35頁を参照。
76　A. A. J., pp.2-3 を参照。(http://www.allenandallen.com/assets/files/AAJReport09News.pdf)
77　櫛田、[2007]年、155頁を参照。
78　知見、[2009（a）]、128～140頁を参照。
79　同上書、132頁を参照。
80　William K., [2009], pp.959-960.
81　知見、[2009（b）]、44～45頁を参照。
82　投資銀行等の証券化商品の組成・販売会社は、証券化商品を自分のバランスシートから切り離すために、傘下に事業体（Structured Investment Vehicle）を設立し、証券化商品の組成・販売を委ねる。(井村、[2010]、112頁を参照)
83　2008年、業界2位のAmbacと1位のMBIAがダブルAに格下げされたことを契機に大手モノライン会社が経営危機に陥ったが、政府の救済策によって小康状態を保っていた。しかし、2010年、Ambacが破綻、大手各社は危機的状況に陥った。
84　竹濱、[2006]、211～213頁を参照。
85　Loss Portfolio Transferとは、既に発生した保険事故に関する保険責任を再保険者に移転するファイナイト保険契約である。
86　吉澤、[2006]、78～80頁を参照。
87　諏澤、[2006]、第1章によると、保険は、ファイナンスと共通の枠組みにおいて分析されるようになり、ファイナンスの諸理論の発展から強く影響を受けるようになる。すなわち、ファイナンスの分野においてMarkowitzによりポートフォリオ理論が、そしてSharpeにより資本資産評価モデル（CAPM）が構築されたことを受けて、1970年代からこれらの理論の保険への応用が盛んに試みられるようになる。ポートフォリオ理論は、資産・負債総合管理の導入という形で保険会社の経営に影響を及ぼすとともに、バンドル保険契約（金融商品を付加するような複数の機能をもつ保険）の導入により保険商品自体にも変化をもたらした。

さらに、ポートフォリオ理論を基礎として発展した資本資産評価モデル（CAPM）は、保険料率算出に応用され、その一部は、自家用自動車保険や労働者災害補償保険の州定保険料率算出に利用されることとなる。このようなファイナンスの諸理論の保険への利用をとおして、保険会社の保険事業と投資活動を統合して管理しうること、そして保険市場と金融市場が相互に関係するものであることが認識されるようになっていった。

88 越知、[2001]、129〜130頁によると、CAPMは、必要営業利益率を保険種目別キャッシュフローの実態に基づき、株式資本の時価総額を基本とし、期待収益率との関係により決定する方式である。損保事業に応用する場合、各保険種目を一つの有価証券とみなしているところに問題がある。

89 古瀬、[1998年（b）]、409〜410頁によると、アメリカの保険会社では、投資ポートフォリオの管理ツールとしてオプション・プライシング理論もよく使われる。複数の金利シナリオの下で、内蔵オプション（債券の事前償還権、保険の解約請求権、契約者貸付請求権、更新請求権等）のコストを考慮することで資産と負債のそれぞれの現在価格を測定する。負債については、時価を測定し、一定期間の営業利益を予測し現価率で割り戻す。オプション・プライシング理論の欠点は、流動性を重視するあまり価格の短期的インパクトを過大評価することと、負債の評価には必ずしも向いていない（他の大きな変数の市場価格を考慮せず、それらが保険会社の価値に及ぼす影響を見落としている）点にある。

90 保険は、数量的に測定でき、確率分布が知られているリスクだけでなく不確実な事象、想定外の事象も部分的に含んで保険対象にしているので、保険事故発生確率が正規分布するとは必ずしもいえない。

91 富沢、『安田総研クォータリー』22号、2頁を参照（Booth, G., [1997]）。(http://www.sj-ri.co.jp/issue/quarterly/data/qt22-3.pdf)

92 同上書、1頁を参照。

93 ミュンヘン再保険会社、[2001]、8頁を参照。

94 森本、[2000]、293〜295頁を参照。

95 リスクファイナンシングとは、企業活動にともなうリスクが顕在化した時に、そのダメージを緩和・抑制する資金調達等の財務的手法といわれている。

96 小川、[2008（a）]、268〜271頁を参照。

97 後藤、[2009]、91頁を参照。

98 Alternative Risk Trnsfer（ART）は、保険機能を代替するリスク移転手法との意味であり、代替的リスク移転といわれている。

99 キャプティブ保険会社とは、一般企業が自社または企業グループ等のリスクを専門に引き受けるために設立した保険業務専門の子会社で、大口の保険需要者が保険市場で保険カバーを得られないことを背景として1950年代から始まり、

1970 年代以降たびたび保険危機に見舞われたことを契機として増加した。形態としては、グループ・キャプティブ（類似したリスクをもつ同業者による共有キャプティブ）、レンタ・キャプティブ（キャプティブ保険を親会社以外の企業に貸し出す仕組みが）等がある。

100　損保ジャパン総合研究所、[2008]、51 頁を参照。
101　スイス再保険会社、[2003]　第 1 号によると、2000 年における米国の大企業 1,000 社の ART 支払保険料（キャプティブを含む）は財物を除く賠償責任・労災補償・商用車で伝統的保険料を超えている。
102　小川、[2008（a）]、256 頁を参照。
103　日吉、[2000]、12 頁を参照。
104　小川、[2008（a）]、260 頁を参照。
105　森本、[2000]、292 頁を参照。
106　スイス再保険会社、[2003]　第 1 号、3 頁を参照。
107　日吉、[2002]、10 ～ 11 頁を参照。
108　玉田、[1967]、9 ～ 11 頁を参照。
109　森本、[2000]、297 ～ 300 頁を参照。
110　LIBOR とは英国銀行協会が複数の銀行の金利を毎日一定時点で集計して発表する金利をさす。
111　岡田、[2002]、157 ～ 159 頁を参照。
112　UNL（Ultimate Net Loss）とは、特定の保険市場における特定の保険金支払事由による市場全体あるいは特定の保険会社の予想あるいは確定保険金支払額のことである。たとえば損害保険協会等が発表する特定のハリケーンによる保険市場全体の保険金支払額（予想または確定）等をいう。
113　土方、[2001]、63 ～ 64 頁を参照。
114　大沢・竹貫、[2008]、160 頁によると、サイドカーはオートバイに取り付けられ走行の安定性を増し荷物の積載量を増やせる装備という意味から、再保険業者が SPC（再保険会社）を活用して担保力と利益を増加させる狙いをもつ仕組みをサイドカーというようになった。
115　このインデックスはスイス再保険会社が死亡率をアメリカを 70％、イギリス 15％、イタリア 5％、スイス 2.5％、および男性 65％、女性 35％の比率で構成・作成したものである。
116　熊迫、田村、[2006]、54 ～ 55 頁を参照。
117　スイス再保険会社、[2006]、第 7 号、10 頁を参照。
118　同上書、24 頁を参照。
119　日吉、[2000]、124 ～ 125 頁によると、実務的には、損失の期待値、元本没収の確率を示す各種の数値、損失発生の分布などを算出し債券のリスク・プレミア

ムが決定される。

120 岡田、[2002]、162頁によると、トリガーの発生確率は債券のデフォルト確率と等しいか、それより大きくなければならない。証券化が成功するためには、再保険市場で評価される再保険価格が債券市場で評価される債券価格と等しいか、それを上回らなければならない。
121 Bantwal, V. J., Howard C. Kunreuther, [1999], p.5 を参照。
122 同上書、p.87 を参照。
123 青木、中村、小田、山崎、[2006]、18頁を参照。
124 飯田、[1996]、を参照。(http://www.jri.co.jp/page.jsp?id=16399)
125 知見、[2009 (b)]、43頁および尾崎、[2005]、38頁を参照。
126 松井、[1987]、113頁を参照。
127 後藤、[2009]、85頁を参照。
128 知見、[2009 (a)]、128～135頁を参照。
129 Basel Committee on Banking Supervision The Joint Forum, [2005], p.20 を参照。(http://www.bis.org/publ/joint13.pdf)
130 杉浦、[2010]、6頁を参照。
131 Smith, A., [1937], pp.107-109 を参照。
132 酒井、[1994]、45～47頁を参照。
133 小川、[2008 (a)]、246頁を参照。

# 第3章 保険産業の収益構造の変化および機関投資家化

　保険の金融化について、①保険商品の使用価値、②保険商品の価格、③保険資本（企業）の三つの側面のうち、本章の課題は②および③の側面についての保険の金融化の考察である。②における保険の金融化は、生命保険商品価格の構成要素のうち、投資収益（予定利率対応部分）を反映する割合が増大すること、損害保険商品価格に投資収益を折り込む（投資収益に応じて価格を引き下げる）こと等による保険商品価格への影響の問題であり、3・1 で考察する。①と②の変化によって保険資本がどのような影響を受け変化したのかについては 3・2 および 3・3 で考察する。3・2 では、保険企業が総合金融機関化あるいは金融コングロマリット化の方向ではなく保険企業からの資金流出を避けるための防衛的な対処策として投資信託化の方向へ向かったことを考察する。3・3 では、保険企業の機関投資家化としての量的拡大と保険資金の質的変化を分析する。保険資本の金融的変化を特徴付ける重要な特徴として機関投資家の問題をとりあげるのは、米国の金融システムにおいて投資銀行と機関投資家の位置が飛躍的に高まり、保険企業が大きな影響を受けたからである。保険資本の運動とその性格をこの枠組みから離れ、単独に保険資金の問題としてだけとらえるのでは保険資本を正確に分析・把握することにはならない。

　機関投資家は年金基金、保険会社、投資信託会社などの資産規模が巨大化するなかで、貸付金市場、長短金融市場、証券化商品市場などで影響力を強めると同時に投資銀行との関係を深め、ネットワークを強固にしながら市場

支配力を強めてきている。高田によると、1970年代後半期以降、米国の主要産業の蓄積構造が変化し、現実資本の蓄積の停滞と貨幣資本の急速な蓄積が表裏一体で進行した。1980年代以降、利潤の大きな割合が、経営者・株主などの富裕層に配分され、それらの多くが金融市場に再投資され、金融市場依存型の経済システムが形成されていった。一方、家計部門は住宅ローン、自動車ローン、カードなどの債務の増加に支えられて年金、保険、投資信託などの金融資産を増加させた。この企業部門と家計部門の増加資金を仲介し金融市場につないだのが保険会社を含む機関投資家であった[134]。

機関投資家としての保険産業による貨幣資本の集中と運用の実態の特徴を明らかにするうえで、保険産業に集中する資金の性格を考えなければならない。その資金源泉の多くは家計部門（特に生命保険）である。年金や保険への加入動機は、経済的保障が基本であって、副次的に金融的利得である。金融利得を求めるといっても、それは元手までを失うような投機的運用によってではなく、安定した利回りを享受したいというものである。しかし、機関投資家サイドでは、ハイリスクを嫌う国民大衆の資金なのか、リスクをとってもハイリターンを求める富裕層の資金なのかを区別せず、プールされた資金は全体として金融利得を得ることを主目的とする貨幣資本、いわゆるリスクマネーの性格を強める。安定的運用を求める資金が投機的資金へ転化する構造についても考察する。

## 3・1　保険の金融化による収益構造の変化

保険商品の金融商品化は保険会社の収益構造に歴史的な変化をもたらした。生命保険でみると伝統的な生命保険商品であった終身保険によって成長してきた生保業界は、1975〜1980年に保険契約の解約による資金流出という深刻な事態に直面し構造的な危機に陥った。保険商品の金融商品化と資産運用の金融市場依存が生保会社の資産と負債の両面に影響し収益構造を著しく変えた。

## 3・1・1　保険商品価格（料率）への投資収益反映

　これまでは保険商品の金融的影響による使用価値の変化を考察してきたが、ここでは保険商品価格への影響の問題をとりあげる。生命保険と損害保険は異なる価格構造があり金融化の影響も異なって現れる。その影響は、直接的には、生命保険商品価格の構成要素のうち、保険資金の投資収益（予定利率を上回る利差部分）を反映する割合が増大すること、損害保険商品価格に投資収益を折り込む（投資収益に応じて価格を引き下げる）ことである。ほとんどの生命保険商品は、投資収益が価格に本来的に折り込まれているが、伝統的損害保険商品は投資利益が価格に含まれていなかったという明確な相違がある。生命保険商品価格の金融化による影響は、他の金融商品との利回り競争によって予定利率が引き上げられる（保険料率の引き下げ）ことにより利潤率が低下するとともに、予定利率に制約される資金（責任準備金）が増大する問題である。損害保険商品価格への影響は、前述したキャッシュフロー・アンダーライティング問題にみられる金融収益依存とともに、本来価格の構成要素ではない投資利益を価格に折り込む変化である。詳しくみていこう。

　生命保険商品価格は、死亡率、予定利率、予定事業費および予定利潤の三つの要素によって決められると既に述べたが、ここでいう利潤は当該保険種目の利潤率や保険企業の総合的な利潤率ではなく、「適正利潤率」としての一定の予定利潤率である。予定事業費は、保険事業をおこなうための様々な費用の見積もりであり、予定利潤とあわせて生命保険料率に組み込む。平準保険料方式によって払い込まれた保険料は累積され資産運用にまわる。この運用成果をあらかじめ見積もり、その分だけ保険料率を低くしておくというのが、予定利率の考え方である。これは生命保険の保険期間が長期にわたるため、インフレ等の経済変動によって死亡保険金や満期返戻金等が減価する恐れに備えるためのものでもあった。長期間にわたる運用利回りを予測するのは困難であるため、予定利率は低めに設定される必要があった。しかし、同業他社や他の金融機関との競争のなかで高利回りの生命保険を強調するあまり、高めの予定利率を設定しがちになる。これが生命保険の商品価格と利

潤率の低下の一因になる。極端な場合は日本でみられた「逆ザヤ」となり経営危機にまで発展するのである。

　損害保険商品は保険料積立部分（予定利率部分）が存在しなかったので、その価格（料率）には資産運用の予定利率や投資実績が反映することはなかった。ところが、「資本に対する総合利益率」の考え方が広がり、料率に投資実績を含めて算出する動きが強まっていった。米国では早くから損害保険料率に反映する予定利潤率をどうすべきかとの論争があり、消費者から保険料率が高すぎるとの批判があった。その根拠は、保険会社が営業利益の低さを公表しながら、それとは別に巨額の金融収益で不当な収益を得ているというものだった。これは、投資収益の利益算入による料率引き下げを求めることを意味している。投資収益の料率反映は技術的に困難があり抜本的な改革は見送られてきたが、ニューヨーク州で1947年に、投資収益を営業利益の一部に算入するという大きな変更があった。それは、損保の収益性は投資利益を含めて資本に対する総合利益率として計測するとの内容であった。その後、資本に対する総合利益率の考え方が広がっていった。マサチューセッツ州では、1975年、労災保険料率と自動車保険料率算定に投資決定理論CAPMが用いられた。保険種目別のキャッシュフローを算出し、期待投資収益を求めるとともに、CAPM理論を活用して正味資産に対する目標利益率を算出、目標利益率と期待投資収益率の差を必要営業利益率とするものであった。将来の保険事業損益と最低投資利益を組み合わせ、アンダーライティング利益率として保険料率に組み込んだのである[135]。1980年以降は、損害保険の引受問題から生じた保険危機の発生を契機として各州で料率規制が強化された。カリフォルニア州が厳しい事前認可制へ転換するとともに、投資収益の料率算入がはかられ、その後各州で主要保険種目の投資収益算入が相次いだ。投資収益の料率算入方式が主要保険種目で明示された州は、1972年の21州から1997年の39州に倍増した。1980年代から1990年代の間に損害保険料率へ投資利益を算入する方式が一般化したといえる。もともと、損害保険商品の投資収益をめぐる論議の発端は、高すぎる料率の引き下げ要求であり、投資収益の範囲も要求の強さによって拡大（インカムゲインか

らキャピタルゲインも含むものへ）されていった[136]。

　基本的に健全な保険経営を考えた場合、投資収益のもつ不安定性から、固定的な料率への適用は問題がある。損害保険でいえば、営業保険料率に投資利益を含むべきではなく、投資利益は自己資本増強に充て保険金支払能力を高め、より大きなリスクの引受を可能とするために活用すべきであろう。

## 3・1・2　生命保険商品の変化による利潤率への影響

　積立保険料部分を含む生命保険・年金保険の利潤は、前述の予定利率を上回る運用利回りによって利差を得るが、変額年金や変額保険は利差益という考え方はとらない。変額年金や変額保険の資金は分離勘定で保有され、その投資成果は契約者に直接還元される。これは生命保険会社の投資リスクを契約者に転嫁するものであると同時に、生命保険会社はその利差益を放棄することになる。金利選好を強める消費者が、終身保険などを解約して他の金融機関の金融商品にシフトすることを防ぐために、利差益を放棄してまで分離勘定を作り、保険要素を薄めて、金融商品的保険を売らざるをえないのである。

　金融商品的な保険商品改革の進展の下で、生命保険会社の負債の大部分を占める責任準備金は、年金の準備金の部分の割合増加と生命保険準備金の割合減少、また、金融商品的高利回り・実勢金利付与商品に対応する準備金の割合増大となって現れた。表13で部門別純営業利益をみると、生命保険部分の責任準備金に占める割合は減少してきているにもかかわらず、純営業利益に占める割合は依然として大きい（純営業利益で年金が最大になったのは2003年）。これに対して年金は、責任準備金に占める割合が増大してきたにもかかわらず、純営業収入に占める割合は、1980年代は低位にとどまるだけでなく赤字に転落することもあった。年金は、1990年代は収益増が続いたが、株式市場が下落すると利益は大きく落ち込むなど不安定な状況である[137]。

　ウィルマースは、金融自由化のなかで、銀行、投資銀行（証券会社）、生命保険等の金融機関は1975年以降、収益構造に厳しい変化が現れたとし、次

**表13** 生命保険会社の営業部門別純営業利益の推移：1980～2005年
（単位：百万ドル、％）

|  | 1980 | (%) | 1982 | (%) | 1984 | (%) | 1986 | (%) | 1988 | (%) |
|---|---|---|---|---|---|---|---|---|---|---|
| 生命保険 | 4,294 | 84.5 | 4,568 | 97.0 | 4,518 | 65.5 | 4,559 | 67.9 | 5,173 | 64.6 |
| 年金保険 | 260 | 5.1 | -460 | -9.8 | -102 | -1.5 | 148 | 2.2 | 2,262 | 28.3 |
| 医療保険 | 232 | 4.6 | 236 | 5.0 | 2,083 | 30.2 | 1,287 | 19.2 | -119 | -1.5 |
| その他 | 297 | 5.8 | 366 | 7.8 | 402 | 5.8 | 719 | 10.7 | 690 | 8.6 |
| 合計 | 5,083 | 100.0 | 4,710 | 100.0 | 6,901 | 100.0 | 6,713 | 100.0 | 8,006 | 100.0 |
|  | 1997 | (%) | 1999 | (%) | 2001 | (%) | 2003 | (%) | 2005 | (%) |
| 生命保険 | 12,749 | 45.2 | 13,013 | 47.6 | 11,649 | 56.4 | 12,471 | 31.1 | 11,120 | 26.5 |
| 年金保険 | 11,565 | 41.0 | 11,104 | 40.6 | 3,460 | 16.8 | 15,606 | 38.9 | 15,177 | 36.2 |
| 医療保険 | 2,023 | 7.2 | 1,013 | 3.7 | 3,561 | 17.2 | 8,773 | 21.9 | 9,807 | 23.4 |
| その他 | 1,853 | 6.6 | 2,215 | 8.1 | 1,985 | 9.6 | 3,259 | 8.1 | 5,794 | 13.8 |
| 合計 | 28,190 | 100.0 | 27,345 | 100.0 | 20,655 | 100.0 | 40,109 | 100.0 | 41,898 | 100.0 |

出典：A. M. Best, Best's Aggregates & Averages-Life/Health 1991, 2000, 2007 より作成。

のような内容を指摘している。銀行、投資銀行、生命保険の三つの金融機関は1975年以降、ローリスクの安いコストの資金を調達することが難しくなった。銀行は規制金利でコントロールされた低い預金金利での調達が不可能となり、投資銀行（証券会社）は取引手数料自由化により安定した固定手数料収入を失うことになった。生命保険は中心商品の終身保険での資金調達が困難になっていったのである。また、ミューチュアル・ファンドの急伸張にみられる消費者の金利選好の強まりが三つの機関の収益構造をより一層、金融市場に依存する方向への変革を迫るものとなった。銀行や投資銀行は、トレーディング、M&A、仕組み証券の組成・販売などのハイリスクな業務を拡大させ利潤率を上げていった。一方、生命保険は、1975～1991年の間、利潤率の低下に悩まされることになった[138]。

表13にみられるように、1980年代のはじめまでは終身保険を中心とする生命保険が生命保険会社の営業利益のほとんど（85～97％）を占めていた。1960～1970年の金利上昇局面においても、将来の生活保障と預金の性格を併せ持った終身保険の魅力は失われなかった。ところが、1970年末の未曾有のインフレと高金利のなかで生保会社からの資金流出が起きたため、1980年代の半ばから資産・負債の両面で深刻な改革を余儀なくされたので

ある。改革の内容の第1は、終身保険の定期保険化、第2は、ユニバーサル保険や変額保険等の金利感応型商品の開発・販売、第3は、年金とGICの販売強化である。終身保険がインフレによって貯蓄機能を低下させたことが問題の出発点であった。保険会社がインフレに対抗する手段は保険金額の引き上げだが、消費者にとっての保険料負担の重さから実現性に乏しく、次に考えられるのが終身保険の保険期間の短期化か、定期保険に乗り換えて保険金額を増額する方法である。しかし、このことは加重平均でみた生命保険料率の低下をもたらし[139]、収益を圧迫する要因となった。第2のユニバーサル保険は生命保険のなかのウェイトを高めたが、利潤率にはマイナスの影響を与えた。キャッシュ・バリューに付与する金利は運用実績利回りをしばしば超えており、損失を被ることさえあるといわれている[140]。第3の年金商品の収益構造に与えた影響は次の3・1・3で述べる。

　三つの金融機関は、いずれもよりリスキーな金融市場に利潤源泉を求めるようになっていった点は共通しているが、生保は、銀行、投資銀行のような利潤率の回復・上昇にはつながらなかった。三つの金融機関のなかで特に生保にとって厳しい結果となったのは、急速な金利選好の強まりのなかで、新商品の対応と投融資のバランス、いわゆるALM（資産・負債総合管理）と新たな投資スキームを遂行する人材の確保に後れをとったことが一因とされている。

## 3・1・3　年金の伸張が収益構造に与えた独自な影響

　生保事業のうち、年金分野が1970年代末以降急成長し、1986年には生命保険分野の保険料を上回った。それ以来、年金が保険料収入でみれば最大種目を続け保険会社の主力商品となったが、そのなかで変額年金の成長が著しい。1990年代の米国の金利低下傾向と株式市場の右肩上がりの成長を背景にしてミューチュアル・ファンドに資金が流れたのと同様に、年金の分野では確定年金より変額年金に資金が流入したのである[141]。表14のとおり、投資資金の増加した生保の投資収益は1975年以降増加率を高めた。変額年金

表14　生命保険投資収益の推移：1950～2007年（単位：億ドル、％）

| | 投資収益 | 年平均増加率 | | 投資収益 | 年平均増加率 |
|---|---|---|---|---|---|
| 1950 | 8,189 | — | 1985 | 155,863 | 8.1 |
| 1955 | 12,546 | 6.9 | 1990 | 264,010 | 8.2 |
| 1960 | 17,365 | 5.6 | 1995 | 351,193 | 5.0 |
| 1965 | 24,604 | 5.9 | 2000 | 542,928 | 7.1 |
| 1970 | 36,767 | 6.6 | 2005 | 535,916 | −0.3 |
| 1975 | 58,575 | 7.4 | 2006 | 591,435 | 9.4 |
| 1980 | 92,624 | 7.4 | 2007 | 608,348 | 1.9 |

注：1950～2005年の各5年間の増加率を年平均で計算した。ただし2006年、2007年は各年の対前年増加率で計算した。
出典：表3に同じ。

の商品開発の力点は、投資対象・手法の多様化および保障機能の充実であった[142]。消費者の求める利回りと経済的保障の両面で応えようとすればするほど生保会社の利益は薄くなる。具体的にいうと、生保会社は魅力的な利回りを提供しようとしてサブアカウント[143]の種類を増加したり、投資信託評価会社が高い評価を与えるミューチュアル・ファンドを加えたりする。一方で経済的保障の側面では死亡保険金額や年金額について、様々な最低保証制度を提供する。運用利回りが好調であればその利益は顧客が享受し、運用利回りが所定の目標に到達しなければ生保会社が最低保証するという形で、会社側にとって利益配分上の不利益が生じた。ITバブル崩壊後の株式市場の低迷でこの問題が一挙に露呈した。保証していたラインに運用実績が到達せず損失が発生したのである。表14のとおり2000～2005年の投資収益はマイナスに陥った。2002年の生保会社決算はこのために大きく悪化した。

　消費者から変額年金とミューチュアル・ファンドのどちらが有利か、と問われ続ける生保会社が強調するのは、利回りよりむしろ、ミューチュアル・ファンドがもちえない経済的保障の面である[144]。すなわち、最低保証された年金での将来の生活保障、および前述した税制面の優遇である（早期の解約には税制および手数料の両面でペナルティがかかる）。両者の運用コストについて、Lipper Analytical Service Incの分析によるとミューチュアル・ファンドと変額年金の加重平均運用手数料は、それぞれ、1.368％と0.820％であり、

変額年金の方が0.548％低くなる。これに対して、最低保証を含む全体の手数料は変額保険の場合は1.967％となりミューチュアル・ファンドより0.6％程度高く、この差を変額年金が税制優遇効果により埋め合わせている[145]。

　生命保険会社の年金商品をめぐる深刻な問題は、既存の、死差益の大きい終身保険から変額保険へ乗り換えることによる収益減の問題である[146]。さらに、販売員による過剰な回転売買の推奨である。近年では新規流入資金は年金商品売上高の2割程度で残りの8割は既存年金商品の乗り換えであり、販売手数料かせぎに顧客を犠牲にして（顧客の解約手数料負担あり）既存契約を解約させる悪質販売員が後をたたないといわれている。生保各社間の新商品開発をめぐる競争は激しく変額年金の商品数は、600を超えているといわれる[147]。次々に開発・販売される新たな変額年金商品が乗り換えを促す要因となっているのである。これによる販売手数料の上昇も収益圧迫要因の一つである。資金吸収の観点では、生命保険の成長を支えてきた年金商品ではあるが、収益構造を悪化または不安定化させる最大要因となっているのである。

## 3・1・4　保険産業の相対的な利潤率低下

　投資銀行を含む複合金融機関、商業銀行との比較において、生損保の利益率が表15のとおり、1990年代後半から低下（損害保険）を始め、2000年代初頭には両業界とも急低下することによって、投資銀行、ヘッジファンドなどを含む複合金融機関の利益率との格差が顕著になっていった。

　生命保険では、この間、収入保険料と投資収益がともに低迷・減少したことが利潤率を引き下げることにつながった。A. M. Best社によれば、保険料は2001年度から下降、2000年度の水準を回復するのは2006年度になってからである。保険引受損益も2001年度から落ち込んだままである。投資収益も2001年度に－7.9％、2002年度に－11.1％、2003年度には－0.6％と3年連続してマイナスを続けた。2001年度から3年間に250億ドルを超える資産売却損を計上している。2000年度の総収益の水準を回復したのは

**表15** 産業別利益率①（資本に対する税引後利益の割合）の推移：1989〜2007年（単位：％）

| | 損害保険 | 生命・健康保険 ② | 複合金融機関 ③ | 商業銀行 | フォーチュン500社総合 ④ |
|---|---|---|---|---|---|
| 1989 | 10.5 | NA | 13.0 | 13.6 | 15.0 |
| 1990 | 8.8 | NA | 12.7 | 9.9 | 13.0 |
| 1991 | 9.6 | NA | 13.9 | 11.9 | 10.2 |
| 1992 | 4.5 | NA | 12.8 | 12.2 | 9.0 |
| 1993 | 11.0 | NA | 17.1 | 14.9 | 11.9 |
| 1994 | 5.6 | NA | 18.4 | 15.6 | 13.7 |
| 1995 | 8.7 | 11.0 | 18.2 | 15.6 | 14.0 |
| 1996 | 9.3 | 10.0 | 18.5 | 16.5 | 14.1 |
| 1997 | 11.6 | 12.0 | 14.9 | 16.9 | 13.9 |
| 1998 | 8.5 | 11.0 | 19.8 | 16.0 | 13.4 |
| 1999 | 6.0 | 13.0 | 21.0 | 18.0 | 15.2 |
| 2000 | 5.9 | 10.0 | 21.3 | 17.0 | 14.6 |
| 2001 | −1.2 | 7.0 | 19.3 | 14.0 | 10.4 |
| 2002 | 2.2 | 1.0 | 19.5 | 17.3 | 10.2 |
| 2003 | 8.9 | 9.0 | 19.5 | 14.9 | 12.6 |
| 2004 | 9.4 | 11.0 | 15.0 | 15.5 | 13.9 |
| 2005 | 9.6 | 13.0 | 15.0 | 16.0 | 14.9 |
| 2006 | 12.7 | 12.0 | 15.0 | 15.0 | 15.4 |
| 2007 | 10.7 | 11.0 | −1.0 | 11.0 | 15.2 |

注：①GAAP会計基準（株式公開企業の証券取引委員会提出用財務諸表）に基づく株主資本利益率。
　　②株式会社と相互会社を合わせて算出。
　　③広範な金融サービスを主たる収入源とする金融会社、投資銀行、ヘッジファンド、ノンバンクなど。
　　④フォーチュン500社製造業・サービス業総合の株主資本利益率の中位数。
出典：表9に同じ。

2006年度であった。全体の利益を押し下げたのは投資収益の大幅な落ち込みに主たる原因があるが、それは長期金利の低下、ネットバブル崩壊による株価下落の影響が大きかったためである。生命保険業界全体としては、銀行、複合金融機関と比較してその落ち込みをカバーする代替的投資（証券化商品等）が少なかったことが大きな差を生じさせたものと思われる[148]。金利感応型商品のウェイトが増すと金融市場の価格変動の影響を受けやすくなっていることを如実に示しているのである。

　金融機関のなかで銀行等が保険分野に進出したことによって保険業界の利潤率が低下したといわれがちだが、生保会社が伝統的生命保険の不振から金

利感応型商品に傾斜した結果、利差が確保できなくなったことが利潤率低下の基本的な要因である。

## 3・1・5　損害保険の収益構造の変化

　損保の利潤率は、大災害の多発による保険金支払い、および損害保険の料率をめぐる競争の激しさと金融収益依存が結びついた独自の要因からの変動がある。図7でみると、損保産業の利潤率は、1980年代後半から全産業平均より低いうえに不安定である。

　大災害の発生による大口支払いがコンバインド・レシオ（保険金支払額および事業費の合計に対する収入保険料の割合）を悪化させ利潤率を引き下げる要因となった。

　図8によれば、損保の利潤率は、ほぼ10年ごとに山と谷を繰り返しながら低下傾向をたどっている。どんな産業もある程度の循環性を示すが、米

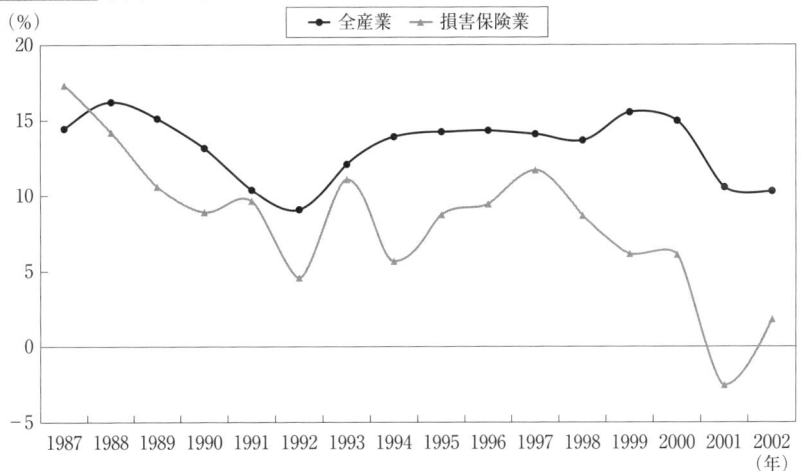

**図7　損害保険業と全産業の利潤率（ROE）推移：1987～2002年（単位：％）**

注：①ROE（Return on Equity）は自己資本利益率、純所得／株主資本。
　　②利潤率の谷は、ハリケーン、地震、テロの大口保険金支払いによるもの。
出典：Insurance Information Institute; Fortune, March 2008。

| 図8 | 損害保険産業の利潤率（ROE）の変化：1975～2008年（単位：%） |

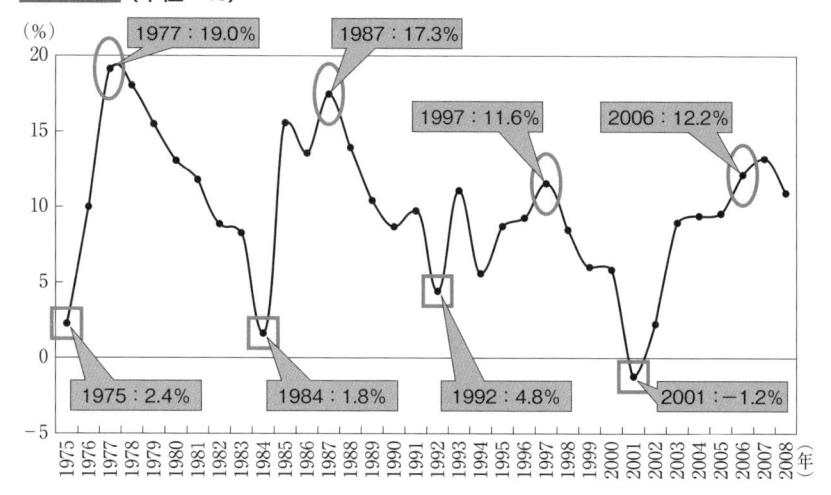

注：利潤率のピークは1977年の19.0%、1987年の17.3%、1997年の11.6%、2006年の12.2%。同ボトムは1975年の2.4%、1984年の1.8%、1992年の4.8%、2001年の−1.2%。
出典：図7に同じ。

国の損保においてはとりわけ強い循環性を示している。サイクルを描くのは基本的に激しい競争のなかで保険料率（保険商品価格）が変動することによる。米国では1944年以降は保険料率算定団体による規制料率が撤廃（一部テキサスなどに規制料率が残っている）された[149]。保険需要が強ければ料率を引き上げ利潤率が高まっていく（1975～1977年、1984～1987年、1992～1997年、2001～2007年の各期間）が、参入資本が増え競争が激化すると料率引き下げ競争が起き利潤率の下降局面（1978～1984年、1988～1992年、1998～2001年の各期間）となる。1980年代後半からはコンバインド・レシオは100～110%で推移していたが、1997年度以降、2001年の同時多発テロをピークに上昇し利潤率を引き下げた。2007年までは、個人消費拡大、住宅ブームによるホームオーナーズ、自動車保険の増収などにより利益率は上昇した後、金融危機の影響で大きな利潤率低下となった。

　損害保険料の約半分を占める企業物件は、保険料シェアーの高い順に労働

者災害補償、一般賠償責任、企業総合、企業自動車保険である。企業物件における料率引き下げ競争の他に、アスベスト等の公害・環境問題、製造物責任、医療過誤などの賠償責任保険、同時多発テロ関連、大型ハリケーンなどで保険金支払いが急増したことが原因となってコンバインド・レシオが悪化した。2007年以降の企業保険分野の利潤率悪化の主要な原因の一つは、サブプライム・ローンに関連したモーゲージ担保保証保険と金融保証保険の急速なコンバインド・レシオの悪化である。モーゲージ担保保証保険のコンバインド・レシオは2006年の72.6％に対し2007年は134.3％、2008年には225.6％へ、金融保証保険は2006年の37.16％に対し2007年は156.2％、2008年には297.9％まで、それぞれ上昇した。この2種目によって全体のコンバインド・レシオは約2％悪化した[150]。

　個別保険種目ごとの1994年から2003年の純資産利益率（Return on Net Worth）は高い順に、インランド・マリーン、個人自動車保険、労働者災害補償、医師賠償、企業自動車、ホームオーナーズとなっている。日本との比較でホームオーナーズ（日本の住宅総合保険に近い）保険の利益率の低さが特徴的である。この10年間でホームオーナーズ保険の利益率（2.9％）は個人自動車保険（8.3％）の半分にも及ばない水準である。個人保険分野の約2割近くを占めるホームオーナーズ保険は、個人損害賠償保険をパッケージしているのでその損害率が日本に比べ高いこと、自然災害が多発、大型化していること、1995～2006年の住宅価格高騰に関連した建築材料費の高騰等による損害率の悪化等によって利益率を引き下げてきた。また、最大種目の自動車保険を伸張させるためにホームオーナーズ保険を安売りするという抱き合わせ販売する傾向が続いている。また、個人保険分野の8割近くを占める自動車保険は、1990年代後半以降、医療費、自動車修理費の増加に対し、保険料率の引き上げが遅れたため、1997年から2000年にかけコンバインド・レシオは100％から110％に上昇した[151]。

　キャッシュフロー・アンダーライティングの傾向のなかで損保各社は金融収益に依存してきたが、図9のとおり損保の運用利回りは低下傾向であるとともに、相対比較では10年国債より低いことが利潤率を引き下げている要

**図9** 損害保険業の運用利回りと10年国債の利回りの推移：1990～2008年（単位：%）

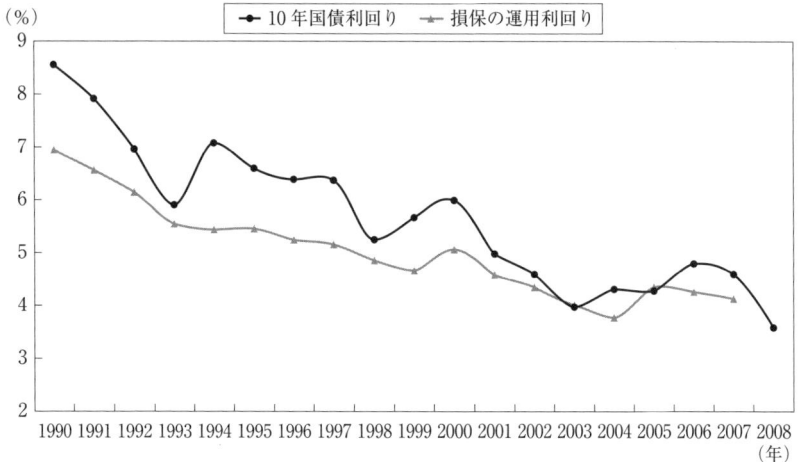

出典：Bord of Governors, Federal Reserve System; A. M. Best; Insurance Information Institute.

因の一つである。

## 3・2　保険企業の金融機関化と金融コングロマリット化

### 3・2・1　保険企業の金融機関化（投資信託化）

　これまで保険商品の金融商品化とそれに関連した保険商品価格と利潤率への影響について論じてきたが、この変化のなかで保険資本がどのような影響を受けたのか、また保険企業はどのような金融機関に変質してきたといえるのであろうか。金利感応型生保商品のなかでユニバーサル保険の積立保険料部分は投資信託の機能に類似していることを分析した。生命保険営業分野別に保険料収入をみた時に、年金部門が飛躍的に成長し保険企業の最大営業分野になり、そのなかで保険企業のおこなう年金サービスの一部はミューチュアル・ファンドと変わらない役割になっていることをみた。従って、保険企

業の金融機関化の中心的な内容として、投資信託化に焦点を当て、保険会社と投資信託の関係の深まり、競合・補完関係、共通点と差異点を立ち入って検討してみる。保険企業と他の金融機関の関係でいえば投資銀行との関係の強化があるが、それについては 3・3・6 で考察する。

　保険には経済的保障機能と金融機能があるが、金融機能の拡大については多様な側面からとらえることができる。保険会社は保険資金の資産運用という側面の金融機能発揮だけではなく、子会社設立によって様々な金融業務に進出していった。具体的な進出業務は、銀行業務、証券ブローカー業務、金融保証業務、年金等の資産管理・運用業務、ミューチュアル・ファンドや不動産信託業務、ノンバンク業務、短期金融市場での資金調達・供給（レポ市場）等多様である。しかし、保険会社は、銀行や証券を取り込み総合金融機関化または金融コングロマリット化をめざす方向ではなく、保険商品と密接な関係をもち、保険料収入および保険収益に最も影響を与えたミューチュアル・ファンド化または投資信託化を中心とする方向をとった。保険企業は他の金融業態へ本格的に進出することはできず、保険本業の防衛のための消極的な対応として投資信託化の方向をとらざるをえなかったのである。

　投資信託は、証券市場に直接アクセスすることが難しい多数の投資家の小口資金を集め、運用専門家（機関）の運用に委ねることから市場型間接金融ともよばれる[152]。しかし、運用のリスクもリターンも投資する主体に属する（運用する機関はリスク負担がない）という側面をみれば直接金融に近いといえよう。ミューチュアル・ファンドは投資信託の一形態で、会社型、オープン型投資信託の通称である。その仕組みは次のとおりである。①投資会社（ファンド）はファンドを購入する投資家に株式を発行する（会社型）。②投資会社（投資専門家）は株式、債券、短期金融市場等に分散投資する。③投資家（受益者）はいつでも解約が可能で、株式の時価（純資産価格）で買い戻しができる。その基本的な特徴は、大衆的に小口資金を糾合し、分離独立した「器」で資産運用し、そのリスクもリターンも投資家に帰属するということであり、その点では変額年金等の生命保険商品と部分的に変わらない内容をもっているのである。

表16で米国金融機関の金融資産残高の変化をみると、投資信託が急成長している。1980年と2006年の金融機関ごとの資産残高シェアーをみると銀行が50％から22％へ激減、保険が14％から11％へウェートを下げ、年金が17％で変わらず、投資信託は3％から18％へ著増し銀行を除く金融機関のなかで最高のシェアーを占めるに至っている。投資信託資産残高の急増は、主としてミューチュアル・ファンドの急成長によっている。この原因は、運用専門家（機関）による分散投資での堅実性、いつでも純資産価格で解約に応じる利便性等の商品特性によるといわれているが、企業年金および個人年金ならびに変額年金の運用の受け皿になったことも大きな要因となっ

表16　**米国金融機関の金融資産残高の推移：1950～2006年（単位：10億ドル、％）**

|  | 1950 | (%) | 1960 | (%) | 1970 | (%) | 1980 | (%) |
|---|---|---|---|---|---|---|---|---|
| 商業銀行等 ① | 190.0 | 54 | 347.3 | 50 | 787.5 | 51 | 2,341.7 | 50 |
| 保険会社 ② | 74.4 | 21 | 142.2 | 21 | 251.6 | 16 | 646.3 | 14 |
| 年金基金 ③ | 18.7 | 5 | 74.7 | 11 | 211.7 | 14 | 786.0 | 17 |
| 投資信託 ④ | 5.3 | 1 | 23.4 | 3 | 56.8 | 4 | 149.3 | 3 |
| ②＋③＋④ | 98.4 | 27 | 240.3 | 36 | 520.1 | 34 | 1,563.3 | 34 |
| 証券化商品発行機関 ⑤ |  |  |  |  | 4.8 |  | 114.0 | 2 |
| その他の金融機関 | 17.0 | 5 | 47.6 | 7 | 135.0 | 9 | 469.6 | 10 |
| 通貨当局 | 49.5 | 14 | 52.8 | 7 | 90.9 | 6 | 165.0 | 4 |
| 総合計 | 354.9 | 100 | 688.0 | 100 | 1,533.5 | 100 | 4,680.6 | 100 |

|  | 1990 | (%) | 2000 | (%) | 2006 | (%) |
|---|---|---|---|---|---|---|
| 商業銀行等 ① | 4,877.4 | 35 | 8,127.5 | 22 | 12,635.8 | 22 |
| 保険会社 ② | 1,884.9 | 14 | 3,997.7 | 11 | 6,046.9 | 11 |
| 年金基金 ③ | 2,699.4 | 19 | 7,557.3 | 21 | 9,646.1 | 17 |
| 投資信託 ④ | 1,183.1 | 9 | 6,519.1 | 18 | 10,501.3 | 18 |
| ②＋③＋④ | 5,767.4 | 42 | 18,074.1 | 51 | 26,194.3 | 46 |
| 証券化商品発行機関 ⑤ | 1,287.6 | 9 | 3,975.2 | 11 | 8,084.8 | 14 |
| その他の金融機関 | 1,586.9 | 11 | 5,578.1 | 15 | 9,555.0 | 17 |
| 通貨当局 | 342.3 | 2 | 636.0 | 2 | 878.2 | 2 |
| 総合計 | 13,861.6 | 100 | 36,390.9 | 100 | 57,378.1 | 100 |

注：①は商業銀行、貯蓄銀行、信用組合など。
　　②は生命保険、損害保険など。
　　④はMMF、ミューチュアル・ファンド、REITなども含む。
　　⑤はABS、連邦債モーゲージが含まれる。
出所：鎌田、[2008]、16～17頁より作成。
出典：FRB Web site, Flow of Funds Accounts。

ている。さらにその背景には、個人（一部企業も含む）の金利選好の強まりがある。賃金・所得の増大による拡大した中間層が、預金や保険を一定程度保有すると、より有利な金融商品を投資対象に選び、そのなかの中心的な選択肢としてミューチュアル・ファンドと変額年金等を選択する傾向が強まったのである。また、資産運用能力をもたない一部企業も同様の傾向を示したのである。もちろん、物価上昇率を超えて上昇を続ける株式等の金融市場が存在したことが前提になっている。

　ミューチュアル・ファンドと各種年金との関わりは、1962年、自営業者およびその従業員に提供する年金プランであるキオ・プランが最初であった。2・1・3で述べたとおり、1974年のエリサ法の制定でIRAの創設が認められ、ミューチュアル・ファンドの仕組みが、エリサ法による年金規制のうえからも適合的となったことから、受け皿の一つとして急成長したことが起点となった。401（k）では生保のGICが受け皿としての運用対象の中心だったが、その後ミューチュアル・ファンドに変わっていった[153]。401（k）からのミューチュアル・ファンドへの流入資金の伸びは著しく、401（k）の資金残高は1992年でミューチュアル・ファンド全体の13.2％にすぎなかったが、1994年には30.7％にまで到した[154]。

　IRA、キオ・プランなどの個人年金プランの受託機関別シェアーは表17のとおりであり、ミューチュアル・ファンドへの投資残高シェアーが1980年代後半以降に急増している。

　保険会社のミューチュアル・ファンドへの関与は1970年前後から始まった。それまで生保業界は、かつて株式市場の下落で投資信託が元本割れし、多くの投資家が損失を被ったことから、株式等には危険があるから生保資金の安全・確実という名声を傷つけないため投資信託、ミューチュアル・ファンドを売るべきではない、としていた。米国生保協会が、「定期保険と株式投資の結合は避けがたい需要である」との判断に至ったのは1967年の年次大会においてであった。各州の監督機関が生命保険会社にミューチュアル・ファンドの販売を認可したのは1970年前後となった。1990年代に入り、株式市場の堅調の下で新たな商品開発もあって変額年金が急成長したが、リス

表17 個人年金プラン資産受託額および受託機関別シェアーの推移：
1981～2004年（単位：10億ドル、%）

| | 資産合計 | 銀行等 | ミューチュアル・ファンド | 生命保険 | 投資会社 |
|---|---|---|---|---|---|
| 1981 | 37 (100) | 73.0 | 8.1 | 8.1 | 10.8 |
| 1984 | 156 (100) | 66.1 | 11.5 | 7.7 | 14.7 |
| 1987 | 390 (100) | 49.7 | 20.5 | 6.7 | 23.3 |
| 1990 | 637 (100) | 41.8 | 21.8 | 6.6 | 29.8 |
| 1993 | 993 (100) | 26.5 | 31.3 | 7.0 | 35.3 |
| 1996 | 1,467 (100) | 17.6 | 38.9 | 7.5 | 36.0 |
| 1999 | 2,651 (100) | 9.2 | 45.8 | 9.3 | 35.8 |
| 2002 | 2,553 (100) | 10.4 | 39.0 | 12.2 | 38.4 |
| 2004 | 3,475 (100) | 7.8 | 40.9 | 10.9 | 40.4 |

出典：FRB, Flow of Funds, Accounts: Flows and Outstandings Second Quarter 2005, Invest Company Institute; Employee Benefit Research Institute より作成。

クとリターンの異なる多様な投資対象を備えるミューチュアル・ファンドがその成長を支えることになった。将来の生活保障機能要素をもつ変額年金の成長が、ミューチュアル・ファンドの成長にもつながるという補完関係での発展であった。両業界は多様な提携関係、相互参入、M&Aを展開した。保険会社の販売員が（生保子会社の）ミューチュアル・ファンドを直接販売すれば投資信託業界にとっては脅威であり、逆に、投資会社の生保子会社が生保の終身保険契約をターゲットに変額年金へのシフトを勧誘するとなれば生保業界にとっては脅威となる。その意味で両業界は敵対的な対抗関係にあるともいえる[155]。

両業界が相互補完的かつ対抗的関係にあるにしても、この二つの業界が統合して一つになることは考えられない。投資信託の商品特性はあくまで株式市場等への投資（元本割れの可能性をもつ）であり、保険商品の基本特性は経済的な保障なのである。変額年金はミューチュアル・ファンドと似たような機能をもつとはいえ、最低保証等の経済的保障の優位性をもつことを消費者は評価・峻別するのである。

## 3・2・2　金融コングロマリット化と保険産業

　保険会社の金融機関化を銀行と保険の相互参入・統合の側面からみてみよう。金融コングロマリット化は銀行ビジネスの変容を基本的な動因としている。その第1は、いわゆる企業の銀行離れ、ディスインターミディエーションによるものであり、第2の要因は、銀行の自己資本規制の影響からオフバランス取引（証券化など）と手数料ビジネスの拡大にある。銀行から保険に対する事業の多角化（バンカシュランス）の方が保険から銀行業務への多角化（アシュアファイナンス）より成功している例が多い[156]。保険と金融の融合が理論面でも商品面でも最も先進的な米国で支配的な傾向になっていくのであれば、企業経営としても合理的で効率的なものとして、金融機関の企業統合に結実していくはずである。しかし、米国での金融コングロマリットの形成は銀行と証券が中心であり、保険も含んだ総合金融機関化として進展しているわけではない。1999年、グラム・リーチ・ブライリー法が成立し銀行がその親会社の金融持株会社を通じて、保険会社、保険代理店などを含む金融サービス会社を傘下に置くことが可能となった。その前年、Citibankの持株会社 Citicorp と生損保会社 Travelers Group の合併があり、巨大金融コングロマリットが形成されるという既成事実が作られていた。これにより、銀行・証券・保険が M&A を通じて次々と金融グループを結成していくとの観測が報じられた。消費者からみた場合の金融商品の「ワンストップショッピング」、銀行窓口で保険も証券も購入できるとの利便性が喧伝された。しかしその後、銀行が保険会社を買収するケースはほとんどおきなかった。Citicorp も 2002 年には Travelers Group の損保子会社を売却してしまった。2001 年 9 月のテロを眼のあたりし、金融持株会社のもとで収益が不安定な損害保険会社を抱え込むメリットがないとの見方が一因となったといわれた。Citicorp は、さらに 2005 年に生命保険事業も分離しメットライフ社に売却してしまった。これまでみてきたように、米国の生損保業の利潤率は、テロがなかったとしてもその他の金融業と比較して見劣りしていたことが判断材料となったのである。

銀行の主要な保険業への参入形態は保険代理店買収による保険商品の販売に特化したものである。グラム・リーチ・ブライリー法成立以降、主要大手銀行は元受保険会社を傘下に収めた時の巨大リスク対応の懸念と、元受会社の自己資本利益率が代理店・ブローカーのそれよりも低かったことから、保険会社ではなく代理店・ブローカーを買収し生損保商品の販売を開始・強化した[157]。特に損害保険商品の内容は複雑で収支コントロールが難しいため、子会社で保険業務をおこなうより、代理店・ブローカー買収が効率的と判断された。2000年以降、銀行の保険料取扱手数料の伸びは各年20％を超えている[158]。販売種目は損害保険では企業保険、生命保険では年金が中心となっている。

　一方、大手生保の銀行買収もGLB法成立以降進展したが、実際に銀行買収までに至ったのは大手生保のうち半数に満たない状態である[159]。銀行業立上げ当初は既存保険顧客からの預金獲得などで急成長するが、やがて伸びは鈍化するというのが共通した特徴である。銀行業進出の狙いは、保険の顧客に預金口座を提供することによって保険金や年金の受け皿を確保するという消極的なものにすぎず、本格的な銀行業進出を意図したものではない。

　シティグループが保険部門を分離するとの判断に至った原因について以下の興味深い現地調査がある。損害保険分離についての2005年8月の現地関係者に対するインタビューでは、分離の判断理由は次のような内容だった[160]。

①損害保険商品の銀行・証券での相互販売についていえば、損害保険商品は銀行・証券業務からははるかに遠いビジネスだった。
②損害保険部門の収益性、成長性は低く、損害保険事業以上に魅力的な金融ビジネスが他にあった。損害保険部門を分離することで他の金融ビジネスに投資することが収益機会の拡大につながると考えた。
③損害保険事業にはアスベスト訴訟、ハリケーン等の巨大損害の影響を大きく受けるといった問題がある。損害保険事業の損益は非常に変動が大きく、銀行にとってはリスクが大きいと考えた。

　次に生命保険についてのインタビューでは分離の判断理由は次のような内

容だった。

①変額年金の相互販売は証券チャネルではある程度成功したが、銀行チャネルでは期待を下回った。基本テクノロジーがあまりにも違いすぎる。リサーチや数理計算も異なる。銀行には保険数理は必要ない。コスト削減は難しい。

②ROE（株主資本利益率）は、銀行は22％程度だが保険会社はせいぜい12％程度である。銀行のROEが保険会社のROEに足を引っ張られて株主価値を毀損してしまう。

　グループ内に生命保険の「製造部門」をもつより、他社の生命保険商品を販売する方が資本が拘束されず、収益性が高くなる。

③シティグループは生命保険部門をメットライフ社に売却するにあたり、向こう10年間、銀行支店網を通じて保険商品の販売を条件付けた。その他の動きとしては商業銀行の多くが自行の顧客に保険商品を販売するために保険代理店の買収を強めている。その流れは明確になってはいるが、銀行は保険リスクの引受や再保険取引には慎重になっている。保険会社も様々な銀行商品やサービスの扱いを増やしているが、商業銀行やリテール銀行の買収や提携を積極的に進めているわけではない。

　銀行と保険の融合が進展しない原因をBusiness Insurance誌は次のように分析している。その第1は、大規模保険会社が全国銀行および巨大地方銀行を買収する資本を持ち合わせていないことである。第2は、商業銀行は営業範囲の拡大に傾注している。巨大地方銀行も地理的営業範囲の拡大や商品の拡充に力を入れている。第3は、米国における保険会社と商業銀行のビジネスモデルに大きな相違があり、金融サービス業として収斂していくのには大きな障害がある。保険募集における保険代理店や再保険ブローカー等の第三者の介在は銀行のビジネスにとっては考えられない。第4は、保険と銀行という異種業種において二重費用を見出し、コスト節約につなげることの難しさである。第5は、保険、特に財産および傷害保険の自己資本利益率の低さがシティグループの撤退理由の最大のものだった。第6は、保険と銀行でバランスシート・マネジメントの方法が基本的に異なるということである。

保険会社（再保険会社）は保険料によって資金プールを作り、その資金を運用することによって投資収益を得る。しかし、保険会社が基本的に注力する点は、保険本業である再保険や責任準備金の積立、およびアンダーライティングによって引受収益（保障事業での利益）を最大化することである。他方、銀行ビジネスは、信用リスクに焦点を絞る一方で収益を生み出す資産管理をおこなっている。両業界のエグゼクティブは両方のビジネスに必要な資質と技能を身につけるには時間とコストがかかる[161]。

これまでみてきたように保険企業の投資信託化は、保険本業以外へ収益機会の拡大を狙ったものではなく保険資金流出を防ぐ防衛的なものであった。また、銀行による保険統合や総合金融機関化は保険企業の低い利潤率が障害となり、いわれるほどには進展しなかったのである。

## 3・3　保険の金融化と保険企業の機関投資家化

これまで述べてきたとおり保険商品の金融商品化は利潤率にマイナスの影響を与えたが、保険から他の金融商品への資金流出をおさえ、保険資金の増大に寄与し、保険資本が機関投資家として発展する要因となった。しかし高い予定利率をもった保険資金の運用は様々な制約を受けるようになった。保険産業の機関投資家化の位置と独自の性格を考察する。

### 3・3・1　機関投資家の資金の規模と役割

（1）規模の変化

機関投資家とは、主に株式・債券などの証券投資によって資産運用をおこない、常時証券市場に参加している法人の投資家を総称したよび方で、その範囲について明確な定義はない、とされている[162]。NYSE（ニューヨーク証券取引所）による定義では、機関投資家とは、投信会社、保険会社、非保険型年金基金、非営利団体（大学基金、財団）、普通信託基金および相互貯蓄銀

行である。これらとは別にヘッジファンド、投資ファンドなど、銀行等から資金を借りてハイリターンを狙う高レバレッジ型の機関投資家がある。

　機関投資家の規模とそれぞれの役割の変化を前記の表16（106頁）でみてみよう。表の②③④の機関投資家（保険会社、年金基金、投資信託）の合計資産残高は1960年代から増加の動きをみせ、1990年には商業銀行の残高を上回り2000年にはその2.3倍を超えるまでになった。資産残高にみる商業銀行から機関投資家へ主役の交代は劇的である。機関投資家の資産残高は2006年には26兆ドル、名目GDPのほぼ2倍の規模に達している。保険会社は1970年までは非銀行系では最大の機関投資家であった。それ以降は年金が主役の座を占め、2005年には投資信託が最大のシェアーとなった。さらに証券化商品の組成・販売の増加による証券化商品発行機関の資産残高が1990年代から急速に増加するにともない、年金、保険の残高構成比は横ばいまたは低下傾向をたどるという変化が生じている。

　筆者は機関投資家のなかで保険、年金、投資信託を他の機関投資家と区別する意味を次のように考えている。保険、年金、投資信託の資金源泉は主として個人所得であり、その多くは労働者の賃金である。いわゆる生産的投資に向かわない過剰な貨幣資本一般からそれらを区分するのは、もともと労働者の賃金であった資金が金融に絡めとられる関係になったことを明確にしたいからである。

(2) 役割の増大

　1980年代末に年金基金を中心とする機関投資家が市場取引を通じて企業経営に影響を与えるだけでなく、株主としての権利を行使し経営に影響力を及ぼす事例が注目を集めるようになってきた。ドラッガーのいう、「年金が経済を支配する見えざる革命現象」である[163]。表18によると機関投資家は2006年で米国株式時価総額の55.6％を保有している。個別企業の株式を平均的に保有すると仮定すれば、機関投資家はすべての上場会社の支配権を有していることになる。そのなかで、年金は1970～1980年にかけ、9.3％から18.5％へ、さらに1990年には、25.2％へと割合を急速に高め、ミューチュ

| 表18 | 機関投資家による米国株式の保有状況の推移：1950〜2006年<br>（単位10億ドル、％） | | | | | | |
|---|---|---|---|---|---|---|---|
| | 1950 | 1960 | 1970 | 1980 | 1990 | 2000 | 2006 |
| 私的年金基金 ① | 1.1 | 16.5 | 67.1 | 232.0 | 605.9 | 1,970.6 | 2,635.3 |
| 連邦・州政府退職基金 ② | 0.0 | 0.6 | 10.1 | 44.3 | 284.9 | 1,355.3 | 2,084.2 |
| ミューチュアル・ファンド ③ | 2.9 | 14.8 | 39.7 | 42.4 | 233.2 | 3,226.9 | 4,989.6 |
| クローズドエンド・ファンド ④ | 1.6 | 5.0 | 4.3 | 4.9 | 16.2 | 36.6 | 122.0 |
| 生命保険 ⑤ | 2.1 | 5.0 | 14.6 | 46.3 | 81.9 | 891.9 | 1,394.0 |
| その他の保険 ⑥ | 2.6 | 7.5 | 13.2 | 32.3 | 79.9 | 194.3 | 233.7 |
| 家計 | 128.7 | 359.8 | 650.2 | 1,010.4 | 1,960.2 | 8,036.2 | 5,549.9 |
| 外国人 | 2.9 | 9.3 | 27.2 | 74.7 | 243.8 | 1,643.2 | 2,843.3 |
| 米国株式時価総額 ⑦ | 142.7 | 420.3 | 831.2 | 1,494.9 | 3,531.3 | 17,627.0 | 20,597.8 |
| 株式保有比率 | | | | | | | |
| （① + ②）/ ⑦ | 0.8 | 4.1 | 9.3 | 18.5 | 25.2 | 18.9 | 22.9 |
| （③ + ④）/ ⑦ | 3.2 | 4.7 | 5.3 | 3.2 | 7.1 | 18.5 | 24.8 |
| （⑤ + ⑥）/ ⑦ | 3.3 | 3.0 | 3.3 | 5.3 | 4.6 | 6.2 | 7.9 |
| （①〜⑥）/ ⑦ | 7.2 | 11.8 | 17.9 | 26.9 | 36.9 | 43.5 | 55.6 |

出典：FRB, Flow of Funds Accounts より作成。

アル・ファンドは1980年から10年ごとにウェイトを倍増させ、2006年には24.8％と最高のウェイトを占めた。2006年では両者の合計は約48％である。一方、保険会社は2006年で7.9％を保有している。

　このような事態は何を意味するのだろうか。機関投資家は、分散投資をおこなうものの、個別保有株の絶対数は大きく、売却すると一時的に市場の需給バランスが崩れ、大きな売却損を被りかねないことになる。簡単に市場で売却ができなくなると、機関投資家は大株主としての立場から会社経営を厳しくモニタリングし、一部の機関投資家は「物言う株主」としての行動をとるようになる。周知のカルパース（CalPERS、カリフォルニア州職員退職年金基金、世界最大の年金基金）は受託者責任の一環として投資先企業のガバナンス実施状況、業績、株価を分析し、問題があれば他の機関投資家とも連携して行動を起こしている[164]。また、その運用金額の巨大さから、その資金が、次にどこへ向かうかが市場の注目を集めることになる。運用対象は債券、株式にとどまらず、プライベート・エクイティ投資、不動産投資、ヘッジファンド投資などのハイリスク・ハイリターンの投資もおこなっている。さら

に、乗っ取り屋（アクティビスト）に積極的に投資するなど、手段を選ばないハイリターン志向は、本来の年金ファンドの性格を逸脱したものとの批判を惹起している。それと比較すると、生命保険には顕著な物言う株主としての行動はみられない。どちらかというと保守的な投資家としてとらえられている。

### 3・3・2　機関投資家の年金資金受託・運用責任

　企業年金が爆発的に増加した一つの転機は、2・1・3で述べたとおり、1950年にGM社が全米自動車労組（UAW）に提案・発足した企業年金制度であった。それらの年金の運用・管理は、すべて会社側および会社選定の資金運用者に委ねられ、組合や政府の介入余地はなかった。この制度がひな型になって新たな企業年金が続々と設立されていった。しかし、制度の不備がやがて明らかなり、エリサ法成立に向かったことは前述したとおりである。同法によれば、企業年金は積立方式の場合、その資産が会社から分離され信託受託か生命保険会社に保全される必要があり、信託会社または生命保険会社は受託責任を負う。資産運用は外部運用機関である銀行、投資顧問、保険会社、ファンド・マネージャーなどの専門業者を指定して委託することが多い。

　単独企業によって設立される年金基金の典型例で運用・管理責任体制をみてみよう。企業の取締役会は財務委員会を設け、年金運営のための専門機関としての年金投資委員会を設置する。ここで投資方針の検討や外部運用機関・ファンド・マネージャーの選定等がおこなわれる。投資方針等については、外部のコンサルタントにアドバイスを受けることも多い。大企業の年金基金の場合は、外部運用機関が数十社にも及ぶ。受託責任は多数の機関に複層的に分散しどこに受託責任があるのか必ずしも明確ではない[165]。

　機関投資家や投資銀行等が、投資方針から実際の運用方針について主導する仕組みとなっており、基本的な受益主体である労働者・労働組合は、投資方針など重要な決定から排除されている。ここに老後の生活の安定のための

資金がリスクマネーに転化する構造上の一つの要因がある。企業年金は企業が労働者に対し退職後の年金を支給するものであるが、その性格は賃金の後払いの側面がある。しかし、年金受給者の権利を保護するたてまえのエリサ法ではあるが、年金投資委員会に労働者の意見が反映される仕組みまでは求めていない。世界金融危機の対策を検討したG20に並行して開催された世界労働組合会議は、2009年9月、「ロンドン宣言」を採択した。そのなかで、「労働者の年金がシャドーバンキング[166]といわれる金融機関に無制限に投資され、OECD全体の年金基金は2008年に3.3兆ドル（実質ベース20％）減価した。直接的な被害者は労働者である。年金資産運用による損害から労働者を守るため政府規制を強めるべきである[167]」と訴えている。加入者の意向が全く反映されずに、運用の失敗で加入者の積立財産が激減しても運用の責任は問われないというのでは、あまりにも一方的というわけである。アグリエッタは年金基金がもつ資本としての性格とその社会的管理の必要性を次のようにいう。「90年代の米国では株主による企業統治がマクロ経済を方向づける支配的制度になった。賃金労働者の貯蓄が機関投資家を通じて、金融資産の獲得にむけられるようになった。労働者の老齢年金のための積立は年金の権利を構成する。これは労働の反対給付として個人が社会に対して獲得した権利である。この権利の実現は受益者が退職後に市民社会に参加するための条件である[168]」。資本としての性格と社会的な性格をもつ年金基金をどのようにしてその調整をおこなっていくのか、簡単ではないが、花田は次のようなコントロールを例示する。「短期的な収益性を求める市場に対して、労働組合の指名するアナリスト等の専門的な運用パフォーマンスの評価者が間接的に資産運用に関与する等の方法が考えられよう[169]」。

　年金の形態が、年金積立方式の場合、年金基金の運用成果は企業の経営に重大な影響をもたらすようになる。企業が抱える年金債務を外部運用機関の運用収益でカバーできない場合は未積立年金債務が発生することになる。未積立債務は有価証券報告書に記載しなければならず株価の下落要因になるので、外部運用機関の運用実績は、年金資産額が大きければ大きいほど企業価値に与える影響が大きくなる。そのために生命保険、投資顧問、銀行等の

運用機関に運用利回りを競争させ、成績が悪ければ委託先を変えることになる。各運用主体は受託をめぐっての激しい競争のなかで、パフォーマンスを上げるために、運用はハイリスク・ハイリターンになっていかざるをえない。運用資金が投機的になるもう一つの要因は、投資方針の検討や外部運用機関・ファンド・マネージャーの選定等をおこなう取締役会の短期的利益を追求する株主価値至上主義といわれる企業論理にある。様々な利害関係者のなかで株主の利益と自社の株価を最優先し、ハイリターンを得るためにポートフォリオを頻繁に入れ替え短期的利益を追求するようになるのである[170]。

## 3・3・3　投資活動の多様化と投機化

(1) 公社債・貸付金中心の投資から株式投資へ

　生保会社は株式投資を規制されて以降は、保守的な投資家であるとみなされてきた。本来業務である保険金を支払うという機能を重視するなら、その資金の運用はおのずから制約があり、資産運用の基本原則は安全性に置かれることになる。表19で1950年代から1960年代の運用対象をみると、公社債と不動産抵当貸付に全資産の8割以上が投資されていた。

　社債は1990年代以降も40％前後を維持しており、生保は一貫して米国最大の社債投資機関である。一般勘定の内外の公社債の残高構成比でみると、1970年が約40％、1980年が約40％強、1990年が約60％、2000年が約70％と圧倒的なウェートを占めている。一方1990年代後半になって株式がウェートを引き上げ、急速に配分を増加させた[171]。

(2) 公社債・貸付金の質的変化

　古瀬によって生保会社の資産運用の変化をみていこう。生保会社の抵当貸付は伝統的には農場や住宅を担保とする貸付であったが、1970年代以降はオフィスビル、ホテル、ショッピングセンター、医療用機関等の商業用不動産などを担保とした商業用抵当貸付にウェートを移し、1990年以降は抵当貸付の8割程度（2006年度は93％）が商業用抵当貸付になっている。伝統

表19 生命保険の資産配分の推移：1955～2005年
（単位：10億ドル、%）

|  | 公共債 | 社債 | 株式 | 抵当貸付 | 不動産 | その他 | 合計 |
|---|---|---|---|---|---|---|---|
| 1955 | 11.8<br>(13.1) | 35.9<br>(39.7) | 3.6<br>(4.0) | 29.4<br>(32.5) | 2.6<br>(2.9) | 7.1<br>(7.9) | 90.4<br>(100.0) |
| 1960 | 11.8<br>(9.9) | 46.7<br>(39.0) | 5.0<br>(4.2) | 41.8<br>(34.9) | 3.8<br>(3.2) | 10.5<br>(8.8) | 119.6<br>(100.0) |
| 1965 | 11.9<br>(7.5) | 58.2<br>(36.6) | 9.1<br>(5.7) | 60.0<br>(37.8) | 4.7<br>(3.0) | 15.0<br>(9.4) | 158.9<br>(100.0) |
| 1970 | 11.1<br>(5.4) | 73.1<br>(35.3) | 15.4<br>(7.4) | 74.4<br>(35.9) | 6.3<br>(3.0) | 27.0<br>(13.0) | 207.3<br>(100.0) |
| 1975 | 15.2<br>(5.3) | 105.8<br>(36.6) | 28.1<br>(9.7) | 89.2<br>(30.8) | 9.6<br>(3.3) | 41.4<br>(14.3) | 289.3<br>(100.0) |
| 1980 | 33.0<br>(6.9) | 179.6<br>(37.5) | 47.4<br>(9.9) | 131.1<br>(27.4) | 15.0<br>(3.1) | 73.1<br>(15.3) | 479.2<br>(100.0) |
| 1985 | 124.6<br>(15.1) | 296.8<br>(35.9) | 77.5<br>(9.4) | 171.8<br>(20.8) | 28.8<br>(3.5) | 126.4<br>(28.6) | 825.9<br>(100.0) |
| 1990 | 210.8<br>(15.0) | 582.6<br>(41.4) | 128.5<br>(9.1) | 270.1<br>(19.2) | 43.4<br>(3.1) | 172.8<br>(12.3) | 1,408.2<br>(100.0) |
| 1995 | 409.3<br>(19.1) | 869.1<br>(40.5) | 371.9<br>(17.4) | 211.8<br>(9.9) | 52.4<br>(2.4) | 229.0<br>(10.7) | 2,143.5<br>(100.0) |
| 2000 | 364.2<br>(11.4) | 1,241.0<br>(39.0) | 997.3<br>(31.3) | 236.7<br>(7.4) | 36.1<br>(1.1) | 306.4<br>(9.6) | 3,181.7<br>(100.0) |
| 2005 | 590.0<br>(13.2) | 1,850.4<br>(41.3) | 1,285.5<br>(28.7) | 294.9<br>(6.6) | 32.6<br>(0.7) | 428.6<br>(9.6) | 4,482.0<br>(100.0) |

出典：表3に同じ。Fact Bookから作成。

的な農場や住宅を担保とする貸付は、安全ではあるが低利回りだった。商業用抵当貸付は1980年代に入り不動産・建設ブームのなかで不動産価格が上昇、貸付利回りも国債利回りを相当上回るようになった。保険商品が金融商品化するのに対応して商業用抵当貸付が高利回りを追求する手段の一つになっていった。1987年以降の不動産不況に突入すると、商業用抵当貸付に傾斜していた準大手のミューチュアル・ベネフィット社が経営危機に陥った。一方、1990年代に入り商業用抵当貸付残高ウェイトが低下し始めるが、これは不良貸付の増加などによる残高抑制と貸付金の証券化によってオフバランス化されたことによるものである。既にモーゲージ担保証券（MBS）の流通市場が成立していたので、終身保険の解約増大により流動性問題を抱えていた生保社は証券化を活発化していった[172]。

**表20** ジャンク・ボンドの投資家別保有率（単位：％）

|  | 1986 | 1988 |
|---|---|---|
| ミューチュアル・ファンド | 32 | 30 |
| 生命保険 | 30 | 30 |
| 年金基金 | 10 | 15 |
| 個人 | 10 | 5 |
| 貯蓄貸付機関 | 7 | 7 |
| 外国人 | 3 | 9 |
| その他 | 8 | 4 |

出所：中本、[1990]、71頁。
出典：Gertler, Mark and R. Glenr Hubbard, [1989], Supplementary Table。

　1980年代、企業の合併・買収（M&A）が活発化した時期にLBO（レバリッジド・バイアウト）で生保は重要な役割を果たした。LBOは買収先の企業の資産やキャッシュフローを引き当てに買収資金を調達するものである。買収資金調達のためにジャンク・ボンド（格付けの低い債券）が発行され、生保を含む機関投資家が購入した。これらをアレンジするのは投資銀行であり、資金を供給するのは機関投資家および商業銀行である。生保大手社エクイタブルは子会社エクイタブル・キャピタル・マネージメントを通じて、LBOのスポンサーたちと巨大なネットワークを作り上げ、証券の引受にも参画、手数料等の条件決定にも関与する力をもった。全米最大の生保社プルデンシャルも1960年代からLBOディールに関与、その関連業務スタッフは200人以上抱えていたといわれる。価格変動の少ない確定利回り債券中心に投資していた債券投資のなかにジャンク・ボンドがそのウェートを増していった。表20のとおり1988年末にはジャンク・ボンドの総発行残高の30％を生保業界が保有していた。1990年には、生保会社合計の一般勘定資産のなかでの保有率は11.6％とピークをつけた[173]。

　健全な設備・運転資金かLBOによる企業リストラ資金かは別にして、これまでは生保資金が、現実の企業活動に必要な資金の供給（実物投資）に大きなウェートを占めてきたことは疑いない。生保資金が株式、デリバティブ、証券化商品などの資本市場に急速に流れ始めたのは1995年以降である。

(3) 株式等への投資と分離勘定の拡大

1959年以降、各州で保険法の改正がおこなわれ、生命保険会社において分離勘定の設置が認められ株式投資や短期的な債券投資が可能になった。しかし、本格的な株式投資は1960年代後半からとなった。配分ウェートが10％を超えるのは1990年代に入ってからである。企業年金受託市場で非保険型年金基金が優位を占め株式の大量購入をおこなっていったが、生命保険は大きく出遅れることになった。インフレの進行による終身保険の商品性が低下したことから、資金流入の相対的低下も要因の一つになった。伝統的生命保険契約がインフレに弱いことが露呈されると、インフレ・ヘッジ手段としての株式の長期保有が重視され、1980年代には総資産に対するウェートが9％台であったものが、1990年代に急増し、表21のとおり、1997年で約23％、2007年では33％に達した。

分離勘定の資産は変額保険、変額ユニバーサル保険などの伸びのために順調に拡大し、2007年には分離勘定資産の総資産に占めるウェートは38％までに達した。分離勘定のなかでは圧倒的に株式に配分されるようになった（2007年で81％）。分離勘定の性格から、株式運用による損失が発生しても契約者に転嫁されるのだから保険会社側は問題ないと考えるとしたらそれは正しくない。2•1•3で述べたように様々な最低保証がされており、損失は契

**表21** 勘定別資産配分・残高（単位：10億ドル、％）

| | 1997 | | | ウェート | 2007 | | | 年平均増加率 | ウェート |
|---|---|---|---|---|---|---|---|---|---|
| | 一般勘定 | 分離勘定 | 合計 | | 一般勘定 | 分離勘定 | 合計 | | |
| 債券 | 1,333 | 128 | 1,451 | 56.2 | 2,275 | 244 | 2,519 | 5.7 | 49.5 |
| 公共債 | 340 | 51 | 391 | 15.2 | 462 | 99 | 562 | 3.7 | 11.0 |
| 社債 | 983 | 77 | 1,060 | 41.1 | 1,813 | 144 | 1,957 | 6.3 | 38.4 |
| 株式 | 79 | 520 | 598 | 23.2 | 148 | 1,552 | 1,670 | 10.8 | 32.8 |
| 抵当貸付 | 205 | 5 | 210 | 8.1 | 325 | 11 | 336 | 4.8 | 6.6 |
| 不動産 | 33 | 13 | 46 | 1.8 | 20 | 15 | 35 | -2.7 | 0.7 |
| その他 | 194 | 70 | 274 | 10.6 | 413 | 89 | 532 | 9.4 | 10.4 |
| 合計 | 1,843 | 736 | 2,579 | | 3,180 | 1,911 | 5,092 | 7.0 | 100.0 |

注：年平均増加率とウェートの数値は一般勘定と分離勘定を合計したものである。
出典：表3に同じ、Fact Book 2008から作成。

表22　米国生命保険会社の MBS 等残高および総資産に対する割合
（単位：10億ドル、％）

|  | 2003 | 2006 |
|---|---|---|
| MBS | 163 | 202 |
| CMBS | 186 | 264 |
| 合計 | 349　(9.0) | 466　(9.7) |

出典：Etti G. Baranoff, p.6（http://www.iisonline.org/pdf/Geneva%20IIS%20Research%20Papers.pdf）。

約者には転嫁されず事実上、保険会社が株式運用での損失を負担するからである。

　分離勘定が設定されてから一般勘定のポートフォリオは、確定利付投資が大部分を占めることが鮮明になった。商業用抵当貸付やジャンク・ボンドに傾斜投資して1990年代に経営危機に陥った反省から、一般勘定では高格付けの公社債に重点投資するようになった。

　しかし表22にみるように、高格付けの社債のなかにはMBSやCMBS（商業用不動産担保証券）といった証券化商品が含まれるようになり、サブプライム・ローン関連でリスクが高いAltA（サブプライムの次にリスクが高い）やCDOなどが増加し総資産の10％程度に達していたのである[174]。

## (4) レポ市場での保険会社の役割

　米国の短期金融市場での最大市場はレポ市場である。2006年現在の米国レポ市場の取引残高は3兆7,600億ドルで短期金融市場の41％を超えている。担保債券別にみると国債が6割、政府機関債が1割、MBSが2割、社債が1割である。レポ市場参加者は投資銀行、商業銀行、ヘッジファンド、保険会社を含む機関投資家等である。資金の出し手（債券の取り手）は運用資金の大きい保険会社を含む機関投資家であり、債券の出し手も大量な債券を保有する保険会社を含む機関投資家が中心となる[175]。

　ヘッジファンドや投資銀行がレバレッジをきかしCDO等の証券投資を繰り返し高収益の獲得を可能としたのが、レポ市場での低コストでの資金調達であった。すなわち、住宅金融会社や投資銀行等はレポ市場で資金調達し、MBSなどを購入、その証券を使って再びレポ取引する。そこで得た現

金を元手に、さらにMBSを購入するという行動を可能としていたのである。2008年世界金融危機は、その構造が破綻したことが端緒となった。『日経金融新聞』(2007年8月22日付)は、「住宅金融最大手のカントリーワイド・ファイナンシャル社の負債全体の23％はレポによる借り入れだった。レポを続けられなくなると、トレーディング資産や金融商品を売却せざるをえない。サブプライム・ローン問題の深刻化で、これらの資産を売却するのが難しくなり資金繰りが綱渡りになった」と報じた。高レバレッジによる高収益追求のビジネスモデルは、過小資本となるため流動性不足と損失への抵抗力が弱く急速に債務超過に陥る危険性が高い。

(5) 証券化商品投資による損失拡大

米国の保険会社全体のサブプライム・ローン関連債券残高と損失は表23のとおりである。2007年の全保険産業の残高および損失額は金融機関全体の2割を超えている。確定利付きの公社債が投資の中心といってもポートフォリオの中身はリスキーなサブプライム・ローン関連債券が増大していたのである。さらに前述したように、子会社を通じたCDS取引など保険会社の資産運用は急速に投機性を強め、危険水域にまで達していたのであった。

2008年世界金融危機において保険業界のなかで、ひとりAIGだけが経営危機に陥ったわけではない。表24で2008年上位10社（グループ）および生保全社の業績をみると、投資実現損では業界全体で512億ドル（約半分がAIG）、未実現損では516億ドルに達している。総資産では対前年△8.7％、

**表23** 全保険産業サブプライム・ローン関連債券残高および損失の推移：2005〜2007年（単位：10億ドル、％）

| | 残高 | | | 損失 | | |
|---|---|---|---|---|---|---|
| | 2005 | 2006 | 2007 | 2005 | 2006 | 2007 |
| 金額 | 78.4 | 105.9 | 83.7 | 1.6 | 20.8 | 15.1 |
| ウェート | 22.9 | 20.5 | 25.7 | 8.8 | 17.7 | 21.6 |

注：①ウェートは銀行（含む投資銀行）、ヘッジファンド、金融会社、年金基金、ミューチュアル・ファンド、保険の合計に対する全保険産業の占める割合。
②2007は11月末現在。
出典：IMF, Global Financial Stability Report, April 2008, p.78。

自己資本では△13.0％に落ち込んでいる。自己資本で対前年増加率がマイナスになったのは1990年以降はじめてのことである。2008年9月にAIGに政府支援が発表されてから、これらの投資損失と自己資本の減少が市場の関心を集めるようになり、上位各社の格付けは「安定的」から「ネガティブ」に引き下げられた。自力では資本調達が限られた生保会社は、公的資金注入の不良資産救済プログラム（Troubled Asset Relief Program）の申請をおこなった。連邦銀行監督機関の規制を受ける金融機関という要件が課されているので、銀行等を買収して同機関の規制を受ける金融機関に衣替えする生保会社も現れたのである[176]。

　高い予定利率をもつ金利感応型保険商品の大量販売は、増収すればするほど負債側の加重平均予定利率は高まる。それに対応する運用利回りは金融市場（特に株式市場）が好調かつ安定している時は利差が確保されるが、株式市場の崩落や2008年世界金融危機のような事態になれば、運用収益は減少し経営危機に陥る企業も現出する。金融市場のボラティリティが高まると、高予定利率の大量資金は生保経営の桎梏となる。先の表14（98頁）はITバ

**表24　生命保険上位10社（グループ）2008年業績（単位：10億ドル、％）**

|  | 総資産 |  | 保険料収入 |  | 実現損益 | 未実現損益 | 自己資本 |  |
|---|---|---|---|---|---|---|---|---|
|  | 金額 | 対前年 | 金額 | 対前年 | 金額 | 金額 | 金額 | 対前年 |
| メトロポリタン | 423 | △7.1 | 48 | 18.5 | △0.2 | 0.2 | 22.8 | △4.0 |
| プルデンシャル | 348 | △10.0 | 27 | △2.1 | △1.0 | △1.0 | 8.6 | △15.1 |
| AIG | 310 | △14.9 | 53 | 3.4 | △25.4 | △30.8 | 16.7 | △33.2 |
| ハートフォード | 208 | △21.0 | 23 | △25.9 | 0.3 | △1.4 | 6.1 | △4.2 |
| TIAA-CREF | 198 | △0.7 | 14 | 40.7 | △4.5 | △2.3 | 18.1 | △18.8 |
| ニューヨークライフ | 189 | △2.1 | 22 | 28.6 | △1.3 | △3.5 | 12.8 | △12.6 |
| マニュライフ | 187 | △14.1 | 14 | △34.0 | △0.6 | △0.3 | 5.4 | △26.5 |
| エイゴンUSA | 175 | △9.4 | 16 | △3.1 | 0.2 | △0.7 | 5.2 | △3.8 |
| ING | 169 | △11.4 | 26 | 8.4 | △0.8 | △0.3 | 6.8 | △14.0 |
| ノースウェスタン・ミューチュアル | 155 | △0.9 | 13 | 2.3 | △0.7 | △3.2 | 13.4 | △15.0 |
| 全生保・医療保険業界合計 | 4,613 | △8.7 | 598 | 2.3 | △51.2 | △51.6 | 273.4 | △13.0 |

出典：図2に同じ、"US Life Health Insurance Financial Results"。

ブル崩壊からの株式市場の影響、表24は2008年世界金融危機におけるサブプライム・ローン関連の債券、証券化商品価格の崩壊の影響の大きさを如実に示しているのである。

　破綻したAIGが特殊、例外的であるとの見方があり、また、なぜ優良会社がそこまでリスキーなビジネスをおこなう必要があったのか、との疑問が呈される。AIGが特殊であるとしたら、高い利潤率を維持したまま高成長を継続してきた点の異例さであろう。トリプルAの格付けを維持し、安い調達資金を確保し積極的なM&Aによって、様々な金融業務に進出し急成長するというビジネスモデルをとった同社は、投機的な企業行動へ向かう必然性が一般の保険会社より高かったのである。上位大手生保社も表24のような損失を発生させているということは、AIGのようなCDS取引まで関与した生保社は一般的ではないとしても、証券化商品をはじめとするリスキーな投資に相当程度かかわっていたことを示しており、AIGだけが特殊、例外的だとは言い切れないであろう。

### 3・3・4　資産・負債総合管理（ALM）導入とその限界

　1990年前後の金利感応型商品の大量販売とその資金を商業抵当貸付やジャンクボンド投資に集中的に投資したことによる準大手生保会社の破綻以降、ALM（Asset Liability Management）の必要性がさけばれるようになった。生命保険にとってリスクとリターンの管理を、ファイナンス理論の枠組みのなかで、保険会社が保有する投資資産と保険負債をポートフォリオとしてとらえ総合的に管理するという内容である。保険会社のリスク管理を、①保険リスク（予想される保険事故発生率を超えるリスク）、②予定利率リスク（資産運用利回りが予定利率に届かないリスク）、③資産運用リスクの三つの側面から強化することを基本とし、それらのバランスを重視することとされている。

　1990年前後の生保危機の直接原因は商業抵当貸付やジャンク・ボンドへの過大投資にあったが、基本的には保険商品による資金調達とその運用に関してバランスを欠いていたためである。運用の資金源泉である保険料は生命

保険の場合長期の保険契約が多い。その保険期間に一致する長期債を購入・長期保有（または固定金利の長期貸付）することによって価格リスクは避けられるのだが、それを無視して短期的な高利回りの投資対象にシフトすることが基本的な問題とされたのである[177]。

　生命保険の資産・負債総合管理を最もシンプルな例で考えてみよう。今、一定額の保険料収入があり、それ以外には保険料収入はない保険会社を想定する。この生命保険契約は、一定年数後の満期時に5％の運用成果を付して契約者に返戻する契約だとする。当初からその資金を5％以上の固定金利で運用すれば、プラスの利ザヤを確保することができることになる。価格リスクを避けるために、保険期間と運用期間を一致させ、キャピタルゲインに依存せずインカムゲインを中心にポートフォリオを作ることが基本となる。しかし、これが可能となるためには次のような条件、問題がある。①保険事故や保険契約の解約が起きた時に支払うキャッシュを作るために保有債券を売却すれば損失が発生することもある。②再投資する時は、5％以上でまわる固定金利の投資対象がその時に市場に存在しなければならない。米国国債や貸付金などで対象となる案件がない場合が多くある。長期の保険契約の場合は投資対象が一層少なくなる。③逆に、投資対象に合致した負債（保険商品）を作ろうとした場合、その生命保険の利回りが他の金融商品との比較で魅力あるものが作れるかどうかという問題がある。このケースの5％の利回りが魅力がなければだれも買わないだろう。④運用サイドの条件にあわせて保険商品の見直しをおこなおうとすると莫大なコストと時間がかかるので簡単ではない。

　従って、資産・負債を総合的に管理するといっても、決定的与件はどんな生命保険商品を提供して保険資金を調達するのか、どの程度の有利子負債を保有するかである。それが、どのような投資をしなければならないのか、どの程度のリスクをとり高利回りを求めなければならないかを決めることになるのである。生命保険から他の金融商品への資金シフトを食い止めようとして高利回りの生命保険を設計・販売し資金を集めると、インカムゲイン中心のポートフォリオでは必要利回りを確保できない可能性が高く、キャピタ

ルゲインを狙って価格変動リスクが大きい株式等を組み入れたり、インカム収入を引き上げるために国債・地方債から社債やジャンク・ボンド、証券化商品にまで投資対象を広げリスクをとる運用をおこなわざるをえなくなる。ALM管理といっても限界があるのである[178]。

さらに、生保商品が金利感応度を高めたことにより、利差が減少したこと、また、金利上昇期には解約や契約者貸付対応のための対応資産の流動性の必要性の高まり等ALM管理の複雑性と困難性が著しく増大した[179]。

## 3・3・5　投資銀行ビジネスモデルに組み込まれた保険企業

これまで保険商品の変化にともなう保険資金の投資対象の変化とその投機的性格の強まりを分析してきたが、保険資金の運動の特徴は投資銀行との関係において考察することによって一層明らかになる。

(1) 金融資本成立過程における保険資本

米国における金融資本の成立過程において、保険産業はどのような役割を果たしたのかをみておく。1873年恐慌の後、鉄道と鉄鋼を中心として生産と集積が急速に進む一方、商業銀行の相対的立ち遅れがあり、産業からの巨額の資金需要には大銀行といえども単独では対応できなかった。商業銀行の立ち遅れのなかで、投資銀行は大銀行、大手生命保険会社とシンジケートを結成し、証券発行をおこない資金提供をおこなった。その過程で保険企業と投資銀行および産業との結合関係が強まっていった。保険資本（特に生命保険）の金融における影響力の大きさは19世紀末期において顕著なものがあった。生命保険会社は証券の発行市場に介入し、証券引受活動を積極的に展開したことは前述した。当時の3大生命保険会社、ミューチュアル生命保険、エクイタブル生命保険、ニューヨーク生命保険は寡占体制を確立し、銀行との系列化を推進しながら資金動員力を高め、企業集団を形成、株式所有と役員兼任を通じて密接な関係を結んでいった。その当時の生命保険会社の株式保有の目的は企業支配であった。1906年のアームストロング調査[180]は生命

保険会社の行動を次のように批判した。「生命保険会社は、たんに投資だけを目的にするのではなく、売出を目的に証券を購入しており、大生命保険会社は、シンジケートの引受活動に参加することによって、多くの金融活動を全く意のままにしている。(中略) 生命保険会社は、自己にふさわしい投資活動をおこなう正常な金融業者としての地位にとどまらず、金融市場における様々な業務に関与したり、企業の所有者あるいは共同経営者になっている」。同調査の後、生命保険会社の株式投資、証券引受活動が禁止された[181]。

　生保資金の銀行資金との比較における特徴は、その長期性と累積性、持続拡大性（保険料の分割払いによる）であった。生保独占は、産業資本の設備投資に対する長期貸付金、持株を通じて産業独占との間に固定的・持続的関係を作っていった。1966～1968年のパットマン報告[182]は、第2次世界大戦後の銀行の信託活動に焦点を当て商業銀行の統合関係や他の金融機関および産業との結合関係を詳細に明らかにした。生命保険に関わる主要内容は次のとおりである。20世紀初頭にみられたようなウォール街の銀行集団（大銀行、生命保険会社等からなる金融集団）の活動（19世紀末から20世紀初頭に金融資本成立）は、そのまま存在しており、ニューヨークの6大銀行が4大生保と広範な人的結合をとげていた、としている[183]。

　バーリとミーンズの「経営者資本主義論」は上記のような「金融資本論」の否定であった。すなわち、株式の分散にともない、経営に関与しない株主の増大と経営者への権力の集中および自己金融の定着から、所有と経営が分離し、持株を通じた金融資本の支配は終焉したとの見解である[184]。バラン＝スウィージーも、産業資本の自己金融定着による金融資本の消滅を次のように主張している。「投資銀行の権力は、創立当時や最初の成長段階の株式会社の、外部金融に対する必要が基礎になっていた。その後、独占利潤の収穫を刈り取った巨大会社が、次第に、内部的に調達された資金によって、その資金需要をまかなうことに気づくとともに、このような必要は重要ではなくなり、あるいはまったく消滅した[185]」。

　米国において、独占的産業資本が独占的な金融機関と資本的・人的に結合

するという意味での金融資本の存在は変質したといえる。ただし、大手銀行（投資銀行）と保険会社の関係は、現在でも、以下にみるように継続している。

(2) ビジネスモデルにおける補完関係

投資銀行は現在でも、産業大企業に対して、株式・債券の引受業務、M&A 仲介業務、トレーディング業務（含むデリバティブ）等を通じて強い関係を保持している。同時にリテール分野を強化し年金ビジネス、資産管理業、財務アドバイザー業などに進出するとともに、保険企業との関係を深め収益機会を拡大している。商業銀行は、大企業が資金の調達・運用の両面で銀行離れしていくなかで、証券子会社等を通じて投資銀行業務に進出していった。しかし、投資銀行の引受業務における圧倒的に有利な状況は変わらなかった。1975 年に株式売買手数料率の完全自由化が成立すると投資銀行の引受分野の収益は低下していったが、それをカバーしたのが M&A 仲介業務、トレーディング（含むデリバティブ）等のホールセール業務であった[186]。

金融業のなかで保険業は、潤沢な資金を保有し、資金調達の必要がないという特徴をもつ一方、投資銀行には強い資金需要があり短期の資金を市場から大量に調達してレバレッジの高いビジネスを展開する。前述したようにレポ市場で生損保を含む機関投資家が資金の出し手となり、投資銀行が取り手となる。LBO ではアレンジするのは投資銀行であり、資金を供給するのは生損保などの機関投資家および商業銀行である。投資銀行による金融商品・サービスの提供─保険企業の利用・購入の関係でいえば、1960 年代以降の投資銀行による債券トレーディングの対象は生保を中心とした機関投資家であった。投資銀行系の資産運用会社のミューチュアル・ファンドは生保の変額年金等の受け皿になった。最近の証券化商品の投資銀行による組成・販売の主要顧客は生保などの機関投資家である。証券化商品の販売促進のための金融保証保険の提供も、保険企業が投資銀行の求めに応じたものである。保険リスクの証券化市場についても投資銀行が支配的な役割を果たしている。投資銀行が新たな収益機会を求めていたのと同様に、保険企業も公共債の利

回りを超える高利回りの運用対象を探していたのである。投資銀行—機関投資家の相互的な補完関係が米国における金融構造のなかで中心的な位置を占めるようになっていった[187]。

しかし一方で、投資銀行は本来のホールセール業務（引受業務、トレーディング業務、M&A 仲介業務）の他にリテール分野を強化し、資産管理業務や401（k）に代表される年金ビジネスに進出、生命保険企業との競争が激しくなり対抗的関係が強まるという側面もあった。その内容は 4・2・4 で述べる。

## 3・3・6 保険資金の特徴・制約とリスクマネーに転化する構造

これまでみてきたように、保険金を支払うための準備金という形態をとる保険資金が、同時に、金融利得を求めて運動する資金や投機的資金に転化する。しかし、無条件にすべての準備金が一様に金融市場に投下されるわけではない。また、どんな投資・投機でも可能なわけでもない。そこには、おおよそ次のような制約が考えられる。それは、保険資金に対する保険商品からの制約および当局の運用規制からの制約である。その制約は本質的には保険の使用価値——家計と企業に対する経済的保障——から発するものである。

(1) 保険資金運動に対する保険商品からの制約

保険資金は、基本的には保険料—支払保険金という経路での運動を特徴とすることから、保険資金は保険金を支払う準備金として確保されなければならないという制約が導出される。大事故が発生して多額の保険金を支払う必要が発生した時に、準備金の多くが流動性のない投資対象に固定され、結果として保険金支払いに支障をきたすようなことがあってはならないという制約である。

保険資金は商品の保険期間によっても制約を受ける。保険期間 30 年の生命保険と 1 年の自動車保険の準備金の資産運用には大きな違いがある。保険期間 1 年の資金は、より流動性の高いポートフォリオを作らなければならな

いという制約である。また保険料支払方法も関係がある。生命保険料の支払方法は、保険期間30年の生命保険の場合、年齢が若い時期は死亡確率が低く加齢とともに死亡確率が上昇するが、保険料率は平均をとり30年間同一のレートをとる。保険期間の早い段階で相対的に多額の保険料が保険資金として積み上がり、しかもその保険資金は死亡事故による保険金支払いを免れる可能性が高い。従って平準保険料方式での支払方法によって蓄積された準備金の運用の制約は相対的に少ない。また、保険料支払方法が毎月均等の分割払いか、保険の始期に一時払いされるのかは、運用する資金量に大きな影響を与える。

　保険商品が保障部分だけ（掛け捨て保険）か、予定利率で運用しキャッシュバリュー（解約価額）を積み立てる部分があるのかは、その準備金の運用に大きな影響を与える。保障部分だけであれば目標利回りをもった運用、リスクをとる運用をおこなう必要性が少なくなる。予定利率をもつ場合は、ALM上の困難さについて既に述べたとおり、複数の複雑なテーマをクリアする運用が求められる。予定利率は、どのように決められるのかを確認しておこう。20年、30年という長期間の生命保険において、どのような水準で予定利率を設定するかは困難をきわめる。金融市場のボラティリティが高まるなかでその予測は困難であるだけでなく、むしろ賭けに近いといっていいだろう。低すぎれば金融商品として魅力が少なくなるが、高すぎると運用利回りが予定利率に届かず「逆ザヤ」となり経営に打撃を与える。予定利率は、慎重に判断され若干低めに設定されるのが通常であるが、それでも米国国債の1980年以降の傾向的な右肩下がりの利回り低下（10年国債、1981年15％超→2009年以降2～3％台）のなかでは、予定利率を超える運用対象としての債券を探すのは困難になっていった。そこで金融工学で作られた「リスクの低い高利回り」商品（証券化商品など）や代替的投資（伝統的な債券や株式などと収益・リスクの相関が少ない投資、たとえばヘッジファンド、不動産投資など）に活路を見出すことになるのである。従って、ボラティリティの高まる金融市場のなかで金利水準を予測する困難性の増大があるのにもかかわらず、予定利率をもった金利感応型保険商品の大量販売を持続させることが可能なの

かが根本的に問われているのである。

## (2) 当局の運用規制からの制約

前述したように1906年のアームストロング調査に基づき生命保険会社の株式所有が禁止されて以降、年金資金の運用にあたっての運用競争上の制約、すなわち、株式の運用制限などで銀行等と同一条件にすることが保険業界の大きな課題となった。生保業界にとって実質的に大きな意味をもった改革は、1959年以降、各州で保険法の改正によって分離勘定の設置が認められ、株式投資や短期的な債券投資が可能になったことであった。分離勘定のなかでは株式の運用を含めて運用は基本的に自由になったわけであるが、これで全体としての運用の制約を取り払ったことになるとは単純にはいえない。前述したとおり、分離勘定のなかでは生命保険会社の投資リスクは契約者に転嫁されるが、同時に、生命保険会社はその利差益を放棄することになる。しかし、分離勘定に区分された変額年金等の商品では、最低保証が付されており、投資損失が生じてもそれは契約者に転嫁されず、事実上は保険会社が負担するのである。また、分離勘定資産が増えれば増えるほど（2007年現在38％）総資産利益率が低下していくこともみなければならない。従って分離勘定資産となる変額商品等の資産の増加は一定限度内に制限せざるをえない。

## (3) 保険資金が投機的資金に転化する構造

保険資金が投機的資金に転化する構造を解くカギは、保険の使用価値を経済的保障部分と金融機能を分断してとらえるのではなく、相互の関係性のなかで考察するところにある。保険資金の特徴・性格は、基本的に、国民各層の社会保障を代替する側面をもった保険料を含み、保険金支払いという基本的機能から規定される点にある。しかし、同時に、保険資金は、金融市場で高いリターンを求めて動き回る投機的資金に転化する。

その転化を誘引する要因は、一般的に企業価値を高める衝動の他に、保険特有の構造を指摘できる。その基本的な内容は、金融商品化した生命保険商

品そのもののなかにある。生命保険商品の金融商品化は、積立保険料割合の増加と予定利率の上昇をもたらした。その結果、リスクの低い固定金利の債券・貸付中心での運用では必要利回りが確保できなくなり、リスクをとった運用をせざるをえなくなったのである。

その転化を促進した契機は次のようなものだった。①金利上昇のなかで終身保険などが魅力を失い保険解約が増加、保険資金の流失が起きた。②金融産業のなかでの新たな金融商品との激しい利回り競争がそれを促進した。③保険規制の弾力化により株式投資を含むリスクをともなう運用が可能になり、さらに分離勘定が作られ投機的運用の仕組みが整えられた。④家計の金利選好の強まりが高利回りの保険商品を求めた。⑤株主価値重視の短期的利益追求の企業論理の進展のなかで長期安定的運用より短期的な高利回りが追求されるようになった。その背景には、経済の金融化があり、投資銀行—機関投資家（含む保険）の間での相互的な補完関係の強化・深まりがあった。

保険資金の投機的資金への転化は結果として利潤率の低下と保険経営危機をもたらすことになった。2008年世界金融危機では、そのような構造のなかにはらむリスクが露呈し、AIGなどの一部の保険会社では、保険料—保険資金—支払保険金の流れが遮断される事態が生まれたが、これは本質的には、経済的保障を求める保険加入者の利益と投資銀行のビジネスモデルに組み込まれた保険会社（機関投資家）の利益が相いれないことを示している。

## ◆補論◆ 機関投資家としての損害保険

損害保険の投資資産は2006年度末1兆2,285億ドルで生保の投資資産2兆8,738億ドルの約43%であるが、巨大資産を保有する機関投資家の一つであることには変わりはない。その運用対象も表25、26のとおり両者の間に大きな違いはない。

損害保険資金の生命保険資金との性格の違いは、結局は保険商品の保険期間の違いによる損害保険資金の相対的な短期的性格である。また、損保は生

**表25** 損害保険会社の投資資産残高（2002年、2006年）
（単位：10億ドル、％）

| | 金額 | | 割合 | |
|---|---|---|---|---|
| 投資対象 | 2002 | 2006 | 2002（％） | 2006（％） |
| 債券 | 566 | 823 | 67.1 | 67.0 |
| 株式 | 154 | 237 | 18.3 | 19.3 |
| モーゲージローン | 3 | 4 | 0.3 | 0.3 |
| 不動産 | 10 | 10 | 1.1 | 0.8 |
| 現金・短期投資 | 71 | 98 | 8.5 | 8.0 |
| その他 | 40 | 57 | 4.7 | 4.6 |
| 合計 | 844 | 1,229 | 100.0 | 100.0 |

出典：表3に同じ、Fact Book 2008より作成。

**表26** 生命保険会社の投資資産残高（2002年、2006年）
（単位：10億ドル、％）

| | 金額 | | 割合 | |
|---|---|---|---|---|
| 投資対象 | 2002 | 2006 | 2002（％） | 2006（％） |
| 債券 | 1,706 | 2,135 | 73.7 | 74.3 |
| 株式 | 88 | 139 | 3.8 | 4.8 |
| モーゲージローン | 244 | 294 | 10.2 | 10.5 |
| 不動産 | 19 | 22 | 0.9 | 0.7 |
| 現金・短期投資 | 85 | 80 | 3.7 | 2.8 |
| その他 | 174 | 204 | 7.6 | 6.9 |
| 合計 | 2,316 | 2,874 | 100.0 | 100.0 |

出典：表3に同じ、Fact Book 2008より作成。

保のような予定利率をもつ金融商品型の保険種目をもたないので金融収益のほとんどをそのまま収益として計上できるために、保険部門での恒常的な赤字を投資収益で埋め合わせてきた。そのことから損害保険は生命保険にも増して金融収益依存に陥りやすいのである。

**注**

134 高田、［2009］、71～72頁を参照。
135 諏澤、［2007］、71～72頁を参照。
136 越知、［2001］、196～198頁を参照。

137 中浜、[1993]、55 〜 68 頁を参照。

138 Wilmarth, Jr, A. E., [2002], pp.239-240, 407-414 を参照。

139 北條、[1992]、172 頁によると、この時期の生命保険料率は、1960 年代の料率のほぼ2分の1に低下した。1979 年の連邦取引委員会報告において、生命保険商品コストの開示が必要とされ、保険料率引き下げが加速した。非喫煙者割引等の諸割引制度も増加した。終身保険が定期保険に乗り換えられたことも加重平均での料率の低下につながった。

140 中浜、[1993]、105 頁、(Norman, H. E., [1988]) を参照。

141 ミューチュアル・ファンドも変額年金も主たる投資対象は株式である。

142 変額年金保険は分離勘定での利回りに応じて年金額や死亡保険金額が変動する商品ではあるが、競争のなかで最低保証を提供するようになっていった。顧客からはそのための手数料を徴収する。

143 特別勘定もしくはサブアカウントは、中心の運用対象を「マネーマーケット」、「インカム」、「ハイ・イールド債」、「インターナショナル」、「アグレッシブ」などから選び、またその割合を決め、預け替えもおこなう。

144 生保は伝統的に固定金利の債券と貸付金での運用をおこなっていたため、株式などの短期売買をおこなう運用ノウハウをもった人材が不足しており、外部の資産運用会社からミューチュアル・ファンド等の運用サービスを受ける会社が多い。

145 井上、[1998]、8 頁を参照。

146 中浜、[1993]、104 頁によると、金利感応型生保商品の 30 〜 60% が既存のキャッシュ・バリュー保険（終身保険等）からの乗り換えである。

147 井上、[1998]、8 頁を参照。
小松原、[2008] によると、有価証券商品としての変額年金の販売を規制する「変額年金用適合性原則規則」が 2007 年に成立した。

148 AM Best 社 "Aggregates & Average" の各年データを参照。

149 越知、[2001]、15 〜 16 頁によると、それまでは料率算定会による料率協定を通じて競争を制限するカルテル料率として機能していた。

150 損保ジャパン総合研究所、「2001」、「2002」、「2008」を参照。

151 同上書を参照。

152 基本的な仕組みは、集団投資の代行機能をになう事業体が投資家から資金を継続的に集め（解約に応じ）、各種の金融機関にスポンサー、マネージャー、オペレーター、トラスティー等の役割を委託し、投資成果を事業主体の持分権に応じて投資家に分配する。

153 牛窪、[1999]、49 〜 51 頁を参照。

154 三和、[1999]、65 頁を参照。

155 平山、[1969]、133 〜 140 頁を参照。

156 家森、[1999]、190〜191頁を参照。
157 宮村、[2004]、156頁によると、一般に元受会社のROEは12〜15%で、ブローカーのそれは20%程度である。
158 Reagan Consulting Inc,[2003] を参照。
159 宮村、[2004]、153頁を参照。
160 損保ジャパン総合研究所、[2008.12]、37〜45頁を参照。
161 S. E. ハリントン、G. R. ニーハウス、(米山高生監訳)[2005]、128〜129頁を参照。
162 金融辞典編集委員会編、[2002]、95頁を参照。
163 P. E. ドラッカー、(上田淳生訳)、[1996]、2〜3頁を参照。
164 丑山、熊谷、小林、[2005]、164〜166頁を参照。
165 三和、[1999]、77〜78頁を参照。
166 シャドーバンキングとは、non-bank financial institutions（伝統的な商業銀行以外の金融機関、投資銀行が典型例）による投資業務をさす。商業銀行が受ける規制の対象外となる。
167 グローバル・ユニオン・ロンドン宣言、G20ロンドン・サミットへの提言、2009年4月（Statement To The London G20 Summit,[2009] 9〜10頁）を参照。(http://www.jtuc-rengo.or.jp/news/rengonews/data/20090323g20sengen.pdf)
168 フランスのレギュラシオン学派を代表する論者。M. アグリエッタ、B. ジェソップ、[2009]、189頁を参照。
169 花田、[2002]、133頁を参照。
170 株主資本主義、短期的利益の追求の弊害については次章で詳細に検討する。
171 松岡、[2009]、47頁を参照。
172 古瀬、[1998（a）]、106〜108頁を参照。
173 同上書、102頁を参照。
174 松岡、[2009]、47頁を参照。
175 日本銀行金融市場局、[2007]、4頁、7〜10頁を参照（FRB "Flow of Funds, the Bureau of Public Debt, Monthly Statement of the Public Debt of the United States"）。
176 松岡、[2009]、47〜54頁を参照。
177 古瀬、[1998（a）]、98〜101頁を参照。
178 銀行のALMは、1986年のバンク・オブ・アメリカの経営危機を発端として、金利リスク対応の問題を中心として議論されるようになった。同行は固定金利型の住宅ローン貸出を増加させたが、金融自由化のなかで自由金利定期預金の金利が高騰し収益が圧迫されたのである。1970年代までは規模・収益力とも世界一の銀行だったが、金利リスクに対応するALM不在から問題銀行に転落したのである。

保険資金の運用は、運用原資が負債（責任準備金等保険資金支払いのための待機資金）に対応する部分か、自己資本（契約者余剰等）に対応する部分かを分けて考える必要がある。相対的に自己資本部分は自由に投資対象を選んで利回りの極大化をはかることが可能である。

179　古瀬、[1998 (a)]、98～99頁によると、ALMの困難性を次のように指摘している。①キャッシュ・フロー分析等は、過去の経験に基づく将来予測をコンピュータモデル化したもので、未経験の株価下落や不良債権の償却、格付け低下等は読み込めない。②GICなど他の金融機関と厳しい競争をする薄利多売な商品を過大に販売することによる資産側の対応の困難性。③VAR（バリュー・アット・リスク：市場性資産が一定の確率の範囲内で市場が不利に働いた場合に想定される損失額をリスク料として認識）が、生保負債の長期性のため適用には限界がある。

180　Armstrong Investigation, [1905]。

181　三和、[1999]、38～41頁を参照。

182　パットマン委員長の三つの調査報告、『銀行株式の所有と支配』、『商業銀行の支配と金融関係の結合関係』、『商業銀行とその信託活動』をいう（松井、[1986]、22頁を参照）。

183　松井、[1986]、22～29頁を参照。

184　A. A. バーリとG. C. ミーンズ（北島訳、[1959]）は、所有と経営の分離の概念を打ち出し、米国における巨大企業の株式は、大衆的に分散して所有されており、その経営は株式を必ずしも所有していない専門な経営者によってなされるとし、経営者による企業支配を主張した。

185　P. スウィージー、P. バラン [1968]、23頁を参照。

186　牛窪、[1999]、38頁を参照。

187　みずほ金融調査部、[2009]、59～60頁を参照。

# 第4章 経済の金融化と保険の金融化

　第3章では、第2章で分析した保険商品の金融商品化が保険資金の増大をもたらし、保険資金の性格を高利回りを追求する投機的な資金に変質させたことを考察した。これらは、経済の金融化とよばれる米国経済の構造的な変化とどのような関わりをもつのであろうか。

　経済の金融化の保険との関連は、保険を含む機関投資家への過剰な貨幣資本の吸引・蓄積の問題とその資金の運用に関連した問題、金融の証券化にみられる「リスクの商品化」、経済の金融化のもたらす金融システムの変化と保険システムへの影響、さらに金融商品・市場の投機化の問題等多岐にわたっているが、そのなかで経済の金融化による、①実体経済の変化が保険商品および保険料収入に与えた影響の側面、②金融システムの構造的な変化と金融機関相互の競争激化による保険への影響が特に重要であり、本章ではこの2点に焦点を当て考察する。

## 4・1　経済の金融化と金融システムへの影響

### 4・1・1　経済の金融化

　第2次世界大戦後の米国経済は圧倒的な生産力、技術力、国際競争力の高さを背景に繁栄を謳歌してきたが、1960年代末にいきづまり1970年代以降

に構造的な変化を起こしたとの見方は、多くの研究者が一致して指摘するところである。しかしその構造的な変化の基本的な内容および原因については様々な見解がある。そのなかで、米国資本主義が金融主導型の経済構造に変質したとする「経済の金融化」論が数多く展開されている[188]。しかし、経済の金融化の概念が確定しているわけではなく議論の内容は多岐にわたっている。それらが取り扱う論点には、経済の基本的構造や成長のあり方、非金融業と金融業の蓄積構造、金融機関の台頭と経済の投機化・グローバル化・金融の証券化、所得や富の配分における変化等と経済の金融化の関連の問題が含まれている。

経済の金融化（Financialization）とは、一般的に、経済のなかで金融市場や金融機関の影響力が強まる現象をさすといわれている。みずほ総合研究所は、米国の企業利益に占める金融業（保険・不動産含む）の比率は1985年の2割強から2004年には3割強に上昇し、経済の金融依存が顕著になってきたとしている[189]。図10でGDPにおける産業別付加価値生産額の推移をみ

**図10　産業別GDPの推移：1960〜2008年（単位：10億ドル）**

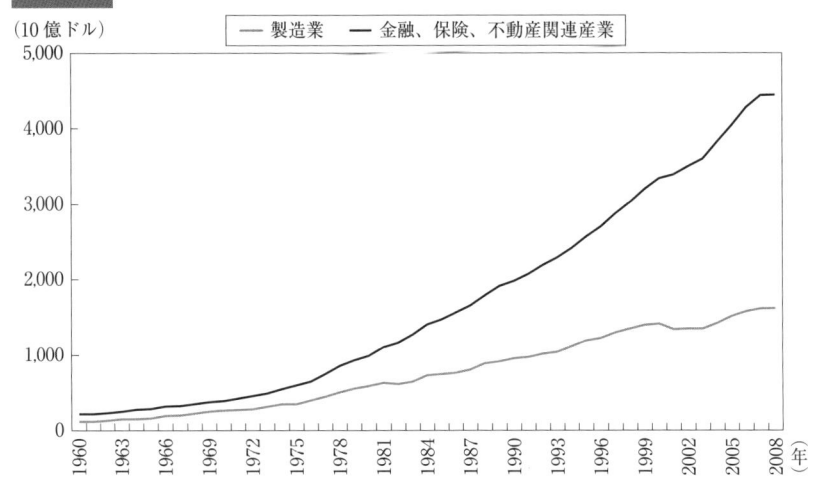

注：金融は商業銀行、投資銀行、ファンド、投資信託、その他の金融ビークルを含む。不動産関連はレンタル、リース等を含む。
出典：Bureau of Economic Analysis, Gross Domestic Product by Industry Accounts より作成。

ると、金融・保険・不動産関連が1970年代以降急速に増加し、製造業との差を広げていることが確認できる。金融の「肥大化」は、企業利益に占める金融収益のウェイトの増加にとどまらず、米国経済に占める金融資産の増大（金融市場の拡大）、金融覇権の強まりなどが含意される[190]。このような経済の金融化の過程で、どの金融機関が収益の拡大をけん引したのかといえば保険以外の大手投資銀行や商業銀行等である（4・2・4 および 4・3で詳述）。

注意しなければならないのは、全産業のうち金融業が肥大化したというだけではなく、非金融業や家計部門のなかでも金融収益依存が進行したことであり、米国資本主義の全体的な蓄積構造が変化した点を見落としてはならない。経済の金融化を論証する基本的な指標は何かという点では、Kripperの「米国企業の蓄積パターンが商品の製造・販売のチャネルから主として金融チャネルからの収益に依存するようになったこと」との主張は筆者も首肯できる[191]。共通して指摘される経済の金融化の主要な傾向は、実物資産より金融資産の急速な増大、過剰な貨幣資本の累積、企業・家計・政府部門の債務増加、金融市場の投機市場化など資本主義のゆがみや否定的な側面を示すものである。この構造的変化の時期は、1980年以降のほぼ30年とされる[192]。

本書では、経済の金融化現象の原因の究明は今後の課題として保留し、経済の金融化が金融と保険システムに与えた影響の問題の考察に進む。

## 4・1・2　経済の金融化が金融システムに与えた影響

経済の金融化のなかで、図11にみられるように一般企業の利益より金融業の利益が1970年代以降、しばしば大きくなるようになったが、それはどのような金融システムにおいて可能にあったのであろうか。経済の金融化が始まる1970年代までの米国の金融システムは、商業銀行を中心に、①生産的な投資と消費に必要な資金を供給、②潜在的な成長能力をもつ経済分野や個人への資金供給、③安定的な金融環境の維持の役割を果たしてきた、とされていた。

### 図11　産業別税引前利益の推移：1958〜2006年（単位：百万ドル）

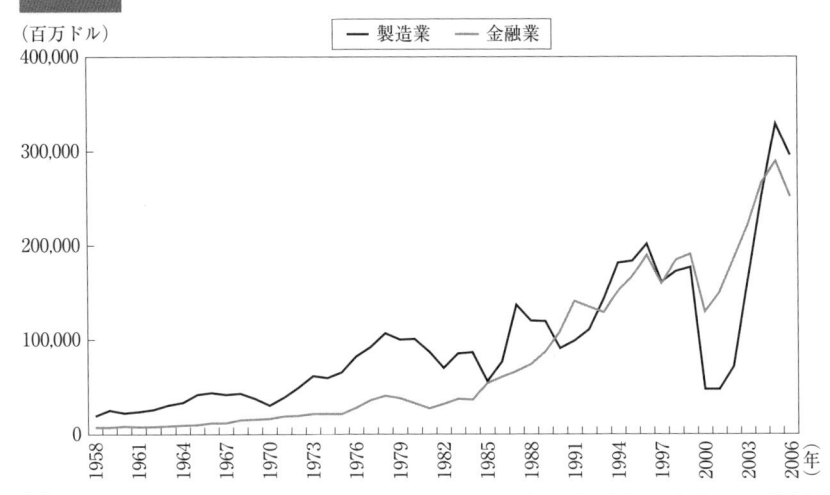

（百万ドル）
　　　　―― 製造業　　―― 金融業

出典：U. S. Department of Commerce, Bureau of Economic Analysis, National Economic Accounts NIPA Tables 6-16 b-d より作成。

　また、監督・規制としては、グラス・スティーガル法を中心とする政府規制（銀行・証券分離、州際業務規制、金利規制等）によってコントロールされ、実体経済の安定的成長を支える役割を果たしてきた。その構造が変化したのは、①ノンバンク、クレジットカード等の新たな貸し手の登場、企業の短期のコマーシャル・ペーパーや社債・株式発行による資金調達手段の多様化による商業銀行優位の喪失、②前述した商業銀行の資金源泉である預金（金利の上限規制をもつ）が、1970年代末のインフレと高い市場金利のなかで投資銀行によって導入されたMMMF等に流出したこと等が契機となった[193]。

　生産的な投資先が見つからない企業の余剰資金は、直接証券市場に向かうか家計の資金とともに、年金・保険・投資信託等の機関投資家を通じて証券市場に流れるようになった。その機関投資家の資産規模は商業銀行のそれを1990年に上回るまでになったことは、**3・3・1**で述べたとおりである。その資金を証券市場につないだのは証券化商品等の新金融商品を提供した規制対象外の金融機関（いわゆるシャドーバンキング）である複合的金融機関であっ

た。

　従って、経済の金融化とよばれる米国経済の構造的な変化にともなう社会の投資家化（＝金利選好の強まり）と結びついた金融システムの構造的な変化の中心的な内容は、投資銀行等と保険を含む機関投資家の台頭であった。

　投資銀行は1980年から1984年の5年間で10大投資銀行において資産規模が410億ドルから約1,500億ドルに急増し、資本利益率は54.3％に達した。1990年代には金融自由化、IT技術の革新、金融工学の発展を背景に、クリントン政権およびグリーンスパンFRB議長の規制緩和策に後押しされ投資銀行の飛躍の場が与えられた。その結果、1980年から金融機関等の利益は著増し始め1990年代前半には製造業の利益を追い抜くほどになったのである[194]。

　この投資銀行業務は高いリターンを可能とする一方、リスクが高く、1980年以降に3回、投資銀行の業績悪化・破綻の事態が表面化した。第1は1980年代後半のS&L（貯蓄金融機関）危機で、S&LがLBOをファイナンスするジャンク債への投資に走り、ジャンク債市場をリードした投資銀行ドレクセル・バーナムが倒産した。第2は90年代末のITバブルで、インターネット関連企業の新規公開に群がった投資銀行が強引な企業上場を主導し、過度な利益追求をおこない、ITバブルが崩壊することによって投資銀行の業績が悪化した。そして、今回の2008年世界金融危機におけるサブプライム・ローン関連の証券化商品の組成・販売を中心とした投資銀行のビジネスモデルの破綻による上位投資銀行の破綻であり、商業銀行による投資銀行の救済・グループ化であった。これを「商業銀行の投資銀行に対する復権」とみるかどうかは諸説があり、評価は現在のところ定まっていない。

## 4·2　保険料基盤と保険企業への経済の金融化の影響

　金融や保険に影響を与えた経済の金融化の諸傾向を整理すると、次の諸点があげられる。

①家計における可処分所得の低下、正味保有資産の減少、負債（債務）の増大、借入依存の強まり、それらの格差の拡大傾向。
②生産活動による利益より金融活動による利益を追求することの一般化。企業と家計における金利選好の強まり。民間投資の停滞、利潤率の低下傾向、利潤および保有資産における金融部門の肥大。いわゆる米国社会の「投資家化」。
③金融システムにおける商業銀行の地盤沈下と投資銀行（シャドーバンキングを含む）の台頭、証券市場の多様化と膨張、金融の証券化および年金・保険等の国民の生活資金の金融市場への取り込み。
④株主価値（株価）の最優先と利益追求における短期的傾向の強まり。
⑤新自由主義的経済政策の強まり、規制緩和、「小さな政府」政策、福祉削減への加速。

保険産業は実物投資が拡大しGDPが増大することによって、保険の対象となる財物の増加や、労働者数の増加、個人所得が拡大することを基礎として成長する。生命保険の場合は労働者の数、所得、保有資産、債務の状況などが大きな影響を与える。損害保険の場合は固定資本投資、自動車販売台数、住宅着工件数、家計の所得・保有資産等に大きく影響される。次にみるように、経済の金融化による家計部門と非金融セクターへの影響が保険の収入基盤に大きな変化をもたらすことになった。

## 4・2・1　経済の金融化のもとでの「個人セクター」の変化

個人および企業が保険会社に支払う保険料は所得の移転である。保険産業にとって過半を占める個人保険分野は、労働者の賃金動向と家計の資産・借入動向に大きな影響を受ける。図12は、1980年までは生産性の伸びに賃金等がほぼ比例して上昇してきたが、経済の金融化が始まった1980年頃から賃金等は生産性の上昇と切り離され横ばいとなっていることを示している。賃金水準の停滞には労働市場の流動化や非正規雇用の拡大など様々な要因があるが、経済の金融化が進展するなかで、株主利益優先の傾向の強まりから

図12　生産性および1時間当たりの労働者（監督労働者を除く）の賃金等指数の推移：1969～2005年

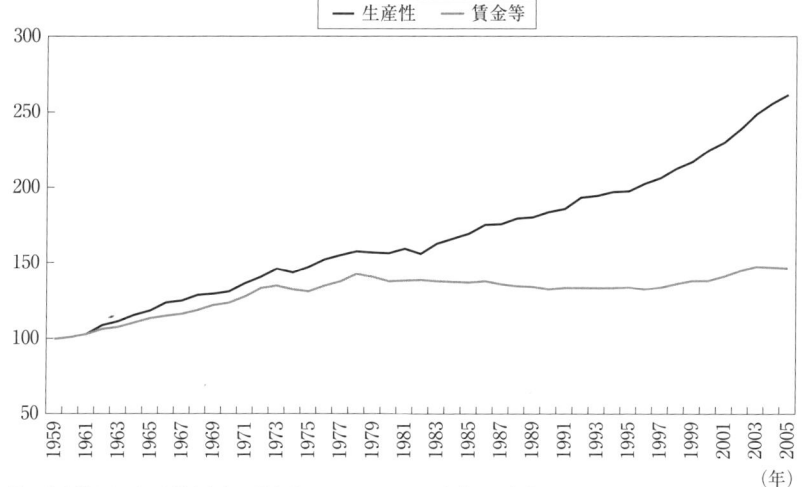

―― 生産性　　―― 賃金等

注：生産性および1時間あたりの賃金インデックスは1959年を100とする。
出所：Thomas I. Palley, [2008], p.5。

株主と経営者への分配が増大したことが、1980年以降の労働者の賃金水準の停滞の大きな要因となっている。

さらに、図13でみると、男性のフルタイム労働者の年収（中位数）は1970年代前半に5万ドル弱あったものが減少・横ばいを続け、2008年には4万6,000ドル強に低下した。一方、女性は1960年に約2万ドルだったものが漸増を続け2008年には約3万6,000ドルとなり、男性に対する年収比を77％にまでに接近させている。男性の4万6,000ドル程度の年収水準では住宅と車を保有し、多額のローン返済をもつ一般的なケースを想定すれば決して豊かではなく、生活不安を抱えるレベルであろう。中位数や平均で傾向を評価する時に、注意しなければならないのは、後述する所得階層の最富裕層の急激な所得増加部分を含んだうえでの数値となっていることである。

図14で貧困者数[195]とその率をみると1960年代に減少した貧困者数は1970年代から上昇、1980年代中頃減少したが、1990年代に再び上昇し、1993年には4,000万人に迫るまでになった。

**図13** 15歳以上フルタイム労働者の男女別所得（中位数）の推移：
1959～2008年（単位：千ドル）

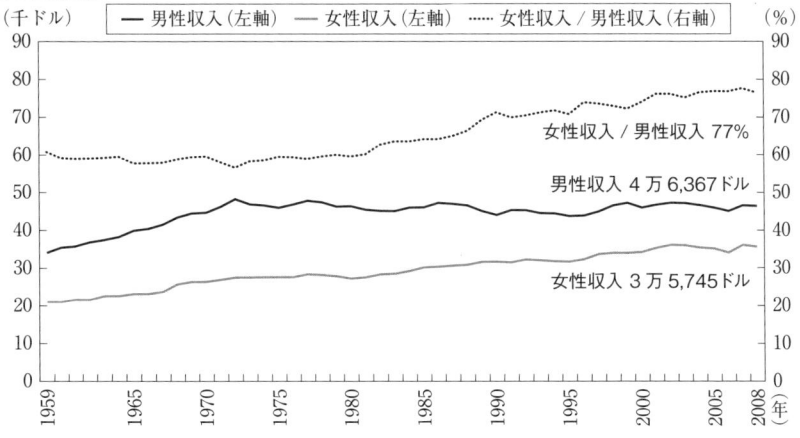

（千ドル）　― 男性収入（左軸）　― 女性収入（左軸）　…… 女性収入／男性収入（右軸）　（％）

女性収入／男性収入 77％
男性収入 4万6,367ドル
女性収入 3万5,745ドル

出典：U. S. Census Bureau, Current Population Survey, 1961 to 2009 Annual and Economic Supplements。

**図14** 貧困者数および貧困率の推移：1959～2008年（単位：百万人、％）

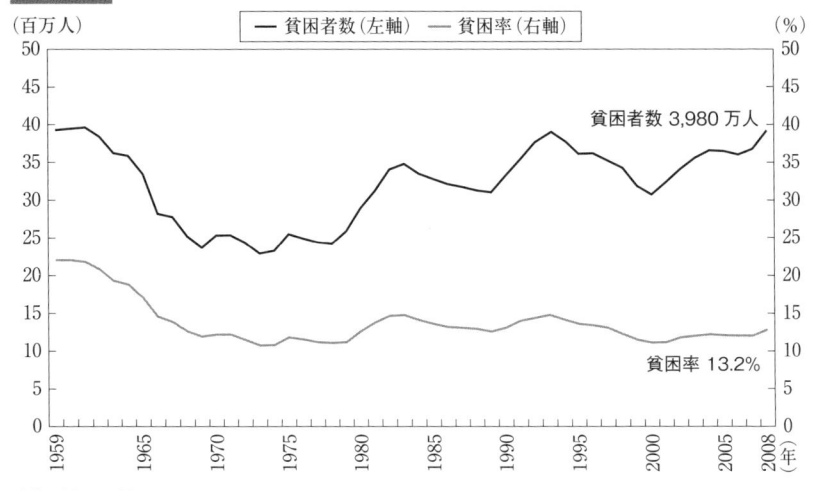

（百万人）　― 貧困者数（左軸）　― 貧困率（右軸）　（％）

貧困者数 3,980万人
貧困率 13.2％

出典：図13に同じ。

**表27** 所得階層別の家計部門の所得（上段）、増加率（下段）の推移：
1947〜2006年（単位：ドル、％）

|  | 第5分位 | 第4分位 | 第3分位 | 第2分位 | 第1分位 |
|---|---|---|---|---|---|
| 1947 | 12,246 | 19,761 | 26,796 | 38,021 | 62,405 |
| 1973 | 24,104 | 39,773 | 55,494 | 76,316 | 118,975 |
| 1979 | 25,523 | 41,969 | 59,458 | 81,873 | 131,345 |
| 1989 | 25,125 | 43,960 | 64,056 | 93,493 | 155,371 |
| 1995 | 25,052 | 43,331 | 64,350 | 94,925 | 162,443 |
| 2000 | 28,100 | 47,816 | 71,800 | 106,982 | 187,471 |
| 2006 | 27,000 | 47,000 | 71,200 | 109,150 | 191,060 |
|  | 第5分位 | 第4分位 | 第3分位 | 第2分位 | 第1分位 |
| 1947〜1973 | 2.6 | 2.7 | 2.8 | 2.7 | 2.5 |
| 1973〜1979 | 1.0 | 0.9 | 1.2 | 1.2 | 1.7 |
| 1979〜1989 | −0.2 | 0.5 | 0.7 | 1.3 | 1.7 |
| 1989〜2000 | 1.0 | 0.8 | 1.0 | 1.2 | 1.7 |
| 2000〜2006 | −0.8 | −0.3 | −0.2 | 0.4 | 0.4 |

出所：Mishel, Lawrence, Jared Bernstein, and Heidi Shierholz, [2009]。
出典：U. S. Bureau of the Census data. Table 1.8。

　表27は世帯を所得に基づき5分割（各層20％、第5分類が最貧困）し、各階層の所得および増加率の推移を比較したものである。1973年まではいずれの階層においても2％台の増加であり、どの層も所得の増加を享受したことを示している。そのうち第2分類および第3、4分類の中間層の増加率が大きく、格差は全体としては縮小傾向であった。1973年から1979年になると増加率が低下、そのなかで、第4、5分類の階層が増加率が低く格差拡大が始まった。その後は、第1、2分類の所得は増加、特に第1分類の増加率が大きくなる一方、第3、4、5分類は、停滞もしくはマイナスとなっており格差が大きく開いていった。伝統的生命保険の主たる契約者は、この第3、4分類（一部5分類）の層であった[196]。

　さらに、Emmanuel Saezによれば、1980年代以降の最富裕層の所得シェアーは、図15のように2007年には49.7％という戦前の歴史的なピークに到達していることがわかる。最富裕層は所得のなかで利子・配当、キャピタルゲインの割合が多いという特徴があるが、看過できないのは賃金・報酬部分が1980年代以降急増していることである。ワーキング・リッチとよばれ

### 図15　最富裕層の所得シェアーの推移：1917〜2007年（単位：％）

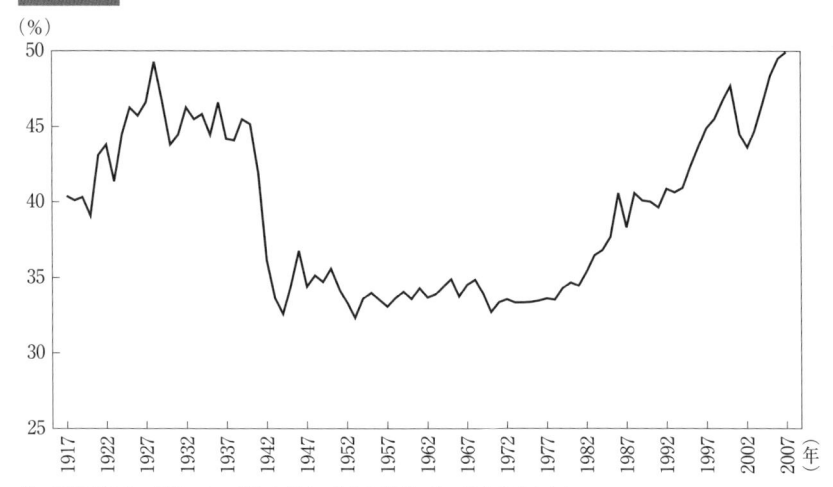

注：所得は配当、利息、キャピタルゲインを含み政府からの給付金は含まない。
出所：Emmanuel Saez,〔2009〕, p.6.

る経営者・管理者の異常な高給が現出するようになったのである[197]。これは経済の金融化と株主価値最大化が最優先のコーポレート・ガバナンスの傾向と一致するものである。

以上のような国民各層の生活悪化と富裕層との格差拡大の現象に対して「ミドルクラス[198]の衰退、没落」論が1980年代から起きるようになった。クリントン政権（1993〜2001年）の労働長官ライシュが、94年に、「この国の根幹をなしてきた中流階級がオーバークラスとアンダークラスに分かれて三層に分解しつつある」と指摘し、「この中間は職にはついているが自らの地位についても子供たちの将来についても不安感をいだいている」と論じ、この層を不安階級（anxious class）と表現した[199]。

この指摘は保険業界にとっても重要かつ深刻な問題提起であった。なぜなら、1960年代までの雇用の拡大と賃金上昇がどの階層にもあまねくゆきわたり[200]保険料の原資となって保険業界を成長させた条件を否定するものであったからである。1970年代以降の歴代政権の政策を俯瞰すると、ニクソ

表28 **個人および非営利組織の金融資産の推移：1950～2006年（単位：10億ドル、%）**

|  | 1950 | (%) | 1960 | (%) | 1970 | (%) | 1980 | (%) |
|---|---|---|---|---|---|---|---|---|
| 預金 | 124.3 | 17 | 237.6 | 18 | 535.8 | 21 | 1,466.2 | 22 |
| 債券、短期証券 | 78.5 | 11 | 117.4 | 9 | 192.3 | 8 | 432.5 | 7 |
| 株式 | 423.2 | 58 | 749.0 | 56 | 1,288.0 | 51 | 3,166.8 | 48 |
| ① 投資信託 | 3.3 | 0 | 17.0 | 1 | 44.5 | 2 | 116.5 | 2 |
| ② 年金、保険準備金 | 79.3 | 11 | 179.1 | 13 | 384.5 | 15 | 1,190.3 | 18 |
| ①＋② | 82.6 | 11 | 257.3 | 14 | 4.8 | 17 | 1,306.8 | 20 |
| その他 | 27.3 | 4 | 48.9 | 4 | 82.9 | 3 | 182.9 | 3 |
| 総合計 | 736.0 | 100 | 1,349.0 | 100 | 2,528.1 | 100 | 6,554.9 | 100 |

|  | 1990 | (%) | 2000 | (%) | 2006 | (%) |
|---|---|---|---|---|---|---|
| 預金 | 2,909.9 | 20 | 3,389.8 | 10 | 5,330.6 | 13 |
| 債券、短期証券 | 1,613.6 | 11 | 2,152.2 | 7 | 3,000.5 | 7 |
| 株式 | 4,999.0 | 34 | 12,760.9 | 39 | 12,996.2 | 31 |
| ① 投資信託 | 903.2 | 6 | 3,815.9 | 12 | 6,049.5 | 14 |
| ② 年金、保険準備金 | 3,699.7 | 25 | 9,985.1 | 30 | 13,251.3 | 32 |
| ①＋② | 1,287.6 | 31 | 3,975.2 | 42 | 19,300.8 | 46 |
| その他 | 455.0 | 3 | 898.0 | 3 | 1,430.7 | 3 |
| 総合計 | 14,580.5 | 100 | 33,002.1 | 100 | 42,058.8 | 100 |

出典：FRB , Flow of Funds Accounts より作成。

ンは、インフレ抑制のための賃金・物価統制の実施、レーガンは、小さな政府と規制緩和を標榜し福祉削減と労働組合に敵対する賃上げ抑制を迫る政策を進め、クリントンは、中間層減税の公約を反故にして金融市場の規制緩和を実施、ブッシュは、富裕層の減税をおこなう等、この間、中間層を痛めつけ富裕層を優遇する政策が続いたのである。

次にフローからストックへ視点を変えて、個人（含む非営利組織）の金融資産の配分構成の変化を表28でみておこう。

個人等の金融資産は10年ごとに2倍前後の増加を示した。預金のウェートは1970～1990年には2割を超えていたが2000年には1割に低下、株式のウェートは70年までは5割以上であったが1990年には34％、2006年には31％まで低下した。一方、投資信託および年金、保険準備金の合計額は1980年の20％から急上昇し2000年以降は40％台を推移している。個人等の資金が預金から株式等の金融市場に流れているといわれてきたが、実際

第4章　経済の金融化と保険の金融化　　147

は、1980年以降、預金や株式のウェイトが減少し、投資信託および年金・保険のウェイトが増大していることがわかる[201]。そのなかで、年金・保険は1950年の11％から2006年の32％へと3倍化している。前述した富裕層の所得の著増があってはじめて年金・保険の配分の増加が可能となったと思われる。債券・株式より年金・保険の配分を増加させたのは保険商品の金融商品化が進展したことによって、金融利得を追求する富裕層の資金配分の受け皿となったからである。

しかし、富裕層だけの所得増で前述した保険料の伸び（図1〔15頁〕、図2〔28頁〕）を整合的に説明することは不可能である。筆者の考えでは、中間層の没落現象と保険料の伸びを整合的に説明するためには、追加して次の3点を考慮に入れる必要がある。

① 1990年代（特に1995年）以降、米国内の個人消費は賃金水準の停滞にもかかわらず力強さを示したとされているが、それは、住宅価格、株価などの資産価格上昇によるものと、表29にみられるようにクレジット・カードと住宅ローン、オートローン等による借入金の増加に依存したものである[202]。家計部門から機関投資家（保険会社、年金基金、投資信託）へ資金が流れたのも同様の理由からだと思われる。サブプライム・ローンで典型的にみられたことであるが、住宅価格の上昇によって担保価値が増加、借入余地が拡大し、より高価な住宅に買い換え、余剰資金で車も買い換え、生命保険を追加し、火災保険や自動車保険も購入するというような消費行動が可能になっていったのである。もともと、ローンに依存した過剰消費が米国経済の

**表29** 個人セクターの借入残高の推移：1973～2005年
（単位：10億ドル、％）

|  | GDP | リボルビングクレジット | 同左のGDPに対する割合 | 住宅ローン借入 | 同左のGDPに対する割合 |
|---|---|---|---|---|---|
| 1973 | 1,382.7 | 1,884.2 | 136.3 | 673.4 | 48.7 |
| 1979 | 2,563.3 | 3,549.4 | 138.5 | 1,330.0 | 51.9 |
| 1989 | 5,484.4 | 9,945.5 | 181.3 | 3,591.3 | 65.5 |
| 2000 | 9,187.0 | 17,408.2 | 189.5 | 6,795.2 | 74.0 |
| 2005 | 12,455.8 | 25,820.5 | 207.3 | 12,148.7 | 97.5 |

出典：FRB、Flow of Funds, Table B1より作成。

基調をなしていたが、80年代以降の経済の金融化と 2000 年以降の住宅バブルと金融の証券化がその傾向に拍車をかけたとみることができる。

②第 2 の要因は、社会保険の代替としての年金・医療保険の増加についてである。家計部門の資金が生命保険等へ流れたのは、社会保険・福祉の後退によって国民各層の生活不安が大きくなり私的保険で自衛することを強制されたからである。すなわち、公的部門の民営化が生命保険市場を作ったのである。生命保険会社における商品のうち年金と医療保険の保険料は、生命保険料と比較し表 30 のような推移をたどった。

公的社会保障を代替する年金保険料と医療保険料は、生命保険料と比較すると 1970 年代から顕著な増加率を示している。1970 年代に何が起きていたかというと、インフレとその後のスタグフレーションが進むなか、共和党は福祉国家体制への批判を強め社会保障や福祉に対する支出削減を声高にとなえた。1981 年から 8 年間続いたレーガン政権は、「小さな政府」と福祉の解体を主要政策に掲げて制度の見直しを進め、国民各層の生活不安は増大していったのである。

民営保険会社と政府は、公的社会保障政策をめぐって歴史的に確執があった。米国で最初に社会保険制度が登場したのは、1930 年代の大不況の時期

表30 種目別生命保険料の推移：1955〜2005 年（単位：百万ドル、%）

|  | 年金保険料 | 増加率 | 医療保険料 | 増加率 | 生命保険料 | 増加率 |
| --- | --- | --- | --- | --- | --- | --- |
| 1955 | 1,288 |  | 2,355 |  | 8,903 |  |
| 1960 | 1,341 | 4.1 | 4,026 | 71.0 | 11,998 | 34.8 |
| 1965 | 2,260 | 68.5 | 6,261 | 55.5 | 16,083 | 34.0 |
| 1970 | 3,721 | 64.6 | 11,367 | 81.6 | 21,679 | 34.8 |
| 1975 | 10,165 | 173.2 | 19,074 | 67.8 | 29,336 | 35.3 |
| 1980 | 22,429 | 120.6 | 29,366 | 54.0 | 40,829 | 39.2 |
| 1985 | 53,899 | 140.3 | 41,837 | 42.5 | 60,127 | 47.3 |
| 1990 | 129,064 | 139.5 | 58,254 | 39.2 | 76,692 | 27.6 |
| 1995 | 158,389 | 22.7 | 90,038 | 54.6 | 102,766 | 34.0 |
| 2000 | 306,693 | 93.6 | 105,619 | 17.3 | 130,616 | 27.1 |
| 2005 | 277,117 | －9.6 | 118,267 | 12.0 | 142,261 | 8.9 |

出典：表 3 に同じ、Fact book 2008 より作成。

である。1931年に成立した社会保障法に続いて老齢年金、失業保険、公的扶助社会福祉事業などが発足し、第2次世界大戦後にはすべての産業の労働者が対象となった。1964年に大統領になったジョンソンは、「偉大な社会」政策を進め、1965年に高齢者医療保険制度（メディケア：Medicare）および低所得者を対象にした医療保険制度（メディケイド：Medicaid）を発足させた。これらの政策は民間保険会社からみれば、生命保険の顧客である低中所得階層への保険的サービスの提供であり、政府による民業圧迫となる。1970年代に入り医療保険料の増加する負担（50％企業負担）に企業が耐えきれなくなったとして、ニクソン政権は1973年、健康維持支援法（Health Maintenance Organization Act）を成立させ、健康維持法人（Health Maintenance Organization：HMO）制度が発足し医療費の高騰を抑制するための管理医療システムが強められていった。ジョンソン政権の社会保障拡充政策は、高度成長期には税収増により支えられていたが、1970年代中頃からスタグフレーションが進行していくと、膨大な予算支出は財政負担に重くのしかかっていった。この頃から、民間保険会社の利益を代弁した共和党は国民の税負担の重さ、社会保障による財政赤字の拡大に対して批判を強め、レーガン政権は、貧困者に対し自助努力を求めつつ、社会保障関連支出を大幅に削減し、公的年金の給付水準が引き下げられ、その影響で、私的年金への加入者が激増したのである[203]。

　③第3の要因は保険加入における優遇税制制度である。特に私的年金加入への優遇税制制度を手厚くし私的年金加入へ誘導した。1974年のエリサ法で雇用主が提供する被用者年金保険への拠出を非課税にする（医療保険も同様）上に、運用益は給付時点まで課税が繰り延べられることになった。さらに401（k）プランで画期的な優遇措置が与えられたことについては、2・1・3で述べたとおりである。

## 4・2・2　「非金融セクター」の金融資産投資と金融収益依存

　図16で固定資本投資とGDPの伸びとその割合をみると、経済の金融化

**図16** GDPおよび固定資本投資とその割合の推移：1965～2007年
（単位：10億ドル、%）

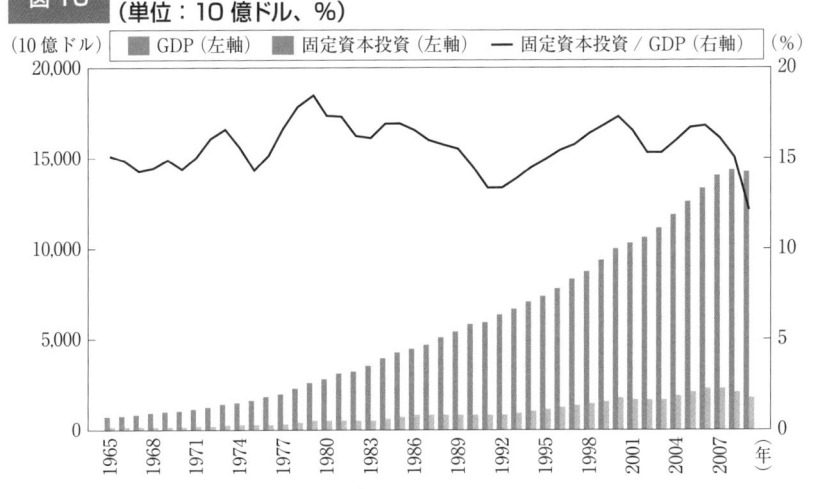

出典：FRB, Flow of Funds Account F6 より作成。

現象の始まった1980年以降は固定資本投資絶対額は増加傾向を継続しているものの、GDPに占める固定資本投資の割合は下降傾向を示している。

その割合は1979年の17.4％から1991年の13.4％まで低下、そこから2001年の17.3％まで上昇した後、07年から急落し、12.3％にまで落ち込んだ。固定資本投資の動向は特に損害保険に大きな影響を与える。

図17で非金融業の固定資本投資（フロー）をみると、1980年代の増加率の低下、1990年代の増加傾向、2000年以降の明らかな停滞という特徴がみてとれる。1970年代からの競争力喪失、産業衰退と1980年代のレーガノミックスによる投資減税、規制緩和、産業構造転換の時代が1990年代のITブームなどの高い成長を準備し、2000年代はその破綻による停滞という経過をたどった。一方、正味金融資産（フロー）は1980年代以降増加を始め、1990年代以降は急増・急減し乱高下している。1980～1990年代は実物投資も金融投資も拡大しつつ、1990年代末からは金融投資がより急速に伸びたことを示している。

次に、非農業・非金融業の実物資産（ストック）と金融資産（ストック）を

第4章　経済の金融化と保険の金融化　　151

**図17** 非金融業の固定資本投資および正味金融資産増加額の推移：1955〜2007年（単位：10億ドル）

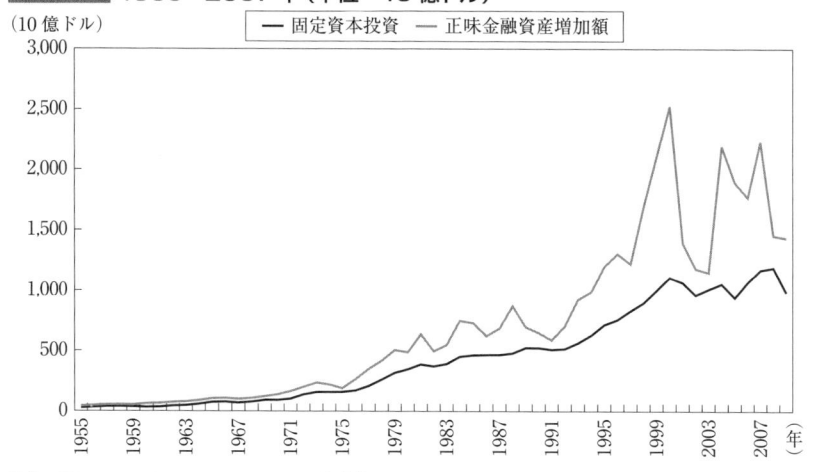

（10億ドル）凡例：── 固定資本投資　── 正味金融資産増加額

出典：FRB, Flow of Funds Account F6 より作成。

図18で対比してみると、金融資産は1980年代から顕著な増加傾向を示し1990年代以降急増、2003年には実額で実物資産を超えた。実物資産と金融資産の伸びをフローとストックの双方でみれば実物資産の伸びを超えて金融資産が増大してきたことが明らかである。

非金融業で、このような傾向を代表している企業が世界金融危機で破綻したGM社である。同社は金融子会社を保有し、自動車ローンの他、モーゲージ関連、証券化商品の売買までおこない、その収益は、一時GM社全体の利益の6割にも達していた。また電気大手のGE社（General Electric）の金融部門であるGEキャピタルはGE社全体の利益の5割以上をあげていたといわれる[204]。

次に、損害保険料増収率とGDPの伸び率の関係をみてみよう。

損害保険の成長はGDPにゆるやかではあるが影響を受けていることが図19からみてとれる。1980年代後半からGDPも保険料も伸び率が下降するが保険料の落ち込みがより厳しい。1990年代に入り保険料伸び率は低迷したままであったが、2000年以降は住宅バブルの影響で一時高い伸びを示し、

図18 非農業・非金融業の実物資産、金融資産の推移：1955～2007年
（単位：10億ドル、％）

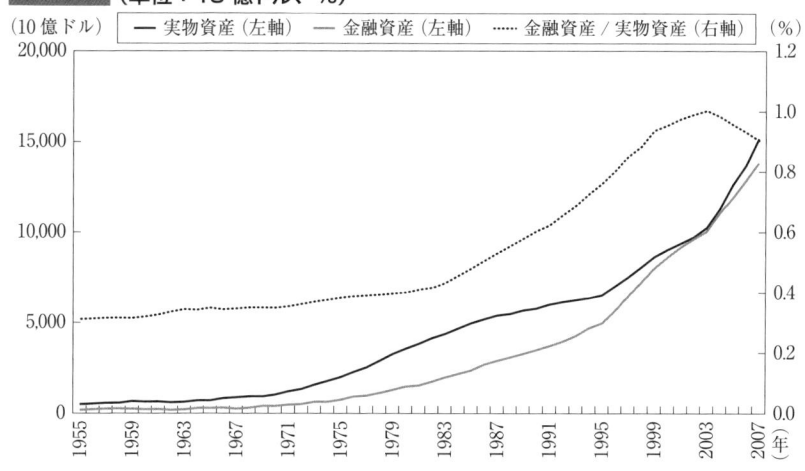

出典：FRB, Flow of Funds Account, Table B102 より作成。

図19 GDPと正味損害保険保険料の伸び率の推移：1978～2008年
（単位：％）

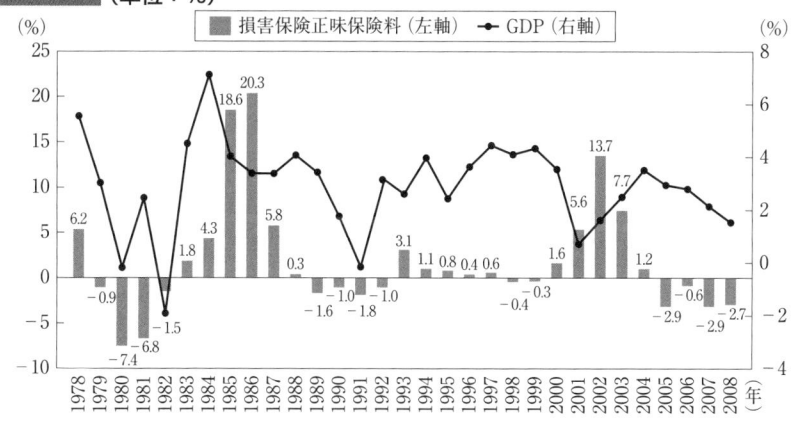

出典：A. M. Best, U. S. Bureau of Economic Analysis, Insurance Information Institute。

図20 自動車販売台数および住宅着工件数の推移：1963～2008年
（単位：万台、千ユニット）

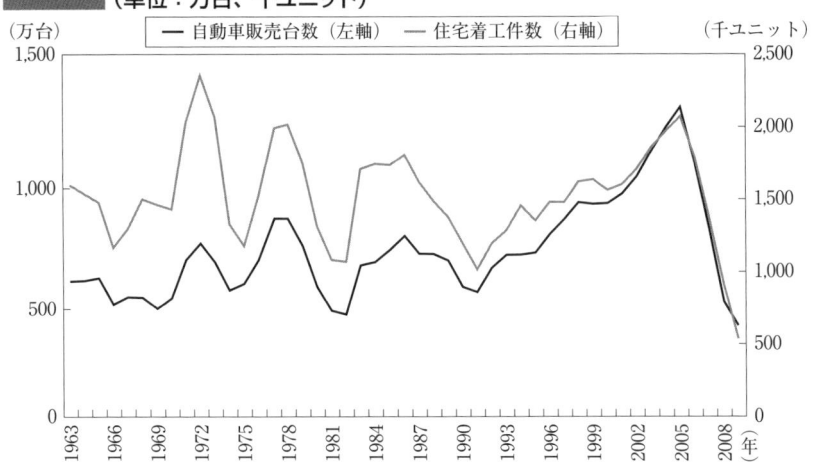

出典：U. S. Department of Commerce: Census Bureau, Housing Starts より作成。

その後バブル崩壊で一転してマイナスとなっている。

損害保険の主力種目である自動車保険、ホームオーナーズ保険などは、自動車、住宅の販売動向などが直接的でより大きな影響を与える。自動車販売件数と住宅着工件数の推移を図20でみてみよう。

図20のとおり、自動車販売台数と住宅着工件数の変化の波は、ほぼ似通った形状をとっている。特に1990年以降はほぼ重なっている。この要因は1990年代後半からの住宅ブームと2000年以降のサブプライム・ローンによって加速された住宅バブルである。それは低金利と住宅モーゲージの信用拡大、その証券化、またそれを支えた金融保証保険など全体としての金融化によって推進された。第2章の図2（28頁）の損害保険の正味保険料の増加率の推移は、図20の自動車販売台数と住宅着工件数の変化の波をほぼフォローしているのである。

## 4・2・3　経済の金融化とコーポレート・ガバナンスの変化

　経済の金融化現象の一つの傾向として、コーポレート・ガバナンスの変化、すなわち、非金融企業の経営が株主重視の経営へ変化したことに注目する見解が多くみられる。その主要な内容は、企業は株主のために存在し、経営者の役割は株価を最大限に高めることであり、企業のステークホルダーのうち、従業員や顧客などの利益より株主の利益を優先し、短期的な利益を追求する経営手法をとる株主至上主義とよばれる企業論である。多くの非金融企業は1970年代までは、長期的な収益拡大を追求する観点から内部蓄積と投資のバランスをとってきたが、1980年代に入って以降、企業収益を株主に配分することに重点を移すようになった。その契機となったのがストック・オプション導入と機関投資家による企業経営への関与の増大であった。ストック・オプション制度のもとでは、経営者は自らが株主となり、自社の株価が上昇すれば経営者が巨額な報酬を得ることが可能となる。従って、自社株買いによって株価の引き上げをはかり株主への配当を高めようとするインセンティブが働くことになる[205]。このストック・オプション導入による株主価値重視経営は、前述した労働分配率の引き下げ圧力としても働いた。米国企業金融の伝統は、潤沢な内部資金による実物資本への再投資にあったが、内部資金が自社株買いの原資として充当され、実物投資のための内部資金が不足するようになっていった。他方で、前述したように、非金融企業は固定資本投資とそれを上回る金融資産投資を拡大してきたのであり、所要資金の不足に対し負債を増加させることによって埋め合わせたのである[206]。

　表31は経済の金融化が始まった1980年代から、家計、金融機関、非金融企業、政府のいずれもが債務を増加させたが、金融機関の債務の増加が最も顕著であることを示している。非金融企業の債務の増加は自社株買い等の他に、1980年代のM&AにおいてLBOとよばれる負債の梃子をきかせる買収が活発化したことが原因となっている。従って、非金融企業は、自社株買いやM&Aにおいて内部資金が不足し、借入金を増加させながら、実物投資をおこない、さらにそれを上回る金融資産投資をおこなったのである。非

表31　GDPとセクター別債務残高の推移：1970～2007年（単位：兆ドル）

|  | GDP | 債務合計 | 家計 | 金融機関 | 非金融企業 | 政府 |
|---|---|---|---|---|---|---|
| 1970 | 1.0 | 1.5 | 0.5 | 0.1 | 0.5 | 0.4 |
| 1980 | 2.7 | 4.5 | 1.4 | 0.6 | 1.5 | 1.1 |
| 1990 | 5.8 | 13.5 | 3.6 | 2.6 | 3.7 | 3.5 |
| 2000 | 9.8 | 26.3 | 7.0 | 8.1 | 6.6 | 4.6 |
| 2007 | 13.8 | 47.7 | 13.8 | 16.0 | 10.6 | 7.3 |

出典：Economic Report of the President, 2008. Flow of Funds Accounts Table B-1, L1 より作成。

　金融企業のコーポレート・ガバナンスの変化において、従業員などの利益より株主の利益を優先し、短期的な利益を追求する経営手法が広がったことにより、労働者の賃金抑制が強まっていったことと生産的投資が抑制されるようになったことが、保険料基盤に大きな影響を与えたのである。

　次に、保険会社自身も株主価値重視経営への転換を株主から迫られるが、それが保険事業にどのような影響を与えたのかをみてみよう。その影響は、保険事業すなわち保険契約のアンダーライティングの側面と保険資金の運用の側面がある。保険資金には収入の不確定債務性と収入と支払いの偶発性があり、時として数十年後に収支の結論が判明するという長期的視野が必要なことは第2章で触れた。保険事業経営はまさに長期的な観点からの収支コントロールが避けられないのである。短期的な保険収支に着目した経営をおこない経営破綻に陥る保険会社は数多い。わかりやすい例をあげるとすれば、当面の利益をかさ上げするためには保険料率を引き下げ保険料の増収をはかる、再保険で受再保険料を増額する等の方法があるが、長期的には保険金支払いの高騰になって跳ね返ってくることにより業績が悪化していくのである。

　前章で触れた機関投資家としての保険会社もまた株主価値重視経営への転換から資産運用の短期的収益追求・投機的な資産運用に変わっていった。1970年代後半からの金融自由化のなかで生保各社は資金流失に対応してGICなどの金利感応型商品を大量販売し、高い予定利率をもつ資金を累積した。高株価を維持するためには予定利率をこえる利廻りの運用が必要とな

る。運用はキャピタルゲインをねらう短期的・投機的な性格をもつものに変質せざるを得ない。

## 4・2・4　金融機関の競争激化と保険産業への影響

　前述した経済の金融化の諸傾向（142 頁）のなかで、新自由主義的経済政策の強まりと規制緩和は金融機関の競争を激化させることになった。4・1・2 で述べたとおり、大手商業銀行は、預金と融資の利ザヤによる収益を中心とする伝統的なビジネスモデルの限界から投資銀行業務への参入を強め、1999 年のグラム・リーチ・ブライリー法において銀行・証券分離の規制が緩和されて以降、金融持株会社方式で投資銀行（含む保険）業務に進出していった。2003 年には普通株の引受業務におけるシェアーでは、シティ・グループ、JP モルガン、バンカメなどの大手商業銀行が上位に食い込むようになった[207]。逆に投資銀行は商業銀行業務に進出、「金融のスーパーマーケット」化ではメリル・リンチ等の投資銀行が商業銀行に先行した。投資銀行は伝統的な業務（債券・株式の引受、M&A 仲介等）の収益性の低下から証券化商品の組成・販売、自己勘定でのトレーディング、ヘッジファンドへの投資、年金基金等を顧客とする投資顧問業等で収益を拡大していった。一方、商業銀行も証券関連業務等の非金利収益によって収益を増大させた。商業銀行と投資銀行は競争を激化させながら、シャドーバンキングといわれる規制の対象外となる業務への比重を高める点では同質化し投機的なビジネスに傾斜していった。

　さらに投資銀行は、リテール分野を強化、資産管理業務や年金ビジネスに進出、生命保険との競争が激化した。投資銀行のメリルリンチ社によって開発された CMA（Cash Management Account、様々な証券運用、小切手振出、借入機能をもつ総合口座）やラップ口座（Wrap Account、富裕層から預かった一定額の資金に対し、証券の売買、保管等の総合的サービスを提供）等が 80 年代後半から急増するが、生保の終身保険からの資金流出の受け皿になると同時に、変額保険や変額年金とも競合するようになった。また、ミューチュアル・ファ

ンドや生保の金利感応型商品が各年金プランの運用対象として、利回りの優位性を争うことになる。401（k）プランの代表的な受け皿としてミューチュアル・ファンドがあげられるが、生保のGIC（guaranteed investment contract）と競合した[208]。年金サービスに関しては、レコードキーピング（従業員個々人の資産の記録・管理）、信託（証券の保護預かり、資金の保管・管理）、資産の投資・運用、コンサルティング業務があり、投資銀行（投資会社）と保険会社は年金資金の受託・運用だけでなく各種サービスでの受注競争において激しい競争を展開した。投資銀行等による保険市場への侵食の結果、保険企業の業績悪化と経営破綻が生じたという側面も否定できない。

　保険企業の業績悪化と経営破綻の原因は、金融業界内部における競争にあるだけでなく、以下のような外部要因にもある。

　1980年以降の保険会社の破綻（業績悪化）原因について、外部的な要因を以下の八つとする仮説をたて実証的に調査した研究がある[209]。その外部要因仮説とは、①失業率の上昇、②個人可処分所得の減少、③株価の下落、④金利変動、⑤予期できないインフレ、⑥債券価格低下、⑦イールドカーブの変化、⑧不動産価格の下落等の影響によるとの仮定による破綻要因分析である。それらの外部要因と生命保険会社の破綻（業績低下）の相関関係を調査した結果、長期金利動向、個人可処分所得、失業率、株式市場の四つが高い相関を示し、不動産価格はネガティブな相関であったという。高い相関を示した四つの意味・内容を検討してみよう。

　金利の変動は、確定利付証券の投資割合が大きく（特に一般勘定）、利息収入割合が高い生命保険会社にとって大きな影響を与える。その影響は資産・負債の両面にわたる。A. M. Best社（1992）の調査でも、「生命保険会社の破綻件数はアンダーライティング・サイクルだけでなく、金利上昇にともなう生命保険会社の投資選好商品への傾斜に関係がある」としている（高金利局面での金利感応型商品の大量販売とその後の金利低下のもとでの運用困難）。

　株価の下落も生命保険会社の保有資産、特に分離勘定資産に大きな影響を与える。分離勘定資産のなかでの株式の保有割合は30％を超える（2007年度）ので、株式相場が上昇すれば保険会社の破綻の可能性は一般的に低下す

る。下落すれば保有株式の損失（含み損）が発生する。また、保険会社の金利感応型商品の利回りより株式運用の利回りが大きく上回れば、契約者貸付の増加や保険契約の解約が増加し生保資金が株式市場へシフトするというマイナスの影響が生じることもある。

　個人可処分所得、失業率が生命保険の業績と高い相関を示すとの調査結果は注目に値する。失業率が増加し、また、個人可処分所得が低下すれば、保険料収入は伸びなくなり、保険料の解約が増加することにより業績が低下し、経営破綻の可能性が増加するのである。

## 4・3　経済の金融化が保険に与えた独自の影響

　すべての産業において、経済取引における金融的取引の比重が増し、企業利益の金融収益依存が進む現象が一般化したが、産業によってその影響は異なる。一般産業と金融業でみると、一般産業から金融業への所得の移転による金融部門の肥大現象が起きているが、そのなかで保険産業はプラスの影響を受けるのではなく、一般産業の利潤率の低下、賃金水準の低下、金融産業間の競争激化などの影響を受け、全体として、金融化現象によるマイナスの影響をより大きく受けることになった。本章の最後にそれを概括しておこう。

　4・2・5で述べた金融および保険に与えた経済の金融化の諸傾向①〜⑤の内容（142頁）は金融各業態にどのような影響を与えたののかを概括しておこう。①②④⑤は保険と保険以外の金融機関に異なる影響を及ぼした。

　①の家計の変化については、これまで分析してきたように、所得階層の2極分化において保険以外の金融機関は富裕層の所得増がビジネス機会の増大に結びついたが、保険においては中間層の下層化により伝統的生命保険の需要の減退と富裕層のための保険商品の金融商品化の対応を迫られ、全体として利潤率の低下をもたらすマイナスの影響を被った。

　②の金融依存の問題については、一般産業において生産的投資より金融資

産投資が増加することによって保険以外の金融産業ではビジネス機会の増大をもたらしたが、損害保険については生産的投資の停滞によって保険料の伸びにマイナスの影響を受けることになった。

④の株主価値最優先の問題については、長期的な判断が求められる保障事業収支管理にとって株主価値優先の短期的な利益追求は、保険以外の金融機関以上に保険業に深刻な影響を及ぼした。

⑤の新自由主義的経済政策の問題については、社会保障の民営化によって、生命保険会社の年金・医療保険市場が拡大するという他の金融機関にはみられない強い因果関係が現出したが、利潤率への貢献という角度からは、終身保険等の伝統的な生命保険のそれを上回るものではなかった。また、規制緩和による金融機関の競争激化は保険企業にマイナスの影響をもたらした。

③の金融システムの変化（投資銀行の台頭と商業銀行の地盤沈下）に関連して保険産業は大きな影響を受けた。それは以下のように保険商品と金融商品の類似性が大きいことが原因となっている。

銀行、証券、投資信託、保険をいずれも顧客から資金を受け入れ、それを運用した後に資金を返戻するという側面からとらえれば、それらは金融仲介機関としての共通性を有している。特に生命保険の場合、積立保険料部分が預金に類似しているうえに、分離勘定という構造によって投資信託等の金融商品との類似性が強まった。企業や家計の資金は、その性格により銀行、証券、投資信託、保険セクター間をシフトする。企業や家計の資金がハイリターンの商品を求めれば、株式等の有価証券や投資信託に流れ、リスクを避けようとすれば銀行預金や生命保険を選択する。従って、家計の金利選好の強さに対応し、保険商品の経済的保障機能を低下させハイリターンの満期金をもつ金融的保険商品に変質させれば、大量の資金を吸引する可能性は高まるものの、利回り競争によってその資金は他の金融機関にシフトしやすくなり保険経営の不安定性が強まるのである。

## 注

**188** 高田、[2008]、15〜31頁によると、代表的な論者として、最初に経済の金融化に注目したスウィージー、マグドフ、および、マサチューセッツ大学のPERIグループのクロッティ、エップシュタインなど、ならびに、レギュラシオン学派のアグリエッタ、ボワイエ（金融主導の経済という概念を打ち出す）等があげられる。

**189** 『日本経済新聞』、2008年9月24日付を参照。

**190** 毛利、[2010]、21〜25頁によると、米国のGDPにおける金融業の比重が高まったが、そのなかで、商業銀行や貯蓄金融機関のウェイトが低下し、投資銀行を含む「シャドー・バンキング」の影響力、市場支配力の拡大が生じた。また、金融グローバリゼーションの下での米国の投資銀行ビジネスモデルの一極化が進行した。

**191** Krippner, G. R., [2005], p.174 を参照。

**192** G. アリジ、（土佐監訳）、[2009]、33〜40頁を参照。

**193** G. ディムスキー、G. エプシュタイン、R. ポーリン編、（原田監訳）、[2001]、121〜122頁を参照。

**194** 厳、[2010]、39頁を参照。

**195** 米国では、最低限の市民生活を営める所得レベルを家族構成に応じて設定し、これを下回る層を貧困者世帯（4人家族で年間所得2万2,000ドル未満）と定義している。最近、貧困人口は4,300万人を超え、貧困率は14％を超えている。

**196** 正味財産（住宅を除く）100万ドル以上保有している資産家の終身保険、定期保険の付保率は44％、41％にすぎず、伝統的生命保険の顧客は資産家ではない階層である（『Business Wire』、2006.7.19参照）。

**197** Saez, E., [2009], p.6 によると、歴史的格差拡大の一方の極に大資産家と経営者の所得の増大と富の蓄積がある。（http://elsa.berkeley.edu/~saez/saez-UStopincomes-2006prel.pdf）

**198** ミドルクラスは所得階層を示すこともあれば社会的階層をいう場合もある。米国社会ではほとんどの国民が自らをミドルクラスとよぶといわれてきた。

**199** 大塚、[2001]、62頁を参照。

**200** それにもかかわらず、人種問題による雇用と賃金の格差が存在したことを指摘することができる。

**201** 年金、保険の資産の一部がミューチュアル・ファンドを通じて株式市場へ流れている。

**202** 山際、「1992」、171頁によると、家計の貨幣管理の外部化（ローン、カード等の金融機関管理）が家計の金融化現象を随伴した。

**203** 萩原、中本、[2005]、66〜67頁を参照。

204 立石、「2010」、245頁を参照。
205 自社株買いは自己資本を減少させ自己資本に対する利益率が上昇し株価上昇につながる。
206 立石、[2010]、247〜249頁を参照。
207 巌、[2010]、41頁を参照。
208 古瀬、[1998（a）]、25頁を参照。
209 Brown, M. J., James M. Carson & Robert E. Hoyt, [2000], p.17によると、サンプルは1985年から1995年の1,593の生命保険会社のアニュアル・レポート（ROA、ROE等）である。著者たちは、サンプルの対象となる期間、保険会社数によって結論は変化することは認めているが、このサンプル数の多さ、期間の長さからの推論は貴重である。

# 第5章 保険本質論の学説史的考察

　これまでみてきたように現代の保険は、伝統的な保険観とは大きく異なった外観を示すようになっている。その保険現象を検証するための理論的基礎となる保険本質論の学説史的考察が本章の課題である。これまで述べてきた保険の金融化現象が、保険の本質論からみてどのような位置を占めるのか、また保険の金融化の現状分析から提起できる理論的課題は何か等について考察する。現状分析は、保険の金融化を三つの角度、保険商品の使用価値と価格、保険資本からおこない、保険商品の使用価値が経済的保障から利子生み資本的機能に変化することによって保険価格と利潤に影響を与え、保険資本の性格が変化したことを明らかにした。この章でも同様の三つの角度からの理論問題を重視する。我が国における保険本質論争は、保険が法律論に深くかかわり、保険の加入動機からの本質論議も混在したため多種多様な議論がおこなわれた。そのなかで、筆者が保険の金融化現象を分析するうえで有用な保険理論と考える内容は、次の二つに関する理論的課題である。①保険の本質（保険商品の使用価値）は何か。それは経済的な保障機能か、利子生み資本的（資産形成的）機能か。どちらが中心的で本質的なものか。②保険資本の性格はいかなるものか。保険資本の銀行資本と異なる独自な性格は何か。また保険資本のもつ保障機能と金融機能のどちらが主たるものか。両者の関係はいかなるものか。この課題に対する筆者の立場をあらかじめ明らかにしておく。それは、保険商品の使用価値を経済的保障を重視してとらえるものであり、保険資本の性格については、保障機能と金融機能が相互依存の関係

にはあるが、本質的な機能は経済的保障機能にあるとの考えである。

保険の本質論に関わる戦前からの先行研究を引き継ぎ1950～1980年代を中心に、各種保険の統一的な保険の本質規定について活発な論争がおこなわれ、経済制度としての保険の本質が深められていった。それらを経て形成された保険理論は伝統的保険学といわれている。その後、このテーマについて目立った研究業績は少なくなり、その一方で、米国を中心として「金融と保険を橋渡しするリスク論」、金融主導の「保険金融論」などが隆盛になり、保険の保障機能を相対化するような理論傾向が強まっていった。そのなかで、何が保険制度としての必要最低限の構成要素なのかを明確化するのが簡単ではなくなっていった。また、保険の金融的変化の最先端、保険デリバティブ、キャプティブ保険、保険の信用補完機能などの問題と真剣に経済学的に対峙しようとすればするほど、否応なく保険の本質的機能は何かという根本問題につき当らざるをえなくなってきた。最近では、リスク論から保険の経済的要件を確定する研究が進み、リスク移転・集積・分散の観点から保険と金融商品の使用価値を切り分ける議論を展開している吉澤が注目される[210]。筆者は、吉澤のリスク論は伝統的保険学と結合可能な内容をもっていると評価している。また、小川は安易な「保険と金融の融合」論を批判し、伝統的保険学の再評価によるトータル的な現代保険学の確立の必要性を主張する数少ない論者である[211]。筆者も伝統的保険学を現代の保険現象をふまえて再構築する必要性を強く感じるところである。

保険本質論に立ち入る前に、保険の経済的本質を理解する一助として保険の歴史的発展を概括しておく。

## 5・1　保険の経済的役割と保険機能の歴史的考察

保険の経済的本質を考察するためには、歴史的に近代的保険制度がどのような必要から発生し、資本主義の発展や構造的な変化によってどのような影響を受けたのかを検討しなければならない。保険機能の歴史的考察に関する

先行研究を参考にして保険の経済的役割の歴史的概括をおこなう。保険は資本主義以前から経済的保障制度として存在してきた。何らかの経済的保障制度は古代までさかのぼることができる。保険システムは、超歴史的制度としての経済的保障制度が、資本主義制度のもとで保険という形態（共同体下の「共同のたくわえ」の資本主義的形態）をとったものである。人類は集団を形成し経済活動をおこなうようになると様々な危険に遭遇し経済的損失が拡大していった。その対処は、予防、回避から経済的困難に対する保障制度に発展していく。また、集団社会のなかでの対応形態として自助、相互扶助、公助があり、社会や時代に対応して各原理の軽重と組み合わせがあり経済的保障制度に影響を与え、その社会・時代の独自な形態と性格を形成していく[212]。

歴史区分は様々に可能であるが、保険にとって重要なのは資本主義以前と以後という区分であり、また、資本主義以前では原始的な社会を脱して国家が形成され、一定の剰余労働によって「共同のたくわえ」が可能となった段階以降の検討が対象となる。古代・中世の社会は共同体の上に国家があり、上からの救済の形での公助で相互扶助を補っていた。低い生産力の段階では自助は問題にならなかった。生命保険に類似する制度としてギルドが組合員の病気・傷害の治療費や死亡時の葬式の費用を負担するという制度があった。また、冒険貸借は商人の自助的制度で、貿易貸借の一種ともいわれる。航海が無事にすんだら借主（船主や荷主）は高率の利息（保険料が含まれる）を付けて借入金を返済するが、海難にあって全損になれば借入金の返済は免れるという条件付きの資金貸借である。14世紀末には、損害塡補契約としての海上保険が登場する。この段階の保険は原始保険と称されるが、それは契約としては保険であるが、多数の経済主体の結合がなされておらず、合理的な保険料算出のための技術をもたない賭博的性格の強いものだった。それでも海上保険は海上貿易における商人の活動を支え産業革命を準備するうえで大きな役割を果たした。この時代（重商主義）は共同体的保障が解体する時期でもあった。自助が強制されるようになるが十分な保障は得られず大量の貧民が発生し、社会秩序の問題から公助としての救貧法が制定された。イギリスでは友愛組合などの互助的な共済組合が発展した。火災保険でいえば

ギルド的火災共済組合が火災保険の役割を果たしていたが、1667年には海上保険の方式を模した最初の火災保険が誕生した。その背景には近代的な都市の形成と人口の集中があった。生産・流通の企業活動と労働者の生活を維持するための財貨を火災事故等の損害からまもるための火災保険の需要が高まったのである。庭田によれば、商業資本主義の時代が保険発展の礎石を形づくったとされている[213]。

原始的保険から近代的保険への飛躍のメルクマールは、産業革命による生産の飛躍的増大および資本主義的生産関係の成立と、保険技術の発展による合理的な保険料計算に基づく大量の保険契約が集積されることにあった。保険技術の基礎となる確率論は17世紀末から発展し、生命保険についてみると18世紀には死亡統計のデータが整備され最初の生命保険会社の設立（1692年、エドモンドハーレーの死亡表、1762年、エクイタブル生命保険誕生）をみた。だが、大量の保険契約が集積されるのは産業革命を経て労働者群が形成され、彼らが経済的保障のための保険料を支払える賃金を得るようになってからのことであった[214]。

資本主義的保険業は歴史的にも論理的にも企業保険として現れる。産業資本が、偶然な災害による損害から再生産過程の中断を避けるために、連合して専門的な貨幣操作（保険業務）を担う必要が、保険資本を自立化させる契機となった。それ以前の保険は、商人が副業として保険引受をおこなっていたが、引受技術は合理的なものとはいえず賭博性をもつものであった。専門的な保険取引業者が、その賭博性を排除する合理的な料率（大数の法則）を確立したことが自立化の主体的条件であった。遅れてスタートした生命保険でいえば、労働者の所得が保険料を払える程度に増加し、損害保険で形づくられた保険技術が生命保険に応用されるほどに発展した段階に、独自の生命保険事業として成立したものである。しかし、当時、生命保険加入者は高額所得者・中所得者にとどまり、低所得者向けの保険としては簡易保険[215]が出現し欧米全体に普及していった（ドイツ・フランスでは国家的な労働保険が発達していて簡易保険の入り込む余地は少なかった）。社会保険はドイツから始まった。労働者の貧困な状態が蔓延し、生活向上を求める労働・社会運動が高揚

してくると、階級矛盾に対する宥和政策としての健康保険制度が導入された（1883年）。さらに1885年に労災保険、1891年に年金保険が制度化された。一方英国では、海外貿易の利益による相対的に良好な経済状態にあった労働者は、友愛組合（共済組合）を結成し相互扶助的な共済活動をおこなっていった。英国でも20世紀初頭には国民保険法が制定され社会保険制度が確立した[216]。

　資本主義国の生産力は目覚ましい発展をとげ、各企業は競争のなかで、優勝劣敗が繰り返され、大企業が形成され寡占・独占体制がみられるようになっていった。保険分野でも保険料率等を協定し、競争を排除する傾向が生じるようになった。米国では1800年代後半にメトロポリタン・ライフ社が設立され順調に発展、総資産で世界第2位の位置を占めるまでになった。3・3・6で述べたように、19世紀末期において、生命保険会社は証券の発行市場に介入し、証券引受活動を積極的に展開した。当時の巨大生命保険会社は寡占体制を確立し、銀行との系列化を推進しながら資金動員力を高め、企業集団と密接な関係を結んでいった。この段階になると、保険企業は巨大な資金を有し、金融資本の一翼として金融機関のなかで高い位置を占めるようになる。

　米国資本主義は第1次、第2次世界大戦を跳躍台として大飛躍をとげた。第1次世界大戦は、帝国主義列強間の世界的規模での領土再分割をめぐる争いのなかで米国資本主義を一時的に「世界の工場、世界の銀行」に、また債権国の位置に押し上げ、第2次世界大戦は名実ともにイギリスを凌駕し強大な帝国主義国家として現出する契機となった。二つの大戦がパックス・アメリカーナへの橋渡しをおこない、いわゆるアメリカの世紀の開始となった。比類のない生産力を達成した米国は1956年には世界の乗用車生産の64％以上を占めるようになった[217]。この間の損害保険は1920年までに現在の主要な保険種目がほとんど出そろい、火災保険、災害保険、自動車保険、インランド・マリーン保険の発展は目覚ましいものがあった。生命保険ではベビーブーマーといわれる人口増加、所得の増大、中間層の形成などを背景として、アメリカン・ドリームに踊る大量消費により保険料収入が急増、保険

第5章　保険本質論の学説史的考察

資金が累増していった。ヨーロッパと比較し社会保障の遅れていた米国は、1950年代に企業が契約者となった団体生命保険と企業年金が急成長したことによって、生命保険資金が市中銀行定期預金残高の2倍を超え、投資信託をも上回り、その資金運用にあたっては抵当貸付を中心に産業資金を提供した。米国債への運用ウェイトが高まる第2次世界大戦中を除き、1920～1950年代を通じ抵当貸付が最大のウェイトを維持した[218]。この時期は保険産業の黄金の成長期、健全な発展の時期であり、その保険機能とそれに付随した金融機能を通じて実体経済の成長の下支えとしての役割を果たした。

　高度成長を謳歌した大量生産システムが1950年代半ばから成長率のテンポが下降するにともない、サービス部門が目覚ましく成長していった[219]。損害保険でいうとモノ作りの低迷と経済のサービス化に対応して財貨の損害を対象にした保険種目から各種の新種保険が登場し、保険対象はモノ（財物）から賠償責任、費用、疾病・傷害、利益、所得、債権などに広がっていった。本書の末尾（213頁）に参考図を掲げ、1960年代以降の経済、金融、マネーフロー、保険の変化の流れをスケッチしてみたが、大きな流れは米国経済の競争力の衰退→経済の金融化→金融の証券化、新たな金融商品→保険の金融化となろう。1960年代に入ると、生産と消費の不均衡と生産性上昇率の低下や貿易黒字の減少が現れ、1970年代に入ると経済の金融化が進展するなかで保険（特に生命保険）は伝統的な保険商品（定期保険、終身保険）に加え、年金および医療保険が発展し多額の運用資金をもつ機関投資家として現出した。1970～1980年代以降、マネーフローでみると、家計資金が保険を含む機関投資家チャネルを経由して金融市場へ流れ込むようになった。経済の金融化にともなう金融システムの構造的変化の中心は機関投資家に蓄積された大量な資金を活用する投資銀行の台頭であった。一方、金融の証券化は、80年代初頭にモーゲージ担保証券の形で始まり各種の証券化商品が登場、MMMFなどの様々な金融商品も出現し、金融機関の競争が激化した。その影響で生命保険会社から保険契約の解約による資金流出がおき、その対応策としての保険商品の金融商品化（金利感応型保険商品）が進展した。第2章で述べたが、それは保険商品に金融商品部分を付加する段階から、保険リ

スクの証券化等を経て、最もリスキーな金融リスクを保証する商品を販売・引受する段階になっていった。

以上の先行研究に基づく保険の歴史的発展の概括から、保険の経済的役割と機能の歴史的変化を以下のように要約することができよう。

- 歴史貫通的には保険の機能は経済的保障であるが、資本主義制度のもとでの保険は、相互扶助としてではなく自助概念のもとで保険企業によって発展させられた。それは利潤追求を至上命題とする資本の活動領域であって、「愛と思いやりを基盤とした『一人は皆のために、皆は一人のために』[220]」といわれる相互主義的なものではない。
- 近代的保険資本の自立化は生産力の発展にともなうリスクの集積という客観的条件と合理的な保険料率を具備した近代的保険技術という主体的な条件の確立によって実現した。
- 保険は保障機能と付随的な金融機能の提供により、時には、実物経済の発展の下支えの役割を果たし、また時には巨大な資金量を背景に銀行とネットワークを形成し産業支配的な行動をとった。
- 保険産業は一般産業の企業利潤と家計の所得の増大を拠所にして発展してきたが、経済の金融化が進んだ1980年代以降、保険料基盤である企業と家計の所得の伸び悩みから終身保険等の伝統的な保険商品の低迷が始まったが、金利感応型商品を増加させることによって機関投資家としての発展をとげた。

## 5・2　保険商品の使用価値をめぐる保険本質論争

米国における保険の金融化現象が保険本質論との関係でどのように位置付けられるのか、保険の本質規定における超歴史的要素（保険ファンド、経済準備、経済的保障）と歴史的要素（予備貨幣）をどうとらえるのか、またそれに関連して保険の本質を利子生み資本化されたものとする議論をどのように位置付け評価するかがここでの中心的な内容である。保険理論がマルクス経済

学体系のなかにどのように位置付けられるか、また、マルクス経済学に即して保険を理論的にどのように組み立てるのかについては、保険本質論争において、十分に究明され体系化されたとはいえない。保険商品価格（保険料）の性格、保険利潤の発生源、リスク論を含む保険技術などに関連する未解決の論争・課題が残されている。しかし、本書では、それらの諸問題については部分的な検討にとどめ、保険本質論に焦点を当て保険商品の使用価値と保険資本の独自な性格の問題を中心にして学説的検討を進める。

## 5・2・1　保険商品の使用価値としての経済的保障機能

(1) 保険本質論争の主たる経過と内容

　戦前からの保険の本質論争の目的と経過は概ね次のようなものである。保険理論の対象となる保険制度は経済的な性格を異にする諸制度からなっており、民営の損害保険・生命保険、公的保険の社会保険・簡易保険、協同組合保険などの保険諸制度が存在する。営利保険は歴史的には 5・1 でみたように、企業保険（損害保険）として成立し、やがて家計の経済的な保障を目的とした生命保険が誕生した。そこで、保険理論は損害保険と生命保険を含む保険諸制度を統一的な概念でどのように把握するかという問題を、保険の本質論争の最大のテーマとすることになった。

　はじめて経済学的保険本質論を『保険の本質』で展開した印南は、ヨーロッパにおける保険の本質をめぐる論争を次のように紹介している。最初の有力な保険本質論は「損害分担説」であった。ドイツの財政学者、ワーグナーは、「偶然的な出来事のために、財産上被る不利益な結果を、これに遭遇していない多数に分割することによって、この損失を排除・軽減する制度である」とした。ワーグナーは「損害」と「分担」との概念から保険の本質を規定化しようとしたのである[221]。損害保険と生命保険を統一的に規定するうえでの困難の一つは損害の発生概念をどう理解するかにある。生命保険にも疾病等の場合に経済的損害が発生し塡補がおこなわれる保険機能があるが、生命保険のうちの生存保険（生存していても保険金が支払われる養老保険・

年金など）の機能は損害の発生という概念では説明ができない。さらに、死亡保険でも、死亡の場合にどのような損害が発生したかが問われるわけではなく、保険契約に基づく一定の保険金額が支払われることから、生命保険全体を損害の発生概念だけからは規定できないことは明らかである。

　では、生命保険を損害保険と貯蓄を組み合わせたもの（生命保険二重性格説、マルス[222]）と規定できるだろうか。たしかに長期性の生命保険は保険料が積み立てられていく。払い込まれる保険料は、積立保険料と危険保険料に（理念的には）分けられる。終身保険等では毎年の積立保険料を予定利率で運用すれば満期保険金の支払いが可能となる。一方、途中で死亡する場合に必要な危険保険料部分の責任準備金が積み立てられる。この事情が生命保険二重性格説に導くことにつながっている。

　積立保険料部分が貯蓄と同じものか否かが問題として提起されるのであるが、危険保険料部分にも責任準備金として積み立てられた資金があり、それが運用にまわり投資利潤をあげることをみなければならない。両部分が一体となって運用され利子を生むのである。これを考えると、貯蓄が本質的な要素であるとは必ずしもいえない。米国の生命保険企業の実態をみると、一部の保険種目を除いて保険資金が経理・会計上、積立保険料と危険保険料に分けられてはおらず一般勘定として合同して処理されている。機能別に区分せずに同一勘定において保険資金としての処理がなされているのである。従って積立保険料部分が貯蓄と同一であるとはいえない。

　印南はさらに、損害保険と生命保険を統一的に規定するうえでの困難から、生命保険は保険ではないとの説（生命保険否認説、ハーゲン[223]）を紹介する。その主たる見解は「生命保険は払い込んだ保険料に運用益をつけて払い戻す消費貸借であって、約定の保険金額に達するか否かは達成に必要な保険期間にかかっている」というものである。さらに、「純然たる生存保険や年金は真の保険を全く含まない」とのフリーマン[224]の説もある。これは損害の塡補をおこなうのが真の保険であるとの「損害」概念からきているのである。

(2) 経済準備説と保険の本質規定における方法論

　マルクス経済学の立場から、それらの規定を批判し、経済学的保険本質論をはじめて提示したのが、経済準備説をとなえた印南である。生命保険を包摂し、マルクスの「保険基金（ファンド）」説（印南による呼称）を発展させたものと筆者は評価している[225]。それ以降、保険の本質規定論争は、経済的基盤との関わりをもって展開される傾向が強まり、歴史性・客観性の側面が強化される同時に、各種の保険の一元性の観点からおこなわれるようになった。

　歴史性の観点とは、歴史貫通的にみた場合の保険本質論であり、かつ、資本主義的諸関係のなかでの保険の本質は何かを規定する課題である。客観性とは保険加入者の加入動機・目的を中心とした機能論・本質論ではなく、客観的な経済制度としての保険の本質論である。一元性とは損害保険にも、生命保険にも、さらに社会保険にも一元的に規定できる保険の本質とは何かを問題にしてきた、という意味である。さらに論争は、保険資本の範疇規定を含む保険資本論、保険料（率）、保険利潤等に発展していった。これらの論争は「ややもすると各種保険を包摂する共通概念の究明に重きが置かれすぎ、保険の客観的、社会経済的意義の確定が不十分となった」との評価も一部にある[226]。各種保険の単なる共通性を抽出するのではなく、重要なのは保険の客観的、経済的意義と本質を確定すべきであることは筆者も同意見である。そこでマルクスの保険ファンド論の検討を通じて保険の経済的な意義とともにその本質を解明しようとした印南、庭田等の諸見解の検討にうつる。

　庭田はマルクスの保険に対する理解について次のように述べている。「マルクスは保険の機能を高く評価し、保険費用は経済と社会が円滑に発展・維持していくための不可欠のものと認めている[227]」。保険が資本論体系のなかでどのように位置付けがされているのかに関連して、マルクスが『資本論』のどこで保険を論じているかが問題とされる。

　印南は、保険ファンドを規定した『資本論』第3巻、「資本制生産の総過程」、第7篇、第49章、「生産過程の分析によせて」のなかの次の部分がマ

ルクスの保険理解の核心的内容であるとし引用している。「この不変資本は、再生産過程中には、素材的に見れば、大損害をもたらしかねない不慮の出来事と危険にさらされている。そのため、利潤の一部、したがって剰余価値の一部、それゆえまた（価値からみて）新たに付け加えられた労働だけがそのなかに現れる剰余諸生産物の一部が、保険元本（基金）として役立つ。その場合、この保険元本（基金）が保険会社によって別個の事業として管理されるか否かは、事態の性質をなんら変えるものではない。これは収入のうち、収入として消費されもしなければ、また必ずしも蓄積元本として役立つと限られもしない唯一の部分である。それが、事実上蓄積元本として役立つか、または再生産の減損を償うだけかどうかは、偶然に依存する。それはまた、剰余価値と剰余生産物とのうち、したがって、剰余労働のうち、蓄積すなわち再生産過程の拡大に役立つ部分のほかに、資本主義的生産様式の止揚後にも存続しなければならないであろう唯一の部分である[228]」。関連して印南が引用するのは第2巻、第2篇、第8章の「固定資本と流動資本」の次の規定である。「摩滅の補塡とも、また維持および修理の労働ともまったく異なるのが、異常な自然のできごと、火災、洪水などによる破壊にたいする保険である。これは剰余価値から支弁されなければならないものであり、剰余価値からの控除をなすものである。また、社会全体の立場から考察すれば、偶然や自然力によって引き起こされた異常な破壊の修復を目的とする生産諸手段を備えておくためには、恒常的な過剰生産、すなわち、現存する富の単純な補塡および再生産に必要であるよりも大きな規模での生産が——人口の増加を全く度外視しても——おこなわれなければならない[229]」。印南は、保険ファンドがマルクスによって剰余生産物からの控除として規定され、それはすべての社会的生産様式に共通な事実であることを明示しているのである、としている[230]。

　庭田は、マルクスが最初に保険について記述している、第2巻、「資本の流通過程」での流通費用の個所の次の内容をとりあげる。マルクスは、保険料＝保険費用は流通費に属し、直接生産には参加しない非生産的支出としての空費であるが、保険を再生産の規模を縮小したり破壊してしまう危険や災

害に備える不可欠の制度と位置付けていた[231]。さらに庭田は、第3巻、第4篇、第19章、「貨幣取扱資本」のなかで、「流通過程で貨幣がおこなう純粋に技術的な諸運動が独立して特殊な資本—貨幣取扱資本となる[232]」という規定を援用して、貨幣取扱資本に購買手段・支払手段の準備金と遊休貨幣資本が集中することによって、諸準備金の必要額は減少するため、保険資本を含む貨幣取扱資本は流通空費としての貨幣の社会的節約の機能をもつと論じている[233]。

保険元本（基金）とは何かに関して、「この保険元本（基金）が保険会社によって別個の事業として管理されるかいなかは、事態の性質をなんら変えるものではない」の意味しているところを、笠原は次のようにいう。「マルクスの保険基金は、天災や事故による生産上の故障に備えて、社会的生産物が社会の個々の成員に分配されるに先だって控除される部分を指しているのであって、その形成が個々であれ、団体的であれ、国家的であれ事態の本質は変わらない。したがって自家保険的にあるいは保険的にまた国家予算的に形成されようと、さらに、現物であろうと貨幣的であろうと問うところではない[234]」。印南と笠原はマルクスの保険ファンド論の核心を超歴史的、素材的な規定として、すなわち偶然なる損害に備えるための社会的総生産物からの控除部分としてとらえており首肯できる[235]。筆者も保険ファンドとは拡大再生産のための蓄積元本ではなく、保険そのものでもない、保険を構成する物的基礎となる剰余生産物を意味するものであり、あらゆる社会に必要な超歴史的なものであることから「資本主義的生産様式の止揚後にも存続しなければならないであろう唯一の部分」と理解している。超歴史的な保険ファンドが、資本主義的諸関係のもとでは、保険企業による保険商品の販売によって貨幣が蓄積され偶発的事故に備えるという特殊的形態をとるのである。

明確に把握しなければならないのは、素材的規定である保険ファンドは、偶然なる事故による支払いに備える目的・性格をもつということであり、それ以上のことについてマルクスは触れていないということである。マルクスは、「社会全体の立場から考察すれば、偶然や自然力によって引き起こされた異常な破壊の修復を目的とする生産諸手段を備えておくためには、現存す

る富の単純な補塡および再生産に必要であるよりも大きな規模での生産がおこなわれなければならない」と考え、再生産に必要な部分を超える剰余生産（物）をもって保険（ファンド）に充当すべきとしたのであって、その貨幣形態（保険資金）の性格等を問題にしたわけではないということである。2011年の東日本大震災を例にあげれば、復興資金は保険的、団体的、国家的形態をとわず、まずは企業の剰余価値から充てられるべきであることが示唆される。莫大な被災損害額に対し、私的保険のカバー範囲は限定的であり、復興に役立つといえるようなものではないことが明らかになっている。偶然なる大規模損害に備えるために活用されるべき企業の剰余価値と富裕層の金融資産は公共財を含む財貨に対する保険ファンドの形成（私的保険か否かを問わず）に向けられるべきであり、それなくして社会の持続的発展はないことを保険ファンド論は示しているのである。

マルクスの規定は、同時に、企業の不変資本を対象にした規定であり、損害保険の企業保険分野だけに適応するものである、というのが上記の諸氏の理解である。マルクスは、生命保険についての正確な認識があったと推定されるが、保険ファンドに関連して生命保険を含む家計保険については論述していないことを付言しておく[236]。

マルクスの規定の主要な内容の意味するところを確認しておこう。

「保険元本は剰余価値の一部によって形成される」というのは、企業が支払う保険料は企業利潤から支払われるということを意味している。商品の価値は不変資本、可変資本および剰余価値の三つの部分から構成されるが、保険料は可変資本（労働力）部分として支出されるのではないことは明らかであるが、不変資本部分として支払われるわけでもない。固定資本の摩滅部分は生産物へ価値移転するが、物理的な摩耗以外の経済的摩耗などは価値移転しない。同様に企業が支払う保険料部分が、生産物に価値移転するわけではない[237]。従って、保険料が支払われるのは剰余価値、すなわち、企業利潤の一部をもってしか支払われないということになるのである。また、注目すべき論点として、剰余価値は消費（生産的消費を含む）および生産的投資のための蓄積ファンドの形成ならびに利子・地代支払いとして充当されるが、こ

の規定は、それだけではなく保険ファンドの形成としても使われるということを意味している。と同時に、損失補填の範囲はその時点における剰余価値の量が規定することを含意している。剰余価値から保険ファンドを控除することは持続的生産と資本主義の安定的発展の必要条件なのである。

「保険元本（基金）は資本主義制度が終わっても残る性格のもの」からは何をくみ取るべきであろうか。同じ貨幣取扱資本の範疇のなかにある銀行業と保険業がどのように違うのかを、マルクスは明示しているわけではないが、筆者はマルクスの考えを次のように理解している。この規定は、資本主義制度に特有の（資本主義が終われば変質・消滅する）銀行制度と資本主義制度が終わっても残る保険制度（保険ファンド）という対比での違いを述べていると理解することが可能である。貨幣の支払・決済の集中代行と蓄蔵貨幣の社会的管理をおこなう銀行制度に対して、社会的に保険ファンドの形成と経済的保障をおこなう保険制度の違いは、特殊歴史的な資本主義制度に一体的に付随した（資本主義生産様式の内在的形態）銀行制度と歴史貫通的な保険制度（保険ファンド）の違いなのである[238]。

印南はマルクスの企業保険についての「保険基金（ファンド）」説を発展させ、生命保険を含むその他の保険を包摂したものとして、次のように保険の本質を規定した。すなわち、「保険事業とは一定の偶然事実に対する経済準備を設定する目的に対し、多数の経済体を集め、確率計算に基づく公平な分担を課することにより、最も安価な手段を提供する経済施設[239]」である。マルクスの「保険元本（ファンド）は資本主義制度が終わっても残る」との規定に関し、「経済準備」としたことによって、どんな社会経済的発展の段階でも必要であるとの内容に整合させ、マルクスの「貨幣取扱業は、貨幣蓄蔵を経済的最小限に縮小するための技術的手段を提供する」という規定を保険に適用し、保険を「確率計算に基づく公平な分担を課することにより最も安価な経済準備」としたものといえる。マルクスの歴史貫通的な、素材的な規定を「経済準備」とし、特殊歴史的形態を「多数の経済体を集め、確率計算に基づく公平な分担を課することにより、最も安価な手段」としたものである。家計保険（可変資本）包摂の理論構成や金融機能の位置付けについて

は検討が必要となるが、この規定は損害保険と生命保険を統一的に規定しマルクスの保険ファンド論を発展させたものと、筆者は評価している。

庭田のマルクスの理解は、保険料＝保険費用は流通費に属し、直接生産には参加しない非生産的支出としての空費であるが、保険を再生産の規模を縮小したり破壊してしまう危険や災害に備える不可欠の制度と位置付けていたことを重視するものである。彼はマルクスの方法論に関連して次のように、流通費用としての保険を基底的に位置付ける。「資本主義的生産様式が諸社会の富の細胞として商品の分析から始まって上向過程をたどるがごとく、保険の研究も流通費用としての保険の分析から始まって、より特殊・複雑な・具体的なものへ上向し、発展しなければならない。「共通準備財産」等の抽象的概念は決して資本主義社会の保険に限られたものではないのであって、これらを出発点としては必然的契機をもたない上向過程をたどらざるをえない[240]」。この見解は歴史貫通的な素材規定の意義を軽視するものであるとともに、出発点の位置に問題があるといわざるをえない。抽象的・一般的とはいえない狭義の保険＝流通費用を出発点とする上向方法では、より特殊・複雑な・具体的なものに至る必然的契機をもたないのではないかとの疑問をもたざるをえない。小川にも庭田と同様の方法論上の問題がある。小川は保険の本質規定における超歴史的要素と歴史的要素の関係について次のように主張している。「より抽象度の高い超歴史的要素に歴史的要素が包摂されるとの考え方は正しいが、保険の本質規定においては、前者が後者を包摂するという関係よりも、両要素が正しく把握されてこそ保険の本質が明らかになると考えるべきである。否、保険が資本主義社会における経済制度であり、資本主義社会の生成・発展に伴い生成・発展してきたことからすれば、保険学説上は歴史的要素がより重視されるべき[241]」とするような方法論上の混乱があり、結果としてマルクスの超歴史的規定としての保険ファンド論を軽視することにつながっている。米国の保険現象において保険企業の過当競争と利潤第一主義によってゆがめられた保険機能を分析してきたが、超歴史的規定としての保険の本質を把握することによって特殊歴史的な保険システムのゆがみを深くとらえることができるのである。

## (3) 家計保険（可変資本）の包摂

　笠原は、保険の本質が印南によって「経済準備」という広義の概念で統一的定義がはかられたとしても、マルクスの研究対象外であった可変資本に関する保険についての理論構成の課題が残されているとし、家計保険を労働力の再生産を可能とするための保険と位置付ける。その要旨は次のとおりである。

　資本の再生産過程は、生産的消費をおこなう再生産過程と個人的消費をおこなう生活の再生産過程の二つの側面の統一として把握できる。生産的消費をおこなう再生産過程は企業の活動を通じ、生活の再生産過程は家計の活動を通じて果たされる。家計の活動は、①所得と消費活動の継続（所得と消費活動の継続によって社会的総生産過程に組み込まれる）、②労働力の再生産（消費生活は自己と次世代の労働力の再生産をおこなう）という二つの内容をもつ。資本の再生産過程では、不変資本はしばしば、再生産過程を破壊し、攪乱させる天災や火災等による偶然的危険にさらされている。同様に、生活の再生産過程においても、その過程を破壊し中断するような自然的、社会的な様々な危険にさらされている。その危険は「所得に基づく消費生活の継続—死亡、老齢、事故等による所得減」と「労働力の再生産—病気、事故等による所得減および教育、結婚、老後等の貨幣準備の中断」に関連して発生するのは避けがたく、資本主義社会の社会保障の不完全性のもとでは、貨幣準備を自己の負担で対応せざるをえなくする。従って、消費生活ならびに労働力の再生産過程を阻害し断絶させるような偶然なる事象に起因する経済的入用に対する経済準備は、企業保険の場合と同様に保険ファンドを形成する。社会的総生産過程のなかでの企業保険と家計保険の経済的性格を、笠原は図21のように対応させている[242]。

　従って、保険料の源泉は、企業の剰余価値に加えて、労働者の賃金および勤労者の所得となる。すなわち、保険料の源泉は、基本的には社会的総生産物中の新たな価値を体現している国民所得ということである[243]。

　笠原ははじめて、家計保険（生命保険を含む）の機能を「消費生活ならびに労働力の再生産過程を阻害・断絶させる偶然な事象に起因する経済的入用

### 図21　社会的総生産過程における保険機能

| 社会的総生産過程 | | | | |
|---|---|---|---|---|
| 資本の再生産過程 | 企業保険 | 天災や事故による生産手段（不変資本）に関する保険 | — | 火災保険等 |
| | | 剰余価値に関する保険 | — | 利益保険等 |
| | | 労働力（可変資本）の再生産に関する保険 | — | 健康保険、労働災害保険等の社会保険 |
| 生活の再生産過程 | 家計保険 | 所得に基づく消費活動の継続（死亡、老齢、事故等による労働能力喪失による所得減）に関する保険 | — | 生命保険、損害保険 |
| | | 労働力の再生産（自己と次世代の労働力の再生産：病気、事故等による労働能力喪失による所得減）に関する保険 | — | 生命保険、損害保険 |
| | | 住宅・家具等の火災などによる労働力の再生産の中断に関する保険 | — | 損害保険 |
| | | 教育、結婚、老後等の貨幣準備に関する保険 | — | 生命保険 |

出所：笠原、[1973]、99頁、筆者一部省略・修正。

に対する貨幣準備」と位置付け、資本主義的再生産のなかでの家計保険および生命保険の役割・位置を明確にし保険ファンドに包摂したのである。筆者は、印南の規定にこの笠原の規定を加えることを基本的に支持する考えである[244]。

　しかし、家計保険を保険ファンドとして把握することに対して、生命保険商品の金融的展開のなかから次のような問題が現出している。家計は損害に備えるためだけではなく、将来の経済的入用のためにも貨幣準備をおこなう。その経済的準備の範囲は、「自己と次世代の労働力の再生産（教育、結婚、老後等の貨幣準備）の必要」を超えているのか、金融的利得部分が存在するかどうかという問題である。伝統的保険のうち、金融的利得部分が存在しないようにみえる定期保険と金融商品部分のある金利感応型商品を検討してみよう。まず定期保険では、死亡時の経済的入用と保険金額にはどのような関係があるだろうか。

　経済的入用額は、期待生涯賃金等の将来の所得総額の現在価値が近似値となろう。損害保険は、保険対象物の価値額を超える保険金額の保険契約を排除しているが、生命保険にはその厳密さがない。通常、賃金労働者の所得は

年齢に従って上昇するが、余命の期待所得は減少する。従って年齢とともに将来の所得総額の現在価値は減少し、保険金額も引き下げることが合理的である。しかし、保険会社は定期保険の保険金額を減額することを勧めず（保険会社からの資金流出を避けるため）、契約者もそれを望まないのが一般的である。将来の所得総額の現在価値額を超える利得部分も含めた金額が保険金額となっているのである。しかし、この若干の超過分をもって、自己と次世代の労働力の再生産の必要額を超えるものと規定することはできないだろう。

次に、生命保険の過半を占める金利感応型商品を検討しよう。一定の預金や保険に加入した後に余裕のある家計は、金利選好を強め生命保険商品に金融利得を求めるようになる。しかし、3・2で分析したとおり金利感応型商品とはいえ、最低保証機能をもち経済的保障の側面の強い商品であることから生命保険商品が、金融利得を主たる目的とする金融商品と同質の属性をもつものとみなすことはできない。従って、金融利得が部分的にあったとしても基本的には、米国の生命保険諸商品も「自己と次世代の労働力の再生産（教育、結婚、老後等の貨幣準備）の必要」の範囲のものと位置付けてよいであろう。

従って、現代の生命保険についてもその使用価値（本質）を経済的保障（準備）と規定することができる。現代の損害保険については、2・2でみたように金融的手法による保険代替は真に保険を代替するものではなく、損害保険商品そのものは経済的保障機能をもつことについて異論はない。保険の使用価値（本質）の学説的考察をおこなってきたが、マルクスの保険ファンド論（企業分野の損害保険）を生命保険（家計保険）を包摂して発展させた印南の経済的準備説、さらに可変資本部分を含めて一般化した笠原の規定を包含すると、保険の使用価値（本質）は超歴史的だけでなく現代保険の本質としてとらえなおしてみても経済的保障（準備）と規定することが妥当であると考えられる。

## 5・2・2　各種保険の統一的本質規定と予備貨幣説

保険の本質論争は、上記の方法論的な問題を抱えながら、各種保険の統一

的本質規定に関わる議論が進展するなかで、保険の金融機能を強調する論議が強まっていった。

印南の保険本質規定について、次の三つの問題が論争のなかで指摘された。第1は、保険事業を経済準備とするなら預金等のその他の経済準備との区別が明確でないこと。第2は、歴史性の問題であるが、資本主義段階以前にも経済準備はあるのだから超歴史的な規定になってしまっており、資本主義段階の特徴的内容が規定化されていない。第3は、確率計算に基づく公平な分担との規定から、給付・反対給付均等の原則[245]を適用しない社会保険の包摂を放棄してしまっている、などの点である[246]。

印南を批判する代表的な論者である庭田は次のように保険の本質を規定した。「保険とは、家庭ならびに企業が、その経済的保障を達成するための予備貨幣を社会的形態で蓄積する制度であって、多数の経済主体が相互扶助的に結合し、確率計算に基づく合理的な分担額の拠出をその主たる方法とする」。庭田は、「経済的保障という言葉を用いることによって生命保険、損害保険、社会保険、共済の保険としての一体化・総合的な定義がなしうる。同時に予備貨幣という文言で、保険企業の保障機能と金融機能の融合的定義がなしうることになる」としている。さらに、「予備貨幣の概念は、貨幣経済が近代的保険の成立の前提であるという歴史性を含意している」と主張している[247]。小川は、庭田の規定について、保険の超歴史的要素（経済的保障）と歴史的要素（予備貨幣）を適切に把握し、各種保険の統一的定義を発展させるとともに、追加的使用価値としての利子生み資本機能を強調しながら、保障機能と金融機能を融合し規定化した[248]としているが、この予備貨幣説[249]はマルクスの保険ファンド論や印南の経済準備説との比較でどのような位置をしめるのであろうか。

庭田の予備貨幣の概念は、保険資金の蓄積に関連する金融的性格と資本主義的諸関係の歴史性を含意しているのであるが、マルクスの保険ファンド論が規定したのは、剰余生産物の一定部分が災害時に損失補塡に活用されるということだけであって、保険資金の蓄積や金融的関係について論及しているわけではない。印南は、保険の経済的本質を歴史貫通的・素材的に剰余生産

物を含意する「経済的準備」としたものであり、庭田は印南の規定からも離れ、保険の貨幣的、金融的把握に進んだといえる。小川はこれを積極的に評価するが、筆者は、庭田と次の真谷の規定は後にみる保険の金融機能の過大評価につながる問題を含んでいると考える。

　真谷は庭田説を批判して「予備貨幣再分配説」をとなえるが庭田と同質の問題がある。真谷は、「保険とは、多数の経済主体から、確率計算を応用した多様な方法で、予備貨幣としての分担金を徴収し、経済的保障に関わる各種の給付を行うことによって、これを再配分する社会制度であり、その運営過程において、巨額の資金が、しばしば蓄積され投資運用される」と規定する[250]。この説では、「多数の経済主体」で公共団体・政府等を包摂し、「確率計算を応用した多様な方法」で大数の法則以外の多様な料率（社会保険等）にも対応させ、「経済的保障にかかわる各種の給付」では、多様な保険金支払方法を含意し、「再分配する社会制度」で、予備貨幣をして、保険料―保険資金―保険金として運動していく全過程で把握することが可能となり、「巨額の資金の蓄積・投資運用」では、保険の金融的機能は付随的機能とされるものの、きわめて重要な役割を果たしていることを示すとともに、「しばしば」の表現で賦課方式の年金や財政赤字下の公的保険など蓄積困難な保険もあることを示している、と真谷説を支持する小川は説明している[251]。真谷は社会保険を包摂し、金融機能の重要性をさらに強調したといえる。「予備貨幣を、保険料―保険資金―保険金として運動していく過程」として把握することは、保険料―保険金として偶然なる損害に備える保険（ファンド）の役割の理解を超え、保険を庭田にも増してより一層金融的に把握することにつながるのである。

　印南、庭田、真谷の規定の違いは、印南が保険の使用価値を超歴史的規定としての経済準備に還元するのに対し、庭田と真谷は、経済的保障としたうえで、歴史的要素としては、予備貨幣と規定し保険の金融機能を強調したことにある。庭田と真谷の違いのポイントは次の点にあると思われる。庭田は「保険とは予備貨幣を社会的形態で蓄積する制度」とするのに対し、真谷は「予備貨幣としての分担金を徴収し、これを再配分する社会制度」としてい

る。この違いは庭田は「予備貨幣の蓄積」を重視し、真谷は「予備貨幣の再配分」を重視する違いである[252]。両者とも、保険の機能として貨幣の節約ではなく、庭田はその蓄積を、真谷はその再配分を強調するが、貨幣の節約機能を否定しているわけではない。近代的保険の確立・発展のなかで巨額の保険資金が蓄積され、保障機能と金融機能を通じてそれが再配分されることによって企業と家計の資金が節約されると考えられるからである。

　以上の論争をふまえて以下の2点を区別しておくことが重要である。その第1は、保険の素材的規定としての経済的準備、経済的保障と資本主義的な保険企業の手元で累積する大量の貨幣資本＝保険基金としての蓄蔵貨幣の関係である。大地震や大火災で多大な人的、物的被害が出たとしよう。当然、被害にあった保険契約者に対して、これまで蓄積されてきた保険基金のなかから巨額の保険金が支払われる。個人は災害前の生活を取り戻すために、また企業はかつての企業活動を取り戻すために、これらの資金を物的財貨（消費手段と生産手段）の購入に支出する。これらの保険金でどれだけの物的財貨をその年に購入できるか、どれだけ生活と企業活動を復興させうるかは、災害に遭遇した社会が歴史的に達成している社会的生産力（問題の単純化のために外国貿易等は捨象しておく）、すなわちその社会がその年に保有している社会的な剰余生産物の量に規定されている。マルクスの素材的視点からする保険ファンドと庭田、真谷らが資本主義的な保険の本質と位置付ける予備貨幣（マルクス経済学の用語としては保険資金としての蓄蔵貨幣）との関係は、次のことにつきるであろう。資本主義的な保険企業の手元で累積する大量の貨幣資本＝保険基金としての蓄蔵貨幣が、素材的規定としての経済的準備が意味するところの必要額に対してしばしば不足することを第2章で論じたが、本来、経済的準備と蓄蔵貨幣とは質的に異なる範疇であり、それらが量的に一致する保証は何もないのである。超歴史的規定としての経済的準備は、資本主義的な保険の形態規定である保険資金としての蓄蔵貨幣の存在によってその意義を低められるものではなく、ましてや後者が前者にとって代わるものではない。

　第2の区別は、資本主義的な保険企業の手元で巨額の保険資金が堆積され

ることと、この保険基金が貨幣資本としてどのような性格をもつのか、ひいては保険資本の性格にどのような影響を及ぼすのかということとの区別と関連である。この点については、5・3で詳論するが、大量の貨幣資本の存在それ自体が、一義的に利子生み資本としての性格をおび、ひいては保険資本を単なる金融仲介機関におとしめるわけではない。第2章で詳細に明らかにしたように、保険企業はたしかに金融的利得をめざす顧客に対して彼らの要求に応える様々な金融商品的保険商品をを開発、提供してきた。だが、それらは、あくまで保険資本が提供する金融的商品であって、それらは何らかの形で経済的保障の側面を有していた。保険企業は、他の金融業態との関係で保険資金の流出を抑制せざるをえなかったのであるが、それは本来の保険商品に金融的利得を追加する形でおこなわれたのであって、利子生み資本家から資本商品を集め、それを貸し出す、すなわち利差を求める本来の利子生み資本に転換したわけではないのである。また、これも第2章の米国における保険企業の投資の失敗による多くの破綻事例で示したように、予備貨幣→利子生み資本機能が強化されることによって、本来的な経済的保障機能（保険金支払い）の発揮に問題がしばしば生じ、保険機能が停止するという事態が発生した。経済的保障という商品の販売代金として累積された予備貨幣＝保険資金を利子生み資本機能の側面から位置付ける予備貨幣説では、利子生み資本機能の強化による保険機能の後退が過小評価されることになっているのである。

## 5・3　保険資本の経済的保障機能と金融機能

### 5・3・1　経済的保障機能を中心として

　資本主義が成立・発展するに従って産業資本が専門的に分化し自立していくが、保険資本はどのような性格をもって自立しているのであろうか。マルクスは保険資本がどのような資本範疇に属するのかを直接的に述べている

わけではないが、『資本論』第3巻第4篇における資本範疇規定では、産業資本から自立する商業資本は、商品交換の媒介を専門におこなう商品取扱資本と貨幣の技術的操作を専業とする貨幣取扱資本の形態に分かれるとされている[253]。印南はこの規定から保険資本が貨幣取扱資本の部類に属すると理解できるとしている[254]。これに対して、「保険資本は独自な、高次ないし三次元の資本」とする金子は、保険本質論は、『資本論』を手掛かりとするのではなく、独自の保険資本論として展開すべきとして次のような主張をおこなっている。保険資本を資本論の資本範疇規定による貨幣取扱資本とするのではなく、資本の生産・流通に無関係な偶発的事象に対して独自な機能をもつ「高次ないし三次元」の資本とするべきである。その論拠は、保険資本が銀行資本と次元の異なる機能をもって自立しているからである。すなわち、歴史的に営利保険が成立するのは、保険取引が賭博性・射倖性を排除し、合理的な料率制度が成立するという主体的な条件が確立されることと、資本主義経済が成立・発展し付保物件の増大という客観的条件によって満たされることが必要であった。保険においてはこの技術論が保険資本に固有な独自機能としての特異な位置を占める。商業資本は産業資本の販売部門を代行し、貨幣取扱資本は産業資本の貨幣取扱部門を代行するが、保険資本は技術的特性をもってそのどちらにも属さないとしている[255]。

　笠原はこれに対して、印南説等が「『資本論』の貨幣取扱資本についての規定から機械的、横滑り的に保険資本を規定しがちであり、貨幣取扱資本一般とは違った保険資本の特性の軽視につながっていた」として金子の主張の意義を認めつつ、「個々の自立した産業がそれぞれの機能をはたすのだから、技術的特性をもって規定していけば、無数の資本範疇ができてしまうのではないか、諸資本間の質量的区別と資本の範疇規定と混同しているのではないか」、との疑問を呈している[256]。マルクス体系には商品取扱資本や貨幣取扱資本から独立した保険資本というようなものは存在しないように構成されているが、マルクスの資本の範疇規定の観点からだけで、笠原が金子の主張を退けるのは適切ではないだろう。なぜなら、筆者は、保険資本は単なる貨幣取扱資本にはない独自性をもって自立していると考えるからである。すなわ

ち、貨幣取扱資本は貨幣取扱費用を節約するにすぎないが、保険資本は個別資本の支払う貨幣額（保険料）に対して、それに倍する貨幣額を返戻する（災害等の発生時の支払保険金）という機能（個別的損害の均等的分担による節約）をもつ。もちろん保険資本は保険ファンドの管理に関わる個別資本の貨幣取扱費用の節約機能も果たすのであるが、保険資本が自立する根拠は前者にある。

さらに、保険の銀行と異なる独自性を強調する金子は、銀行と保険の差異を資金集積基盤の差に求め次のようにいう。生命保険と銀行の違いについては、銀行の貨幣取扱業務は、資本の循環のなかでの商品流通に直接の基礎をおくのに対し、生保業の保険取扱業務は、家計所得に吸着するというものである。金子は、銀行と保険の資金集積基盤の区分を両者の基本的な差異ととらえる。その内容は、「銀行の資金集積基盤については、資本循環に基礎をおくと同時に社会的に（家計を含み）遊休貨幣を吸引し大貯水池を形成する。一方、生保は家計所得に吸着し、資金の長期性が加味され蓄積される」というものである[257]。金子のいう資金集積基盤の違いをもって銀行に対する保険の独自性がどのように展開されるのかは必ずしも明らかではない。生保の資金集積基盤に比べ銀行の基盤が圧倒的に大きいとの認識であると思われるが、経済・金融状況によってそれは大きく変化する。1970年以降の米国での変化は銀行のウェートの減少、保険のウェートの増加であった。さらに、疑問は、それぞれの資金集積基盤から銀行資本と保険資本の利子生み資本運動の違いがどのように説明できるのかである。それはむしろ、資金を吸収するそれぞれの商品（預金と生命保険）の使用価値の違いから説明されるべきであろう。また、両者の違いを明確にするものは、保険資金はその利益が事後的にしか確定しない、いわゆる不確定債務をもっているが、銀行業には特有の信用創造機能があり保険資金がもつような制約がない、という違いを重視すべきであろう。

ここで、保険業と銀行業の同質性と差異性について、筆者が重要と認識する内容を要約的に述べておく。

・銀行制度と保険制度は、いずれも貨幣（資本）の集中と配分によって貨

幣の節約をおこなうシステムであるが、その目的と方法に次のような差異がある。銀行業は以下の二側面で信用に関わり、貸付・返済の形態をとって資金余剰主体と不足主体の資金の仲介をおこなうとともに、預金通貨による支払機能や決済機能等によって貨幣節約がおこなわれる。これに対して、保険業は偶然事象を抱える経済主体の保険ファンド形成とその集中・配分による経済的保障の役割をもつと同時に貨幣節約の機能を果たすという相違がある。保険による貨幣節約手法の特徴は、大数の法則にのっとった保険料率設定による効率性、すなわち少額の保険料で多額の保障が約束されることに求められる。

- 保険業が発展すると機関投資家として保険資金が蓄積し金融機能が肥大化し投機的な資金運用がおこなわれる側面はあるが、第3章で述べたとおり、保険金支払いに備える資金の性格上、その運用には、銀行と異なる制約がある。銀行や保険会社に動員された後の資金は同質で利子生み資本としての機能は変わらないとの見解には問題がある。
- 銀行は貸し付けるために預金（定期預金）を吸収するのに対して、保険はリスクがあるから保険需要があり、保険購入されるから保険資金が蓄積され、それが継続的に運用されて利子を生むという因果関係の差異がある。
- 両者の違いについて最も明瞭にいえるのは、保険会社が契約者に支払う保険金は、支払われた保険料と利子の合計ではなく、金融活動に関わりのない経済的保障としての保険契約上の支払いであるということである。この簡単なことが最も基本的な保険業の特徴であることを明記しなければならない。

## 5・3・2　金融機能の拡大と保険資本の性格規定

　経済の金融化を背景とする金融機関の競争激化のなかで保険商品の使用価値が変化したことによって保険資本の性格も金融的に変化することとなった。保険資本の性格規定においても、本質的な性格が経済的保障機能から金

融機能に変質したかどうかが問題となる。ここで保険資本とは、保険事業に必要な不変資本（建物、コンピュータ等）および可変資本（労働力）の購入のために前貸しされた、いわゆる自己資本はもちろんのこと、他人資本である保険料を源泉とする保険資金を含めたものである。保険業の発展とともに保険企業利潤は増大・蓄積され、自己資本は保険事業での必要額を超え、貸付市場・金融市場などで利子を生む資本となる。他人資本も保険金の必要支払額を超えて蓄積され（特に生命保険）利子を求める資本となる。従って、保険資本はいわゆる自己資本か他人資本かを問わず、保険機能と利子生み機能の二つの側面を内包している資本として一体的にとらえられる[258]。一体的とする内容については、二つの面の相互依存関係であるが、どちらが中心的、主導的であるかといえば保障機能であるというのが筆者の立場である。生命保険でいえば、どのような予定利率をもった保険商品の資金が蓄積されたかによって、どの程度のリスクとリターンを追求する利子生み資本運動になるかという意味において金融機能の性格が変化するという関係がその一例である。

金融機能が肥大化するなかで保険資本の基本的性格は何かをあらためて明確にしなければならない。庭田は近代的保険資本を貨幣取扱資本と利子生み資本の結合形態ととらえ次のようにいう。「保険料は保険企業の下において集積せられつつある過程で、利子生み資本への転化をとげるのである。それに従って、保険資本も単なる貨幣取扱資本ではなく、まさに本来的な貨幣取扱資本と利子生み資本との結合形態たる近代的保険資本に転化する[259]」。庭田はここでは、保険と銀行を一体のものと規定しているのであり、端的にいって庭田の理解は、「保険は銀行の亜種」ということになろう。5・2・2で述べた庭田の「経済保障説（予備貨幣説）」は「利差説」ともいわれるが、「保険の本質は経済的保障にあるが、主たる利益は利差より生じる」とするものであった。

庭田の「利差」説をさらに以下に検討してみる。生命保険業の利潤源泉については、現象的には、死差益、費差益、利差益があげられる[260]。庭田は次のように主張する。「保険資本が追求する超過利潤において死差益が発生

することはある（新たなリスクに対する新種保険の開発・販売等）が、参入資本が増加すれば漸次消え去る利潤である。費差益も保険資本相互間の超過利潤の問題としてはありえるが、それは不当に割高な付加保険料等によるものであって、漸次消え去る利潤である。保険資本の利潤として長期かつ継続的にこれらを獲得するなら、消費者は不当に高い保険料を押し付けられていることに気づき、人々は保険から離れ保険企業の存在が不可能になろう[261]」。死差益と費差益を否定する論者は他にもいるが、これは保険資金を全体としてみれば保険料＝保険金＋付加保険料（保険事業費、利潤）であり、収入した保険料は支払保険金と付加保険料に充当されてしまい、利潤は保険事業からは生まれないという料率設計上の論理を現実の保険会社の利潤に当てはめたものといえる。資本主義が発展するにともない、死差益と費差益の占める割合が全体の利潤のなかで、低くはなっているが主要な利潤源泉であることに変わりはない。

　ほとんどの生命保険商品は損害保険と違って保険料率の事前計算のなかに予想運用率（予定利率）が不可欠の要素として組み込まれている。従って生命保険における資産運用業務は保険の中心業務の一つとして位置付けられるといってもいいが、庭田が、資産運用が主たる業務となり運用収益が利益の大部分を占めると規定するのは特異な見解である。なぜなら、資産運用実績（利廻り）が予定利率を超えるのは必然ではないし、実証研究により明らかなとおり運用利回りが予定利率または分離勘定の最低保証ラインに到達しないことがあるからである。

　笠原は「二つの機能を因となり果となって絡み合っているものと把握すべきであり、その条件は固定的ではなく、社会・経済の変化、保険企業間、隣接他産業間の競争を通じて変化するもの」ととらえながら、「極限的には、保険の固有機能と言われた側面は漸次形式化し、利子生み機能の手段と化していく理論的可能性は否定できない[262]」としている。さらに、笠原は「保険資本は、基本的には貨幣取扱資本の範疇に属する。しかし、現代的課題としては、保険取扱資本と利子生み資本の結合形態が近代保険資本と規定される[263]」、とし利子生み資本の側面を強調する。

米国において保険業界からの資金流出を防ぐ対抗手段として保険商品が金融商品化し保険企業の投資信託化が進んだが、能動的に利ザヤを抜くことを自己目的とする銀行等の金融機関の属性をもったものに変質したわけではなく、またそのような金融的変化に至る論理的必然性があるわけではない。変額年金などの金融商品化したもののなかにも経済的保障部分としての元本保証等が含まれていることや、2008年世界金融危機以降、伝統的な生命保険商品が復活してきているとみられる事象もあり、理論的にも実証的にも「利子生み機能の手段と化していく」と言うことには問題があろう。

　さらに、笠原は保険資本の金融資本化に関して、「保険資本の利子生み資本的機能が一般化するのは、資本主義段階が高度化した金融資本主義段階である」とし次のように規定する。「独占段階における保険独占は、銀行とともに産業資本との融合を通じ金融寡頭支配の一環としての特殊・分業的役割を担う」。笠原は、この点をテイトに依拠して、イギリスの金融資本機構における保険独占について「帝国主義下の保険の急速な発展は、保険事業の目的そのものの変化をもたらした。つまり、損害や破壊の塡補の手段から金融寡頭支配の利益のための資本蓄積の道具へ、あるいは、あらゆる住民層からの貨幣資金の蓄積の手段へと変化している[264]」としている。さらに、笠原は、滞留資金の性格について、銀行と保険会社に滞留する遊休貨幣の同一性を次のようにいう。銀行預金者と保険契約者の、預金または積立金に対する「利子意識」は前者は積極的で後者は間接的・消極的としても、銀行または保険会社の手元に動員された後の遊休貨幣の資本としての機能については、預金者も保険契約者も全く無関係である。それ以後の利子生み資本としての機能は全く同一性をおびているとして両者の資金の同質性を強調するのである[265]。

　保険資本の金融資本化について、庭田は、「保険会社間の競争は保険資本の集積と集中をもたらし独占が形成される。独占価格が超過利潤を可能にする。保険資金が利子生み資本に転化することとあいまって金融資本となる」と規定する[266]。これに対し水島は「この主張は銀行資本からの類推論法を基礎にした公式論的金融資本論の保険資本への適用に他ならない。それは保

険資金の特質を無視し、保険資金活動の実証的考察の欠如を示している」と断じている[267]。笠原は水島の「保険資本の金融資本化を否定」する見解に対し、次のように反論している。「銀行と商工業企業の結合、資本的・人的結合が保険独占と産業独占の間にもみられる。長期・安定的な資金をもつ保険会社こそ、恒常的な結合関係を維持する条件をもっている[268]」。

保険資本の金融資本化についての筆者の見解は、3・3・6で述べたとおり、大手銀行（投資銀行）と保険会社の関係は強まっている側面はあるが、独占的産業資本が独占的な金融機関と資本的・人的に結合するという意味での金融資本の存在は変質したというものである。

保険利潤がどこから発生するかを明確にすることが保険資本の性格——運動と役割の独自性を明らかにするうえで重要である。5・2・1で、保険料の源泉は、基本的には社会的総生産物中の新たな価値を体現している国民所得であるとした。資本主義が高度に発展してくると、保険資本の利子生み機能が一般化してくる。特に長期性の資金を蓄積する生命保険にその傾向が顕著となる。庭田は生命保険を想定して、「他人資本の形成と運用とのうちに保険資本は、その主たる収益を求めるようになる。他人資本は、自己資本の機能に扶助されながら、利子生み資本として機能して保険資本の大部分の利潤が獲得せられるようになる。高度に発達した資本主義における高度に発達した保険業のもとでは、保険資本の利潤は利子の差、すなわち、貸すより安い利子で借りる、という意味での利差にもとづく[269]」と規定し、保険資本の独自の保障機能を極小化する。

水島は、「この主張は、保険資本の運動を銀行業からの類推によって規定しようとしている」と退け、「本来的な貨幣取扱業（銀行）がその手元に結集・集積される貨幣を貸付・運用することにより、また遂には、貸付のために貨幣業務を手段として遂行するという、両取引の一体的結合において銀行業に転化発展するという過程をとるのに対し、保険業のもとに集積される貨幣は、その貨幣操作技術（保険業務）の特殊性によって、保険資金として保険業の資金循環に独特の働きをなすにとどまる」と述べ、銀行資本に対する保険資本の相対的独自性を強調する[270]。

第5章　保険本質論の学説史的考察

庭田の規定は金融機能を過大評価するものであり、「保険業の資金循環に独特の働きをなすにとどまる」との水島の規定は金融機能の過少評価といえよう。

保険資本の利子生み資本機能の拡大のなかで、それを本来的な保険独自機能とどのように統一的に規定するかについて、筆者は、「保険資本とは、各経済主体が形成する保険ファンドを保険事業として集約し、経済的保障機能を発揮することによって自立する資本であり、その過程で集積される保険資金を、経済的保障機能の制約を受けながら利子生み資本運動する資本」とするのが妥当であろうとの考えである。庭田、笠原、水島らの上記の保険資本の金融的性格をめぐる論争には次のような検討すべき問題点がある。

①本来、保障機能と利子生み機能は両立可能な機能ではない。保険会社が提供する何らかの経済的保障サービスの買い手として保険市場に現れる保険契約者は、同時に、保険企業に対して資本商品の売り手、すなわち貨幣の貸し手として対峙することはできない。利子生み資本関係（貸借関係）は存在しないのである。二つの機能のうち、どちらかが本来的で主要なものにならざるをえない。保障機能と利子生み機能のどちらが本来的で主要なものか、どちらが付随的なのかについて、何を根拠として論ずるのかが明確にされなければならない。庭田は生命保険について金融機能の拡大が保障機能に寄与していることと、利差が保険企業の利潤の大部分を占めるようになったことを論拠としている。第4章で述べたが、米国における生命保険の機関投資家としての資金量の巨大化、金融市場に与える影響力の強大化等の現象は、金融機能中心論に勢いを与えているようにみえる。しかし、米国の保険現象が示すのは金融利潤総額は増加しているものの利差は必ずしも増加していないということである。金融商品間の競争から予定利率・分離勘定の最低保証ラインが高まっているからである。金融利潤総額の増加も金融市場に依存しており、一時的な現象にすぎないとはいえないのだろうか。巨大な資金は保険金支払いのための資金であり、巨大災害等で一挙に巨額な支払いが発生し蓄積資金が流失することがないとは言い切れないのである。保険事業は、保険事故があれば資金流出が起きるのは当然のことであって、基本的には、保険

金を支払っても事業が危うくならないような合理的保険料率を設計・維持しているのである。その限りでは、金融機能部分が消滅したとしても保障部分で保険経営は維持できるのである。保険資本は貸付・金融機能を放棄しても保険資本としてとどまれるが、その固有の保障機能を放棄したら保険資本として存在できないのである。この問題を保険利潤の量的構成の視点から考えるのは誤りである。GM 社の利潤の支配的構成要素が利子となっても GM 社を金融機関になったとはいわない。自動車産業の衰退の表象として金融部面の拡大が語られるだけである。

　②庭田は「保険資金が利子生み資本に転化することとあいまって金融資本となる」と規定し、笠原は米国における財閥と生命保険企業の結合関係を指摘しているが、1980 年代以降については実証的に明らかにされているわけではない。3・3・6 で示したとおり、米国においては生命保険資本が金融資本として存在するのは 19 世紀末から 20 世紀はじめであり、その後は大企業の自己金融の定着などにより金融資本の形態は変質をとげたといわれている。この点は詳細な実証分析が必要であろう。

　③保険資本と金融資本との関連で、「保険機能が、金融寡頭支配の利益のための資本蓄積の道具へ、あるいは、あらゆる住民層からの貨幣資金の蓄積の手段へ」転化したという笠原の指摘は、2008 年世界金融危機の原因となった過剰な貨幣資本の吸引装置としての「ビークル」を想起させる。独自の保険機能を埋没させ過剰な貨幣資本を通過させるだけの無機的な器として保険システムを位置付けられるのだろうか。なぜ「損害や破壊の塡補の手段から金融寡頭支配の利益のための資本蓄積の道具へ」といえるのかが明らかにされていないが、保険料を住民から吸収しやすくするために、合理的な料率水準をダンピングしていると主張しているのだとすれば、それは保険資本の活動についての一面的な指摘だといわざるをえない。

　④笠原が「保険取扱資本と利子生み資本の結合」という時、保険資本を独自の二つの資本の結合として、すなわち、保険取扱資本と利子生み資本の結合と把握していることになる。保険資本の歴史からみて二つの独自な資本が結合したものといえるのだろうか。銀行資本と保険資本の統合の困難性は **3**

第 5 章　保険本質論の学説史的考察　　193

・2・2 で示した現実がある。また、銀行または保険会社の手元に動員された後の遊休貨幣の性格の同一性の問題は、3・3・6 で保険資金の運用上の制約を示したとおり保険資金には銀行資金との明確な差異がある。

## 5・3・3　金融仲介業としての保険資本とリスク論

(1) 金融仲介業としての保険の包摂

　保険機能を経済的保障機能と金融機能に分解してとらえることからさらに進んで、保険機能全体を金融仲介業の一つとしてとらえようとする潮流がある。

　「金融仲介業としての保険」の議論に強い影響を与えたのはガーレイ＝ショウである。ガーレイ（J. G. Gurley）とショウ（E. S. Shaw）は、貨幣理論と金融機関（特に金融仲介業）の理論的構造、保険を含む金融仲介業商品の貨幣交換性（流動性）の理論に新たな視角をもたらしたといわれている[271]。すなわち、保険企業を金融仲介業とし、保険証券を「貨幣近似的であり高度に流動的な金融資産」とみなすのである。

　金融仲介機能とは、一般的に次のようにいわれている。「資金余剰主体（最終的貸手）から資金不足主体（最終的借り手）への資金の移転を資産変換しながら仲介することであり、余剰資金は間接的証券（預金証書、金融債、信託証書、保険証書）によって金融仲介機関に吸収される。金融仲介機関は資金不足主体が発行する本源的証書（株式、社債、国債、地方債、借入証書）に資産変換することによって資金を再配分する」。さらに、保険会社については、「保険会社（アメリカ）は保険債務と引き換えに保険料を徴収して積立、これを主として金融市場で運用するという点で金融仲介機能を果たす。生命保険会社は、生命保険商品に加えハイブリッド化された種々の貯蓄性商品を提供する」とされている[272]。このように保険を含む金融機能は、一般的に資金の融通機能として理解されている。しかし、銀行の機能をみれば金融仲介機能の他に、信用貨幣である預金通貨の供給を前提に決済機能や信用創造機能があり、また銀行に蓄積された貨幣資本は実体経済から離れて金融市場で増殖

し「金が金を生む」現象を展開する等、複雑な機能をもつことは前述したとおりである。保険でみれば保障（補償）機能が中心であった時代から保険の金融機能の役割が大きくなってくると、金融仲介業としての保険の側面や機関投資家としての側面が強調されるようになったが、保険には「資金の不足主体と余剰主体の資金過不足を調整するための仲介」という機能には埋没しえない保障機能が明確に存在する。

　ガーレイ＝ショウ仮説は、銀行中心の伝統的な金融制度観に対する機関投資家の役割の積極的評価および機関投資家の機能・運動と金融政策の関連などについて首肯できる部分は多いが、以下の点で保険の独自性を看過する議論に陥りやすい。

　①金融仲介機関という時の仲介は、資金の貸し手と借り手の間の仲介を意味しており保険、投資信託、年金などを貸借関係の仲介としてみることになる。このように保険も貸借関係で一括して把握することが可能であろうか。保険の場合で考えれば貸し手（保険契約者）は保険会社を介して借り手（企業、個人）に資金を供給するということになるが、保険資金の流れは、預金─貸付のような一体的な関係（貸付資金のための定期預金確保等）にはない。基本的に、貸し手は保険会社に保険機能を期待・信頼して保険料を支払うだけであり、借り手に資金がわたり、それが返済されることを期待しているわけではない。保険会社も保険金の支払いを想定しつつ、支払準備のための準備金の運用ポートフォリオを作るのである。一方、銀行の場合を考えてみると、預金者と銀行との間の債権・債務関係は、銀行とその貸出先の間の債権・債務関係に対応している。預金の信頼性（金融資産としての内実）は、銀行貸出の返済の確実性に裏付けられる（銀行が貸付ではなく有価証券投資をする場合もあるが）という預金と貸付の一体的関係が銀行の仲介機能の特徴である。保険と銀行の仲介機能は、貸し手と借り手の一体性においても大きな違いがあるのである。

　②通常いわれる金融仲介機関は、一方で資金を吸収し、他方でその資金を運用するが、どちらが目的でどちらが手段であろうか。銀行の歴史をみれば貸付が先行し、やがて利子を付して預金を集めるようになったのである。銀

行、証券は、基本的に資金を運用することを目的として資金の調達をはかるのであるが、保険の場合は反対に、保険料の払い込みの結果として資金調達され資金プールが形成されるのであり、その資金を運用することを目的にして保険証券の発行をするのではない。

保険証券が「貨幣近似的であり高度に流動的な金融資産」であるかどうかを検討する時、理論的にも実証的にも首肯できない次の諸点を指摘することができる。

①要求払い預金と保険の違いを考えてみよう。保険は「貸し手」をリスクとして認識・選択するが、銀行の場合には、預金の出し手である預金者をリスクの保有者としては位置付けない。保険のリスク集団の中には事故の多い（少ない）契約者があるが保険会社は平均的な事故率を基礎として保険料を算出している。従って、事故の少ない部分だけが大量に保険の解約になれば保険経営は成り立たない。保険会社が恒常的に大量の解約が発生することを前提に保険商品を設計することはありえないのである。

②生命保険資金には長期性資金という特徴があり、保険期間と運用期間をマッチングさせ価格リスクを排除することに注意を払うというALMの実態は 3・3・4 で述べたとおりである。生命保険商品が流動的な資産だとすれば、頻繁な保険解約が生じることを前提することになるが、それはALMをより一層困難にすることになる。

③前述した1980年当時のインフレ時に終身保険の解約が急増したが、それは一時的であって常時、高水準の解約があるわけではない。全米保険庁長官会議（NAIC）データで総資産に占める契約者貸付残高のウェートをみても1980年代は8％台であったが、それ以降は6〜7％となり最近8％となっている状況であり、継続して高水準での資金流出があるわけではない。生命保険証券は近似貨幣代替物であるというほどの流動性は認められない。

ガーレイ＝ショウは、従来の商業銀行中心の金融論を批判するため非銀行金融機関の同質性を強調するあまり、それぞれの金融機関の特殊性を軽視することにつながったといえよう。

(2) 金融仲介業の枠組みでのリスク論と保険の経済的要件

　保険そのものがリスク論として金融（金融仲介業）に包摂される動きのなかで、保険と同様の機能をもつデリバティブなどの金融商品が開発されると、両者の違いは何に求められるのか、保険と定義できる経済的要件は何かが問われることになり、様々な要件定義の試みがリスク概念を使っておこなわれるようになった。両者の親和性ではなく差異性をリスク概念を活用して明確にせざるをえなくなってきたのである。保険と金融を結びつける議論の多くは、リスクの形態・分類を吟味せず、主としてリスク移転の観点からおこなわれている（リスクの集積と分散の軽視）。リスク移転の観点を中心的にみていくと保険が金融に埋没し、保険の独自性は明確にならない。吉澤は、保険の経済的要件としてのリスク移転・集積・分散の観点から、保険と金融商品の使用価値を切り分ける議論を展開しており注目される。筆者は、金融仲介論的議論を別にすれば、吉澤のリスク論は伝統的保険論と結合可能な内容を持っていると評価している。吉澤は、保険実務に長く携わってきたため、やや実務的な内容が含まれるが以下にその内容を検討してみたい。

　吉澤は、保険と金融との差異を、保険のカバーとリスクの流れと金融の資金の流れを対比させ明確にしようとする。吉澤は次のような意味でリスク関連概念を使用している。

　カバーとはリスク担保（保険契約・引受）の意味であり、リスクヘッジャーとはリスクを保持しヘッジ（回避）しようとする主体、リスクテイカーはリスクを引き受ける主体（保険者・保険会社）、カバー不足主体とは保険需要者、カバー余剰主体とは一般的に保険者を意味している。カバー提供はリスクテイカーからリスクヘッジャーになされ、リスクは逆にリスクヘッジャーからリスクテイカーに移転する。吉澤は、保険をカバー余剰主体からカバー不足主体へのカバーの提供、金融を資金余剰主体から資金不足主体への資金移転として両者を対照してとらえて同じ土俵に乗せ、直接金融、間接金融、市場型間接金融、保険の原型、保険リスクの証券化の共通性と差異性を考察している。そのなかで間接金融と保険の差異性を次のように述べている。

　a.間接金融と保険では資金移転の態様に違いがある。間接金融では資金移

転が一体的・直接的ではない。間接証券の販売による資金余剰主体からの金融仲介者への資金移転と、本源的証券の販売による資金不足主体への資金移転が分離されている。保険ではカバー集約とカバー提供が一体的におこなわれる。
b. 間接金融では資金余剰主体と資金不足主体は異なるが、保険ではカバー余剰主体とカバー不足主体がほとんどの場合一致する。
c. 間接金融では金融仲介者が資金不足主体の発行する本源的証券の不履行リスクを負っているが、保険では大数の法則が貫徹していればリスクは少なく安定的である[273]。

aは銀行と保険の資金移転態様の差異についての規定であるが、筆者は両者の違いを、間接金融における資金移転の一体性（貸付や投資のための定期預金獲得等）と保険の「収入と支払いの偶発性」に影響される保険資金運動の差異に求めるべきとの考えである。だが、吉澤は逆に、銀行への預金設定と銀行の貸付による資金移転が分離されていることを指摘している。bの「カバー余剰主体とカバー不足主体の一致」の具体的な説明がないが、吉澤のいう保険の仕組みが、リスクヘッジャーのリスクを保険者が仲介しリスクヘッジャー間に分散・負担しているので両者がほとんど一致するとの主旨であると思われる。cの本源的証券の不履行リスクと保険のリスクと比較し保険の方がリスクが少ないとしているが、米国の損害保険のコンバインド・レシオの高さをみれば必ずしもそうとはいえない（どの程度大数の法則が貫徹しているかどうかは明らかではないが）と思われる。

吉澤は、保険の経済的要件を、①リスクヘッジャーに存在する経済的リスクをリスクテイカーに移転する、②リスクテイカーは同質で相互独立のリスクを多数集積する、③リスクヘッジャーによるプレミアム（保険料）支払いによって、リスクが各リスクヘッジャーに分散され、個々のヘッジャーの不安定なリスクが、他人の多数のリスクの極小部分の集合という安定的リスクに変換される、こととしている。保険と定義できる経済的要件はリスク移転、リスク集積、リスク分散の三つと要約できる。詳細をみていこう。

第1のリスク移転（risk transference）を構成する要件としては、リスク

ヘッジャーにおけるリスクの当初存在とリスクヘッジャーからリスクテイカーへのリスク移転である。リスクヘッジャーにおけるリスクの当初存在とは、リスクがなければリスク移転ができない、すなわち危険がないところに保険は存在しないということであり、換言すると、リスク処理目的でない経済的取引を排除するための要件となる。すなわち、これによって賭博・投機を排除することになる（賭博や投機をおこなう以前には当該主体における賭博や投機に関するリスクは存在しない）。また保険対象物の固有の瑕疵は、不確実性がないのでリスクが当初存在するとはいえない。さらにリスクヘッジャーが保険契約以前からリスクの有無、程度を知っている場合は、不確実な事象ではないのでリスクが当初存在するとはいえない。

さらにリスク移転の詳細要件をみてみよう。まず、リスク移転が生じるということは、二つの経済主体が関与しなければならない。これによって自家保険は、リスク移転がないので保険から排除される。ファイナイト保険でリスク移転が全くなされないものは保険として扱われない。またリスクヘッジャーに経済的損失が生じなくともリスクテイカーから給付がなされるような契約は保険ではない。たとえば、地震などで損害が発生しなくとも一定規模以上の地震が発生するだけでリスクテイカーから給付がなされるような契約である。さらに、リスクヘッジャーの経済的不利益を超えてリスクテイカーが給付をおこなうものは保険とはいえない。超過する部分は経済的不利益の補塡ではないので、当該部分はリスク移転に該当しないからである（損害保険）。

次に第2の要件、リスク集積（risk pooling）をみてみよう。リスク集積とは、同質で、相互独立のリスクを多数集積することである。このリスク集積によって大数の法則が働き、経済的不利益の総額が予測可能なものとなる。第1の要件のリスク移転とは別個独立の要件である。その詳細要件をみていこう。

まず、リスク集積（リスクヘッジャーの数ではなくリスクの数の集積）の対象となるリスクは原則として同質でなければならない。異質なリスクでは大数の法則が有効に働かない。しかし、同質性の程度には問題がある。たとえ

ば、医師賠償責任リスクと公認会計士賠償責任リスクは、どの程度の同質性があるかによって、別個の保険とするか包括して一つの保険にするかという問題である。次は、集積リスクの相互独立性である。完全な正相関の関係にある場合は、大数の法則が働かないといわれている。金融リスクを考えてみよう。金融リスクはリスク集積の構成要素であるリスクの相互独立性を一般に果たしていない。むしろ正相関の関係にあるといわれている。「資産選択の理論」による分散投資における個別証券の価格変動は、相互独立性があるともいわれるが、金融リスクの保険化は疑問が多いというのが一般的な理解である。次は集積リスクの多数性、多数の程度の問題である。単一のリスクのみの移転でも成立する経済制度、たとえばデリバティブおよび証券化はリスク移転の機能があっても保険ではない。どの程度の多数が必要かというのは明確にはならない対象もある。人工衛星保険のように保険契約数が多くないものもあるからである。

　最後に保険の第3の経済的要件、リスク分散（risk distribution or allocation）である。リスク分散には、ヘッジャー内分散（経済主体の内部でリスクの多様性を高めリスクを分散）、リスクテイカー間分散（保険引受を複数のリスクテイカーに分散）、ヘッジャー間分散（リスクヘッジャーによるリスク・プレミアム〔保険料〕の拠出を通じて、リスクテイカーにリスク移転をすることによる、リスクが各リスクヘッジャーに分散）の三つの意味があるとしている。最後のヘッジャー間分散が保険の経済的要件であると考えられるが、その詳細要件は、リスクプレミアムの拠出があること、収支相当の原則（保険料総額＝保険金総額）があること、リスクヘッジャーの数が多数であることである。収支相当の原則はプレミアムの拠出総額で保険給付総額を賄うことができなければ保険制度が成立しないからである。リスクヘッジャーの数が多数であることが必要なのは、リスク集積によって大数の法則が働けば働くほどプレミアムの拠出総額で保険給付総額を賄う可能性が高まるからである[274]。

　以上三つの「経済的要件」（リスク移転・集積・分散）から保険と同様の機能をもつデリバティブなどの金融商品が保険といえるのかどうかを判断していくことになる。吉澤の結論では、保険と同じ経済的機能をもつ保険デリバ

ティブ等の金融商品は保険の経済的要件を充足しておらず、保険ではなく金融商品である、ということになる。保険の経済的要件を「各経済主体が保険ファンドを形成し、保険事業がそれを集約し経済的保障機能を発揮することによって各経済主体の貨幣を節約する機能」とするだけでは、複雑な保険と金融の区分を明確にすることは困難である。吉澤の3要件（リスク移転・集積・分散）の概念は、新たな保険機能をもった金融商品を保険と切り分ける議論の基礎となりえると評価してよいだろう。しかし、吉澤の考察は保険と金融を、金融仲介論の土俵上でリスク概念を用いて考察したものであり、リスクの移転・集積・分散をおこなう主体である保険会社の分析に欠けている。保険商品、保険資本をトータル性をもって分析したわけではない。

注

210　吉澤、[2006] を参照。
211　小川、[2008（a）] を参照。
212　同上書、50 頁を参照。
213　庭田、[1996]、52 ～ 53 頁を参照。
214　18 世紀に賭博としての生命保険が大流行し、初の近代的生命保険会社エクイタブル生命保険社が誕生してからも保険の賭博性は消えなかった。生命保険や年金は長期負債を抱えるために投機的投資に陥りやすく、生命保険の歴史は"合理性と投機性の間を振幅する振り子"にたとえられることがある（平山、「2005 年」、3 頁）。
215　大月金融辞典、[2002]、92 頁によれば、簡易保険は産業労働者に販売されたことから industrial insurance とよばれる。欧米諸国では加入の際、医師の審査がなく、保険金額が少額（米国では一般的に 200 ドル未満）であり、保険料は月払いまたは週払いの生命保険をいう。庭田、[1996]、56 頁によると、簡易保険は社会保険と性格付けられ、一般の生命保険と社会保険の間に立ち、一般生命保険の低所得者向け代替、社会保障の低所得者段階での補完と位置付けられている。
216　庭田、[1996]、54 ～ 56 頁を参照。
217　神武、萩原、[1995]、160 頁を参照。
218　金子、[1960]、144 頁を参照。
219　鈴木、[1995]、92 ～ 100 頁を参照。
220　ニッセイ基礎研究所、[2001]、5 頁を参照。

221　印南、［1956］、67 〜 69 頁を参照。
222　同上書、89 頁を参照。
223　同上書、111 頁を参照。
224　同上書、112 頁を参照。
225　保険ファンドは Assekuranzfonds の訳語であるが、我が国においては保険基金と訳し保険基金説として積極的に紹介したのは印南の『保険の本質』においてであった。長谷部訳では保険元本、向坂訳では保険基本となっている。Fonds をファンドと訳されることも多い（金子、［1968］、18 〜 19 頁）。
226　馬場、後藤、［1977］、23 頁を参照。
227　庭田、［1996］、14 頁を参照。
228　K. マルクス、第 25 巻第 2 分冊、［1966］、1084 〜 1085 頁を参照。
229　同上書、第 24 巻、216 頁を参照。
230　印南、［1956］、463 頁を参照。
231　庭田、［1996］、14 〜 15 頁を参照。
232　K. マルクス、第 25 巻第 1 分冊、［1966］、393 頁を参照。
233　K. マルクス、第 24 巻、［1966］、168 頁において、保険ファンドの性格について次のように規定されている。「たとえば、保険会社は個別資本家たちの損失を資本家階級のあいだに分配する。けれどもこのことは、このように平均化された損失が、社会的資本を考察すれば、相変わらず損失であることをさまたげない」。これに対し箸方［1966］は、この規定は保管費が不生産的であることを説明すべく、「たとえば」として、保険の例を示したにすぎない、として庭田の保険料＝流通費説を批判している（箸方、［1966］、86 〜 87 頁）。
234　笠原、［1973］、132 頁を参照。
235　箸方はマルクスの保険ファンドに関する規定を超歴史的、素材的に把握する印南、笠原を批判し、歴史的規定ととらえ、近代保険制度の下での集中的貨幣ファンドとするべきと主張していたが、後に印南、笠原の見解を受け入れた（箸方、［1968］、69 頁）。
236　マルクスは次のように生命保険について触れている。「ある紡績機械がたとえば 10 年で寿命がつきたとすれば、それの総価値は、この 10 年間の労働過程のあいだに 10 年間の生産物に移行したのである。したがって、一労働手段の寿命期間は、それを用いて絶えず新たに繰り返される多数または少数の労働過程を含んでいる。そして、労働手段の場合も事態は人間と同じである。どの人間も毎日 24 時間だけ死んでいく。しかし、どの人間を見ても、彼がすでに幾日死んでしまっているかは正確にはわからない。それでもこのことは、生命保険会社が人間の平均寿命から、きわめて確実な、その上はるかに重要なことではあるが、きわめて儲けの多い結論を引き出すことを妨げはしない」。この部分は不変資本の生産物

への価値移転を人間の寿命にたとえて論じている個所である。資本論の書かれる以前から生命保険企業がイギリスに存在していたのでマルクスは生命保険について十分な知識をもっていたと思われる（K. マルクス、第23巻第1分冊、[1966]、266頁）。

237　機械保険等一部の保険料は価値移転するとの見解もある。
238　K. マルクス、第25巻第2分冊、[1966]、782頁によると、「信用制度は、それ自身一方では、資本主義的生産様式の内在的形態であるとともに他方では、この生産様式を可能な限りの最高・最終の形態まで発展させる推進力」としている。
239　印南、[1956]、402頁を参照。
240　庭田、[1960]、13～14頁を参照。
241　小川、[2008（a）]、31～32頁を参照。
242　笠原、[1973]、99頁を参照。
243　同上書、61～62頁を参照。
244　マルクスの保険ファンド概念は、不変資本の保険（企業保険）に限定し、家計保険は社会保険のなかに位置付けるべきとの見解もある。
245　給付・反対給付均等の原則とは、保険料は危険が発生する確率に経済的保障額（保険金）を乗じたものに等しいという原則。
246　小川、[2008（a）]、25～26頁を参照。
247　庭田、[1996]、36頁を参照。
248　小川、[2008（a）]、189～190頁を参照。
249　「予備貨幣の蓄積」概念について、笠原は「保険に関連する貨幣姿態は予備貨幣ではなく予備＝準備金」と把握する方が適切であるとしている。その根拠は次のとおりである。予備金は貨幣化された剰余価値が資本に転化せず積み立てられた蓄蔵元本の一構成部分であり、その機能は循環の攪乱を調整したり、不時の支出のために貨幣資本として転用されるものである。一方、予備貨幣は、生産過程中に一時的に休息状態にあり、流通から遠ざけられているだけで、あくまで生産過程中に購買手段または支払手段として機能する貨幣資本である（笠原、[1973]、82頁）。
250　真谷、[2003]、7～24頁を参照。
251　小川、[2008（a）]、32～34頁を参照。
252　小川は、「予備貨幣の保険的再配分」概念は、社会保険を含んで多様な保険現象を説明できる概念であるとしている。同上書、43～45頁を参照。
253　K. マルクス、第25巻第1分冊、[1966]、393頁を参照。
254　印南、[1956]、477頁を参照。
255　金子、[1968]、8～11頁を参照。
256　笠原、[1973]、146頁を参照。

257 金子、[1968]、16頁を参照。
258 笠原、[1973]、143頁を参照。
259 庭田、[1960]、279頁を参照。
260 さらに「解約益」をあげることがあるが、解約が多くなると死差益が減少し利益は相殺される部分があり、あえてとりあげるような大きな問題ではない、と理解されている。
261 庭田、[1960]、264～265頁を参照。
262 笠原、[1973]、356頁を参照。
263 同上書、175頁を参照。
264 同上書、223頁（Tait, W., [1933], pp.8-9）を参照。
265 同上書、374頁を参照。
266 庭田、[1960]、274～275頁を参照。
267 水島、[1964]、286頁を参照。
268 笠原、[1973]、249頁を参照。
269 庭田、[1960]、83～84頁を参照。
270 水島（[1964]、278～280頁）は、保険資金の運用が保険契約獲得の手段になっているという利子生み資本運動の消極面と制約面を指摘している。
271 J. G. ガーレイとE. S. ショウは、全金融制度に占める商業銀行の相対的縮小とそれ以外の年金基金、生命保険などの金融機関の成長を背景として、商業銀行の貸付市場に妥当する伝統的理論に代わって、巨大な機関投資家によって支配される貨幣市場の新しい理論を打ち立てたといわれている。ガーレイ＝ショウの主張のなかで、生命保険との関係がある部分についてのみ要約すると次のような内容となる。
　①非銀行仲介機関の発達により多種類の流動資産が増加している。ここで流動資産というのは、価格において安定し、要求次第、貨幣に交換することができる請求権のことである。たとえば、生命保険証券、有期預金、貯蓄貸付組合出資証券などはいずれも貨幣と容易に交換できる属性をもっている。
　②商業銀行は貨幣（要求払い預金）を創造できる。他方、仲介機関は主として貯蓄資金の仲介（移転）業務をおこない、貨幣を創造しないが貨幣と代替関係にある間接証券を供給する。この間接証券は流動資産であり、その増加は貨幣自体に対する相対的需要を減少させる。貨幣と代替関係にある仲介機関の債務の存在は、遊休状態にある、「眠れる貨幣」を流動化させ、貨幣の流通速度を速める効果がある。
　③従って、貨幣（通貨）当局が貨幣を創造する商業銀行のみを統制対象としてきたのは誤りである。当局が商業銀行の信用拡張のみを統制したとしても仲介機関の流動的間接証券が存在する限り、経済の過剰流動性を解消すること

はできない（J. G. ガーレイ、E. S. ショウ、〔桜井欣一郎訳〕、〔1963〕、180 ～ 183 頁を参照）。
272　金融辞典編集員会編、〔2002〕、164、472 頁を参照。
273　吉澤、〔2006〕、199 ～ 201 頁を参照。
274　同上書、6 ～ 59 頁を参照。

第6章 終　　章

## 6・1　米国における保険の金融化と保険論の課題

　以上の米国における保険の金融化についての現状分析と保険論の学説史的考察から、実証的また理論的に貢献したと思われる内容は以下のとおりである。

　(1) 米国における保険の金融化をもたらしたものは経済の金融化と金融の自由化を背景とする次の要因であった。第1は金融機関相互の競争が激化したことによって多様な金融商品が登場しその対応に迫られたこと。第2は保険料基盤である家計と企業が、金融市場依存と金利選好を強めたこと。第3は金融の証券化と金融主導の「保険と金融の融合」論であった。保険の金融化の内容は、生命保険商品については利回り競争につながる金融商品的な商品へ変化することによって運用資金の投機化をもたらすものであった。損害保険については料率に運用収益が反映されることによって保険収益の金融収益依存が進行するとともに、各種の保険代替と信用リスクを保険対象化するような商品が現出するという現象であった。それが意味することは、保険の使用価値である保険の経済的な保障という本質的機能の後退であった。

　(2) (1)の保険の金融化がもたらした一つの帰結といえるが、2008年世界金融危機では、本来、リスクを吸収・除去する役割をもつ保険が、金融の

システム全体の危機を誘発するような役割を果たした。産業資本の資本循環の障害を除去するために生まれた保険システムが、有価証券のデフォルトによる損害を保障する役回りまでを受け持ったことに起因するものであった。保険商品の金融商品化は、機関投資家としての資金の吸収・蓄積には貢献したが、その資金は投機的な性格をおびることになった。その基本的要因は、高いリターンを義務付け金融商品化した生命保険商品の開発・販売にあった。その結果として保険企業が投資に失敗し、経営危機、破綻に陥り、保険システムが動揺し、それが世界の金融システム全体を震撼させることにつながった。保険の歴史は、ギャンブルと投機を排除する歴史であったが、保険の金融化が進展することによって、保険は逆に累積する過剰な貨幣資本の投機活動を促進する役割を負わされたのである。

(3) 損害保険については、(1) の結果、保険の本質的な機能である保障機能の低下が進行する一方で、リスクの多様化・巨大化が進行し、全体としての想定損害額に対して、保険会社の支払資金が不足し、金融手法を活用した保険代替が出現するという保険引受能力の問題が生じた。この不足額は、基本的には、各企業が利潤から控除する保険ファンドを増額させることによって解決されるべきである。企業の過剰な貨幣資本（余剰資金）を保険ファンド形成に振り向けることが企業の持続的成長にとって不可欠なのである。しかし、米国においては、金融手法による保険代替やキャプティブ化が進行し、保険の本質的な機能である保障機能が低下し、保険システムは、全体としては衰退方向に向かったといわざるをえない。

(4) 以上の実証研究と保険論の学説史的考察から理論的に貢献したと思われるのは次の内容である。第1に、1970年代以降の米国の保険における主要な変化をリスクマネジメントと保険代替の発展ととらえる通説に対し、保険の金融化が中心的な内容であることを解明したこと。第2に、「保険商品の使用価値を金融機能（資産形成機能）ととらえ、保険資本の性格を、金融機能を中心にして把握」する主張を批判的に考察することを通じて、保険商品の使用価値および保険資本の性格規定において、経済的保障機能を基底的な役割としてとらえ、資産形成機能・金融機能との有機的な関係を明らかに

し、またその関係から、生命保険資金を投機的資金へ転化させた構造を解明したこと。第3に、保険本質論争における保険の使用価値を現代の保険の分析視角として堅持することによって、現代の保険が本質的機能（経済的保障）を後退させたことを明らかにし、保険の進むべき道を示したことである。

## 6・2　本書における残された課題

　米国における保険代替を含む保険現象の実証研究と保険本質論の学説史的考察を通じ、伝統的保険学はどのような価値があるのかを考えてきたが、それは、保険システムの経済的役割および保険資本論ともいうべき保険企業についての豊富な分析視角を提供しており、現代の米国の保険現象の解明にも有効な理論であるということであった。米国発のリスク論や金融論的保険論はリスク処理に関する分析はおこなうが伝統的保険学を無視または軽視してきたといわざるをえない。一方で、伝統的保険学は、代表的な論者である庭田、真谷等の保険本質論における金融機能重視論のもたらす問題を十分には究明できていない。筆者は保障機能を中心にした批判的な考察を試みたが議論の深まりを期待したい。伝統的保険学は、現代の保険代替を含む保険現象を分析する体系的理論、また、リスク論を経済的保障概念と結びつけ体系化する課題についてはまだ緒に就いたばかりであるといえよう。筆者が考える今後検討されるべき課題は以下のとおりである。

(1) 保険が対象とすべきリスクとリスク引受主体

　リスク論のなかで、だれが、どのようなリスクを引き受けるべきかというリスク論を発展させる課題がある。第1は、保険が対象とすべきリスクは何か、どのような基準で判断するのかである。保険の経済的要件として、リスクの移転、集積、分散の理論の有効性を考察したが、それらを保険理論の核心部分と結合させ体系化する必要がある。米国の保険現象をみると同質なリスクの集積について不十分なまま保険化している例が多くなった。特に金融

ビジネスからの保険需要として信用リスクの保険対象化があり、保険技術上の問題を抱えながら保険金支払能力破綻に至るまで進行した。保険が対象とすべきリスクは純粋リスクであって、投機的リスクではないことを基本としながら、様々な新たなリスクの保険対象化に関するリスク論を確立しなければならない。2008年世界金融危機で果たした保険の否定的役割を繰り返さないためには、避けて通れない課題である。

　第2は、リスクをカバーする主体の問題である。2011年東日本大震災の巨額損害を私的保険でカバーする限界が明瞭になった。一方、企業の内部留保と個人金融資産は、その損害額を十分に賄える額であることもはっきりしている。個々の企業と家計の災害に備えるファンドが不十分であったとしても、社会全体としてみれば損害填補が可能な富が存在するのである。問題はその資金を社会的に活用するシステムとリスクテイクの主体が存在しないことにある。すべての社会に共通に、剰余生産物によって形成されるべき保険ファンドが資本主義的保険制度下で私的・営利的にゆがめられ、必要な額に達しないという問題である。

　営利保険としての原子力損害賠償責任保険を2・1で検討したが、国家や公共的な機関がカバーすべきリスクを営利保険の保険対象にするという別角度の問題がある。合理的な保険料率、すなわち、原発の危険性と損害規模が明確にならないうちに、「国策保険」として出発してしまうという問題がある。

(2) 保険商品がもたらすモラル・ハザードと外部不経済

　米国損害保険における中心商品の損害賠償責任保険は、企業を自社製品の品質向上による賠償責任事故絶滅に向かわせるのではなく、自社製品の瑕疵による問題が起きても保険によって救われるという情報の経済学[275]でいうモラル・ハザードを引き起こす可能性をもっている。情報の経済学によれば、保険契約がなされた後にとる企業行動は、保険者が監視できないか、第三者が立証できない時、契約者企業がとる行動によってモラル・ハザードがもたらされる。公共経済学では、企業生産物の瑕疵が起こす損害賠償責任リ

スクを引き受ける経済主体（保険者）の意思決定が他の経済主体（保険契約企業）の意思決定に影響を及ぼす場合、外部経済が発生するというが、その企業行動は公害発生企業のような外部不経済（負の外部性）を発生させ、通常そのような財は過剰になるとしている。外部不経済の一例として、米国社会の「ディープ・ポケット」風潮と「アンビュランス・チェイサー」とよばれる事象をとりあげたが、紛争事故をビジネスとする弁護士が加害責任追及に奔走するアメリカ的社会現象[276]を生み出したのは損害賠償責任保険が原因の一端をになっているのである。

　資本循環内部での自然災害による損害の填補という保険の使用価値は価値実現の障害の除去の役割を果たすことであり、資本循環の下支え、潤滑油の役割であるが、米国損害保険における中心商品の損害賠償責任保険は企業行動に負の変化を与える可能性が大きいのである。このモラル・ハザードにより経済・社会に負の影響を与える可能性のある保険は、2・1・4 で述べたファイナイトや資本・利益調整に使われる再保険にみられるように増加している。金融保証保険もまた、仕組み証券の販売に寄与したが信用膨張をもたらし金融危機の引き金を引くという金融システムに負の影響を与えることになった。特定の保険商品（保険機能）がどのような外部経済を作り出すのかの解明は残された保険論の課題である。

## (3) 公的保険の代替と保険の本質

　米国の保険現象の現状分析を通じて米国生命保険は、主として公的社会保険の代替によって存立しているといえる状態に変質したことを明らかにした。損害保険でも労働者災害補償保険を私的保険が代替していることを指摘した。米国では、公的な社会保険制度の役割が小さかったうえに、さらに制度の後退が進行した。米国での現象は、公的保険の市場化（民営化）と経済の金融化がイデオロギーとしての新自由主義と結合し大きな流れとなったことによるものであり、北欧を含むヨーロッパ諸国等と比較すれば特殊的な現象であった。公的保険の代替は、保険の本質規定との関連でいえば、保険商品に福祉サービス的な側面が加わった、より広い概念をもった経済的保障の

機能が付加されたといえる。また、公的社会保険の取り込みによる保険資本の性格の変化について考察すれば、社会的共通資本[277]としての性格が強まると考えるべきであろう。米国における保険現象は、その方向とは逆に利潤原理を強め、その本質との矛盾を拡大していることを明らかにしてきた。私的保険と公的保険を何をもって区別すべきか、私的保険が公的保険を代替する基準（限界）と条件は何かについて理論的に明確にされる必要がある。

## 注

**275**　保険市場における情報の非対称性の問題としてとりあげられているのはモラル・ハザードの問題である。保険（市場）における情報の非対称性の問題とは次のような問題であるとされる。保険契約者と保険会社には保険の機能を制約する二つの情報の非対称性の問題がある。生命保険契約の申込者は自らの健康状態をよく知っているが、保険会社は詳しくは知りえないという健康に関する情報の差があるという問題である。これが保険に与える影響は保険商品の価格（料率）と収益についてである。たとえば健康状態の良いグループと悪いグループがいて、その平均的な疾病率に基づき生命保険料率が設定されている時、健康状態が悪いグループの人々にとっては保険料率は割安なものとなり健康状態が良いグループの人々にとってはその逆となる。割高と感じる人々は保険に積極的に入ろうとしない。保険会社がリスクを選別するのではなく契約者が保険加入を選択するので「逆選択」といわれるが、この問題が保険経営に大きな影響を与えるとされている。しかし、さらに大きな問題は逆の情報の非対称が存在することである。契約者にとって保険商品・料率に関する情報が少なく保険会社と対等な保険契約が締結できないという内容である。保険規制はそのような情報格差を解消し情報弱者である消費者利益を擁護するために必要である。

**276**　「ディープ・ポケット」とは、「お金はあるところ（保険会社）からとる」という風潮、「アンビュランス・チェイサー」とは自動車事故等で死傷者が救急車で運ばれると、それを追いかけて損害賠償交渉のビジネスにありつこうとする弁護士の行動を揶揄した表現である。

**277**　宇沢、[2001]、21頁によると、社会的共通資本とは、社会全体にとって共通の資産として社会的に管理、運営されるべき資本である。

**参考資料** 米国の政治・経済、金融、保険の主な変化（筆者作成）

| | 1960 | 1970～ | 1980～ | 1990～ | 2000～ |
|---|---|---|---|---|---|
| 政治経済イデオロギー | 高度成長<br>メディケア<br>メディケイド | 大企業の業績低下<br>国際競争力低下<br>クレジット・クランチ（69～70年）<br>金利上昇<br>第1次・2次オイルショック<br>機関投資家台頭、「株主価値」主張 | レーガノミクス<br>福祉削減、規制緩和、M&A<br>ブラックマンデー（87年）<br>金融の利益が製造業を上回る<br>2桁インフレ、不動産不況 | 120か月の景気拡大（91年から）<br>「金融主導経済」への転換<br>ストック・オプション拡大<br>アジア通貨危機<br>株式市場の「根拠なき熱狂」 | グラス・スティーガル法撤廃<br>金融危機<br>LTCM破綻 |
| 金融 | | 中南米累積債務問題<br>エリサ法の成立（74年）<br>機関投資家の資金量拡大<br>投資銀行、ノンバンクの進展 | 経済の金融化、金融肥大<br>ディスインターミディエーション<br>401（k）登場（81年） | 自己資本比率規制強化<br>ミューチュアル・ファンド拡大<br>デリバティブ取引拡大<br>商業銀行の非金利収益拡大<br>ヘッジファンド最盛期 | 金融の証券化拡大、住宅バブル<br>CDO、CDS取引拡大 |
| マネーフロー | | 家計資金の拡大 → ミューチュアル・ファンド、年金、保険を経由して → 株式市場、投機的市場へ流入<br>預金・終身保険からミューチュアル・ファンドへ<br>公社債を通じて企業、国家・地方財政へ | | ミューチュアル・ファンド残高が個人預金残高を超える | |
| 保険 | 企業保険の発展<br>賃金上昇による保険料収入の拡大 | | 生保版ディスインターミディエーション<br>株式投資の拡大<br>保険商品の金融商品化<br>GICの販売拡大<br>LBOに積極関与、ジャンク・ボンド投資拡大<br>ハイマン委員会報告（自由化・規制緩和）（82年） | 年金資産拡大<br>準大手生保社倒産<br>ミューチュアル・ファンドとの競争激化 | AIG破綻 |

213

# 参考文献

◆ 邦　文 ◆

青木聡、中村圭吾、小田一馬、山崎義信、「日本企業におけるリスクファイナンスの発展」、『池尾和人研究会、平成18年度三田祭論文』、2006年

M. アグリエッタ、B. ジェソップ、(若森章孝、斎藤日出治訳)、『金融資本主義を超えて』、2009年

G. アリジ、(土佐弘之監訳)、『長い20世紀——資本、権力、そして現代の系譜』、作品社、2009年

飯田哲也、「米国電気事業の規制緩和の動向」、『Business & Economic Review』、1996年

家森信善、「金融融合化と金融コングロマリットの発展」、『文研論集』(128)、1999年

石田重森、「保険における経済的保障の概念」、『生命保険文化研究所所報』(39)、1977年

石原定和、「米国証券市場における大手機関投資家としての生保会社の動向」、『国民経済雑誌』、1994年

池野高理、「保険社会」、『技術と人間』、1998年

井上武、「米国の変額年金とミューチュアル・ファンド」、『資本市場クォータリー』、1998年

井村喜代子、『世界的金融危機の構図』、勁草書房、2010年

印南博吉、『保険の本質』、白桃書房、1956年

上野清貴、「金融商品会計と公正価値」、『経営と経済』第84巻第2号、2004年

牛窪賢一、「米国投資銀行を中心とする金融ビジネスの変遷—— 401(k)プラン、投資信託、証券化を含む包括的整理」、『損保ジャパン総研』vol.128、1999年

丑山優、熊谷重勝、小林康宏、『金融ヘゲモニーとコーポレートガバナンス』、税務経理協会、2005年

宇沢弘文、『自動車の社会的費用』、岩波新書、1999年
　　　　　『社会的共通資本』、岩波新書、2001年

内田幸男、『米国保険営業のABC』、保険毎日新聞社、1993年

大沢教男、竹貫征雄、『再保険』、保険事業総合研究所、2008 年
大城祐二、「リスク転嫁に関する保険と ERM の一考察」、『保険学雑誌』第 598 号、2007 年
大田弘子、『リスクの経済学』、東洋経済新報社、1997 年
大塚秀之、『現代アメリカ社会論』、大月書店、2001 年
大畠重衞、『現代金融の制度と理論』、大月書店、1992 年
岡田太、「保険リスクの証券化に関する一考察」、『保険学雑誌』第 578 号、2002 年
小川浩昭、「保険における偶然性とリスク」、『西南学院大学商学論集』、2007 年
　　　　『現代保険学』、九州大学出版会、2008 年（a）
　　　　「保険理論の新展開」、『福岡大学商学論叢』第 52 巻 3、4 号、2008 年（b）
小倉将志郎、「経済の金融化と金融機関収益の拡大」、『証券経済学会年報』第 43 号、2008 年
尾崎充孝、「金融保証（モノライン）保険業界の概要」、『銀行法務 21』No.643、2005 年
越知隆、「米国保険事業のソルベンシー監督規制問題」、『文研論集』第 100 号、生命保険文化研究所、1992 年
　　　　『アメリカの損害保険料率制度』、損害保険事業総合研究所、2001 年
小野正昭、「エリサ法の成立と展開」、退職給付ビッグバン研究会、2009 年
恩蔵三穂、「生命保険業における破綻要因仮説と今後の課題」、生命保険文化センター、『生命保険論集』、2003 年
R. カーチス、E. ボーガン、（高木仁三郎、近藤和子、阿木幸男訳）、『原子力その神話と現実』、紀伊國屋書店、1981 年
J. G. ガーレイ、E. S. ショウ、（桜井欣一郎訳）、『貨幣と金融』、至誠堂、1963 年
笠原長寿、『保険経済の研究』、未來社、1973 年
金子卓治、「保険資本論の立場」、『関西大学商学論集』、1968 年
　　　　「保険資本の性格」、『経営研究』、1972 年
鎌田信男、「米国金融市場における機関化の帰結と日本への示唆」、『現代経営研究』第 2 巻第 2 号、2008 年
神武庸四郎、萩原伸次郎、『西洋経済史』、有斐閣、1995 年
清田匡（信用理論研究学会編）、『現代金融と信用理論』、大月書店、2006 年
銀泉コンサルティング、「米国における賠償責任の最新事情」、2008 年
金融辞典編集員会編、『大月金融辞典』、大月書店、2002 年

草苅耕造、「信用リスクにおける保険会社の役割」、『保険学雑誌』第 605 号、2009 年

櫛田久代、「ラルフ・ネーダーの二大政党批判」、『愛敬大学国際研究』第 20 号、2007 年

熊迫勝久、田村貢一、「米国における生保関連証券化の現状」、『生命保険研究』第 74 巻第 1 号、2006 年

熊谷尚夫、「純粋生命保険の経済的性格」、『生命保険文化研究所報』、1965 年

M. クラマー、(安田総合研究所訳)、『米国金融機関のリスク評価』、1991 年

厳偉祥、「金融危機における投資銀行のビジネスモデルの崩壊に関する一考察」、『地域総合研究』第 37 巻第 2 号、2010 年

小松原章、「米国の変額年金に対する適合性原則導入と生保業界の対応」、『ニッセイ基礎研所報』51 号、2008 年

後藤和廣、「差異が縮小するリスク・サービス産業」、『保険学雑誌』第 605 号、2009 年

酒井泰弘、「リスクと保険の経済分析」、『国民経済雑誌』170 (3)、1994 年

佐々木修、「米国医療保険の現状と課題に関する一考察」、『損害保険研究』第 70 巻第 4 号、2009 年

芝田進午監修、本間照光・小林北一郎、『社会科学としての保険論』、汐文社、1983 年

下和田功、『リスクと保険』、有斐閣ブックス、2008 年

スイス再保険会社、「ART (代替的リスク移転) の実態」、『Sigma』、2003 年、第 1 号

「再保険にシステミック・リスクはあるか?」『Sigma』、2003 年、第 5 号

「信用保険と保証」、『Sigma』、2006 年、第 6 号

「証券化——保険会社と投資家にとっての新たな好機」、『Sigma』、2006 年、第 7 号

P. スウィージー、P. バラン、(小原敬士訳)、『独占資本』、岩波書店、1968 年

杉浦正和、「CDS におけるバイヤー・セラーおよびシンセティック CDO における組成者・投資家のインセンティブ」、『早稲田国際経営研究』No.41、2010 年

諏澤吉彦、「損害保険経営における巨大損失ファイナンス手法の選択問題——企業リスクマネジメントにおける保険とファイナンスの融合の流れの中で」、

　　　　一橋大学商学部博士論文、2006 年
　　　　「ファイナンス理論の発展とその保険事業への影響に関する考察」、『損害保険研究』第 69 巻第 1 号、2007 年
鈴木直次、『アメリカ産業社会の盛衰』、岩波新書、1995 年
鈴木守、「保険における経済理論適用の限界について」、『調査と研究』第 8 号、1961 年
須田眩、『保険の近代経済学的研究』、保険研究所、1963 年
損保ジャパン総合研究所、「米国損害保険市場の動向」、損保ジャパン総研クォータリー
　　　　「2001 年度の実績とトレンド変化」
　　　　「2002 年の実績とトレンド変化」
　　　　「2008 年の実績」
　　　　「金融と保険の融合の進展」、2008 年 12 月
高崎康雄、「米国における保険と共済」、『生命保険経営』第 73 巻第 1 号、2005 年
高田太久吉、「経済の金融化は資本主義をどこに導くか」、『経済』No.155、2008 年
　　　　『金融恐慌を読み解く』、新日本出版社、2009 年
竹濱修、「ファイナイト保険の法的性質」、『立命館法学』310 号、2006 年
立石剛、「アメリカ経済の金融化について」、『西南学院大学経済学論集』第 44 巻、2010 年
田中健司、森朋也、「米国における健康保険市場と保険会社のヘルスケア事業」、『損保ジャパン総研クォータリー』vol.45、2005 年
谷田庄三、野田正穂、久留間健、『現代の金融の制度と理論』、大月書店、1992 年
玉田巧、「金融.仲介機関と生命保険会社──現代金融政策との関連において」、『論集』7 号、1967 年
田村祐一郎、「保険の歴史性と社会性」、『現代保険学の展開』、1990 年
知見邦彦、「AIG の破綻と金融証券化の呪縛」、『経済』No.170、2009 年（a）
　　　　「サブプライム・ローン問題で顕在化したモノライン保険の虚構性」、『中央大学経済学研究科大学院研究年報』第 38 号、2009 年（b）
G. ディムスキー、G. エプシュタイン、R. ポーリン編、（原田善教監訳）、『アメリカの金融システムの転換』、日本経済評論社、2001 年
P. E. ドラッカー、（上田淳生訳）、『見えざる革命』、ダイヤモンド社、1996 年
富沢泰夫、「財産異常災害リスクのセキュリタイゼーション」、『安田総研クォータリー』22 号、(http://www.sj-ri.co.jp/issue/quarterly/data/qt22-3.pdf)

長岡繁樹、「米国損害保険個人マーケットにおける募集チャネルの最新動向」
　　　（http://www.sj-ri.co.jp/issue/quarterly/data/qt32-1.pdf）
中浜隆、『アメリカの生命保険業』、同文館出版、1993 年
　　　『アメリカの民間医療保険』、日本経済評論社、2006 年
中本悟、「1980 年代における企業合併・買収運動」、大阪市大『季刊経済研究』第
　　　13 巻第 2 号、1990 年
ニッセイ基礎研究所、『生命保険の知識』、日経文庫、2001 年
日本銀行金融市場局、「米国短期金融市場の最近の動向について――レポ市場、FF
　　　市場、FF 金利先物、OIS 市場を中心に」、『BOJ Reports & Research
　　　Papers』、2007 年
庭田範秋、『保険経済学序説』、慶応通信、1960 年
　　　『現代保険の問題点とその解明』、慶応通信、1971 年
　　　『現代保険の課題と展望』、慶応通信、1977 年
　　　『保険における営業性と福祉性』、東洋経済新報社、1990 年
　　　『新保険学』、有斐閣、1993 年
　　　『新保険学総論』、慶応通信、1996 年
野村資本市場研究所、『米国の投資信託』、日本経済新聞社、2008 年
萩原伸次郎、中本悟、『現代アメリカ経済』、日本評論社、2005 年
箸方幹逸、「保険理論の基礎概念（二）」、『生命保険文化研究所論集』、1966 年
　　　「保険ファンド Assekuranzfonds 範疇の成立」、『生命保険文化研究所論
　　　集』、1968 年
　　　『近代保険の起源と相互主義――経済人類学に学ぶ』、成文堂、1992 年
S. E. ハリントン、G. R. ニーハウス、（米山高生監訳）、『保険とリスクマネジメン
　　　ト』、東洋経済新報社、2005 年
A. A. バーリ、G. C. ミーンズ、（北島忠男訳）、『近代株式会社と私有財産』、分雅
　　　堂銀行会社、1959 年
花田昌宣、「フランスにおける年金基金制度導入をめぐる論争と新たな成長体制の
　　　模索」、『社会関係研究』第 8 巻第 2 号、2002 年
馬場克三、後藤泰二、『保険経済概論』、国元書房、1977 年
浜崎浩一、「国際再保険市場、変わる勢力地図　世界が注目するバミューダ」、『週
　　　刊東洋経済（6038）』生保・損保特集、東洋経済新報社、2006 年
樋口修、「米国における金融・資本市場改革の展開」、『レファレンス』、2003 年 12
　　　月号

土方薫、『保険デリバティブ』、日本経済新聞社、2001 年
平山賢一、「18 世紀欧州の年金保険」、『市場の金融史観』No.30、2005 年
平山吉雄、「米国のミューチュアル・ファンドと生命保険」、『保険学雑誌』第 447 号、1969 年
日吉信弘、『代替的リスク移転（ART）』、保険毎日新聞社、2000 年
　　　　「代替的リスク移転の原理と応用」、『損害保険研究』第 64 巻第 1 号、2002 年
古川顕、『テキストブック現代の金融』、東洋経済新報社、1999 年
古瀬正敏、『アメリカの生命保険会社の経営革新』、東洋経済新報社、1998 年（a）
　　　　「金融大改革と生命保険会社の資産運用のあり方」、『立命館経済学』第 47 巻第 2、3、4 号、1998 年（b）
　　　　「景気後退下の米国生保業界」、『ニッセイ基礎研所報』Vol.55、2009 年
U. ベック、（島村賢一訳）、『世界リスク社会論』、平凡社、2003 年
北條裕雄、「米国における生命保険会社の個人年金業務」、『文研論集』101、1992 年
堀田一吉、「保険機能とファイナンス」、庭田範秋編、『新保険学』、有斐閣、1993 年
堀内昭義、『金融論』、東京大学出版会、1994 年
B. カートナー、「衰退する中流層」、『アトランティック・マンスリー』誌、1983 年
前田祐治、「リスクファイナンスの関する諸問題の研究――ファイナイト・リスクの功罪」、平成 21 年度、日本保険学会大会
松井和夫、『現代アメリカ金融資本研究序説』、文眞堂、1986 年
　　　　『セキュリタイゼーション――金融の証券化』、東洋経済新報社、1987 年
松岡博司、「米国における銀行の個人年金販売」、『ニッセイ基礎研 REPORT』、2005 年
　　　　「契機後退下の米国生保業界」、『ニッセイ基礎研所報』Vol.55、2009 年
K. マルクス、（大内兵衛、細川嘉六監訳）、『マルクス・エンゲルス全集』、大月書店、1966 年
真谷尚生、『保険理論と自由平等』、東洋経済、2003 年
水島一也、『近代保険論』、千倉書房、1964 年
　　　　『保険の競争理論』、千倉書房、1967 年
みずほ金融調査部、「欧米の大手金融機関における投資銀行部門の展望」、『みずほ

総研論集」、2009 年
宮村健一郎、「アメリカ銀行業の保険戦略」、『経営論集』第 63 号、2004 年
三和祐美子、『機関投資家の発展とコーポレート・ガバナンス』、日本評論社、1999 年
ミュンヘン再保険会社、『Munich Re』、2001 年
毛利良一、『アメリカ金融覇権の終わりの始まり』、新日本出版社、2010 年
森本祐司、「金融と保険の融合について」、『日本銀行金融研究所・金融研究』、2000 年
森宮泰、「米国における年金制度消滅保険」、『生命保険文化研究所所報』(54)、1981 年
山際完治、『現代日本の金融』、大月書店、1992 年
山口光恒、『現代のリスクと保険』、岩波書店、1998 年
吉澤卓哉、『企業のリスク・ファイナンスと保険』、千倉書房、2001 年
『保険の仕組み』、千倉書房、2006 年
米谷隆三、『保険経済の研究』、同文館、1929 年
米田貢、「Nationalkredit、Staatskredit の概念をめぐって (2)」、『経済学論纂』第 28 巻第 5・6 合併号、1987 年
李洪茂、「損害保険におけるアンダーライティング」、『早稲田商学』第 359 号、1994 年
R. ローウェンスタイン、(鬼澤忍訳)、『なぜ GM は転落したのか』、日本経済新聞出版社、2009 年
B. R. ロバート、(仲谷巌訳)、『21 世紀の資本主義のイメージ』、ダイヤモンド社、1991 年

## ◆ 英 文 ◆

A. A. J., (American Association Justice), "How Insurance Companies Deny, Delay,Confuse and Refuse", 2008 (http://www.hardywolf.com/pdf/AAJ-tricks-of-the-trade-Insurance-Tactics.pdf)

A. F. G. I., "Business Overview of Primary Bond Insurers and Report on Involvement in US Residential Mortgage-Backed Securities and Collateralized Debt Obligations of Asset-Backed Securities", *Association of Financial Guaranty Insurers*, 2007 (www.afgi.org/pdfs/

Overview_PrimaryBondInsurers.pdf)

Akerlof, G., "The Market for "Lemons" : Quality Uncertainty and the Market Mechanism", *Quarterly Journal of Economics*, 1984

Armstrong Investigation, Testimony Taken Before the Joint Committtee of the Senate and Assembly of the State of New York Vol.I-IV 1905

Bantwal, V. J., Howard C. Kunreuther, "A Cat Bond Premium Puzzle?", *Research Associate, Wharaton Risj Management and Dicision Processes Center*, 1999

Baranoff, E. G., Thomas W. Sager, "Mortgage Backed Securitis and Capital of Life Insurers: Was the Industry prepared for the Credit Crunch of 2007-2008?", *The Geneva Association / IIS Research* (http://www.professorofinsurance.com)

Basel Committee on Banking Supervision The Joint Forum, "Credit Risk Transfer", *Bank For International Settlements*, March 2005 (http://www.bis.org/publ/joint13.pdf)

Booth, G., "Managing Catastrophe Risk", *FT Financial Publishing*, 1997

Brown, M. J., James M. Carson & Robert E. Hoyt, "Dynamic Financial Models of Life Insurers", *North. American Actuarial Journal School of Business University of Wisconsin*, 2000

Cotz, D. M., "The Current Financial and Economic Crisis: A Systemic Crisis of Neoliberal Capitalism", *Review of Radical Political Economics*, January 2009

Crotty, J., "Structural Causes of the Global Financial Crisis: A Critical Assessment of the 'New Financail Architecture'", *PERI University of Massachusetts Amherst Working Paper*, Series Number 180, September 2008

Dore, R., "Financialization of the global economy", *Industrial and Corporate Change*, Volume 17, Number 6, 2008

Etherington III, G. and Theodore P. Augustions, "Bank/Insurer Consolidation Faces Barriers to Success" *Business Insurance*, Chicago, March 18, 2002

Gertler, M. L., and R. Glenr Hubbard, "Taxation, Corporate Capital Structure, and Financial Distress", *MA, National Bureau Economic Research*, 1989

Gurley, J. G., "Liquidity and Financial Institutions in the Postwar Economy", *Sutdy Paper 14, Joint Economic Committee*, 8th Cong. 1960

Jaffee, D., "Monoline Restrictions, with Applications to Mortgage Insurance and Title Insurance", *Review of Industrial Organization*, 2006 (http:/faculty. hass.berkeley.edu.jaffee.papers/)

Knight, F. H., *Risk, Uncertainty, and Profit*, New York; Hart, Shaffner, and Marx, 1921

Kramer, O., *Rating the Risks Assessing the Solvency Threat in the Financial Services Industry*, Insurance Information Inst. 1991

Kregel, J., "Minsky's Cushions of Safty Systemic Risk and the Crisis in the U.S. Subprime Morgtgage Market", *The Levy Economic Institute of Bard College, Public Policy Brief*, No.93, 2008

Krippner, G. R., "The financialization of the American economy" *Socio-Economic Review*, 2005

Lawrence, M., Jared Bernstein, and Heidi Shierholz, *The State of Working America 2008/2009*, Economic Policy Institute ILR Press, 2009

Mah-Hui L. M., "Old Wine in a New Bottle: Subprime Mortgage Crisis - Causes and Consequences", *The Levy Economics Institute*, working paper No.532, 2008

McNichols, J. P., "Monoline Insurance & Financial Guaranty Reserving" *ACAS, MAAA Jabberwocky, Lewis Caroll* (http://www.casact org/pubs/for um/03fforum/03ff231.pdf)

Nesvetailova, A., "The End of A Great Illusion: Credit Crunch And Liquidity Meltdown", *DIIS Working Paper*, No.23, 2008

Norman H. E., "UL Profitability Without Pain", *Best's Review*, February 1988

Pally, T., "Financialization: What It Is and Why It Matters", *The Levy Economics Institute, Working Paper*, Series No.153, 2007 "After the Bust: The Outlook for Macroeconomics & Macroeconomic Policy", *Macroeconomic Policy Institute IMK working paper*, No.20, 2008

Philip, D., "Now for the Really Tough Times", *Journal of the American Society of CLU & ChFC*, May 1987

Rajan, R. G., "Has Financial Development Made The World Riskier" *NBER Working Paper Series* 11728, 2005 (http://www.nber.org/papers/wll728)

Reagan Consulting, Inc., "2003 ABIA Study of Lead Banks Insurance" October 2003

Robert, I. M. & Emerson Cammack, *Principles of Insurance*, 5th Homewood, Ill,: Richard D. Irwin 1972

Saez, E., "The Evolution of Top Incomes in the United States", *Pathways Magazine, Stanford Center for the Study of Poverty and Inequality* August 2009

Shelp, R., *Fallen Giant, The Amazing Story of Hank Greenberg and The History of AIG*, John Wiley & Scons, Inc, 2006

Schulmeister, S., "Boom-Bust Cycles and Trading Practices in Asset Markets, The Real Economy and the Effects of a Financial Transactions Tax", *WIFO Working Papers*, 364, 2010

Smith, A., *An Inquiry Into The Nature And Causes of The Wealth of Nations*, Edwin Cannan, M. A., LTD, The Modern Library New York, 1937

Tait, W., *Insurance and Money Trust*, London, 1933

The Kaiser Family Foundation and Health Research and Education Trust, "Survey of Employer-sponsored Health Benefits", 2008

Wilmarth, Jr., A. E. The Transformation of the U. S. Financial Services Industry, 1975-2000: Competition, Consolidation, and Increased Risks" *University of Illinois Law Review*, Vol.2002, No.2, 2002

William K, Sjostrom, Jr., "The AIG Bailout", 2009 (http://ssm.com/abstract=1346552)

#　　　索　　引

## | あ行 |

アームストロング調査　126, 131
アンダーライティング　35, 64, 156
異常災害債券　67
インテグレーティッド・リスク・プログラム　58
エリサ法　22, 107, 115, 150
エンベディット・バリュー証券化　70
オフ・バランスシート・キャピタル　58

## | か行 |

確率計算　60, 71, 81
家計保険　178
カバー　33, 197
株主価値至上（重視）主義　117, 155
貨幣節約　187
カレント・アサンプション保険　65
機関投資家　12, 91, 112
企業年金　21, 115
キャッシュフロー・アンダーライティング　28, 30, 47, 103
キャプティブ　59, 60
給付・反対給付均等の原則　181
金融コングロマリット化　91, 109
金融再保険　48, 52
金融資本　126

金融主導の保険金融論　5
金融仲介（業）　194
金融保証保険　34, 51, 75, 103
金融リスクの保険対象化　7
金利感応型保険商品　15, 42, 65, 100, 123, 156, 168, 169, 179
金利スワップ取引　70
グラム・リーチ・ブライリー法　43, 44, 109, 110, 157
クレジット・デフォルト・スワップ（CDS）　3, 33, 40, 78, 122, 124
経済（的）準備　176, 181, 183
経済的保障　8, 60, 166, 169, 180, 183
経済の金融化　8, 138
契約者余剰　39
公助　165
公的保険の民営保険化　4, 63
コーポレート・ガバナンス　155, 156
コンバインド・レシオ　27, 28, 35, 101, 102, 103

## | さ行 |

再々保険契約　36, 41
最低自己資本要件　45
最低保証　18, 20, 180
再保険会社　36
サブプライム・ローン　31, 141, 148, 154

死差益　21, 99, 188
資産・負債総合管理（ALM）　97, 124, 196
自助　165, 169
死亡率リンク債券　69
資本範疇　184
シャドーバンキング　157
収支相当の原則　200
終身保険　16, 96, 118, 168, 196
純粋リスク　57
証券化商品　49, 140
条件付き給付　81
新種保険　168
シンセティックCDO　77
信用膨張　56, 75, 76
ストック・オプション　155
生存保険　16
責任準備金　16, 71, 95, 171
全米保険監督官協会（会議）　45
総合金融機関化　91, 105
相互扶助　165, 167, 169
損害賠償責任保険　31

| た行 |

貸借関係としての金融　56
代替的投資　130
団体生命保険　16
積立方式　21, 115
積立保険料　132, 171
定期保険　15, 16, 168, 179
ディスインターミディエーション　45, 109
天候デリバティブ　74

伝統的保険学（論）　164, 197, 209
投機的リスク　57
投資信託　17, 113, 148
特別目的会社　66
トリガーイベント　72

| は行 |

ハイマン委員会報告　46
パットマン報告　127
費差益　21, 188
非常時劣後債　68
被保険者　79
被保険利益　62, 79
ファイナイト　iii, 53, 54
賦課方式　21
複合金融機関　100, 140
プレミアム　72
分離勘定　20, 65, 131, 132, 192
平準保険料方式　4, 93, 130
変額保険　18, 42, 99, 120
ポートフォリオ理論　55
ホームオーナーズ　102, 103
保険会社のソルベンシー　45
保険基金（ファンド）　172, 174, 175, 178
保険資金　4, 129, 183
保険商品の使用価値　7, 163, 187, 208
保険代替（ART）　59, 209
保険デリバティブ　59, 73
保険の金融化現象　4, 5, 163, 169
保険の（経済的）本質　3, 169, 181
保険販売チャネル　41
保険費用　172, 173, 177

保険リスクの証券化　7, 59, 66, 71, 73, 74, 168

| ま行 |

マルチライン　13
未積立年金債務　116
ミューチュアル・ファンド　96, 104, 105, 107, 108
メディケア　23, 150
メディケイド　23, 150
モーゲージ担保証券（MBS）　34, 51, 118, 121, 122
元受保険会社　36
モノライン　13, 48

| や行 |

ユニバーサル保険　14, 17, 42, 104
予定利率　93, 94, 124, 192
予備貨幣　181, 182

| ら行 |

利差益　188
利子生み機能　192
利子生み資本　6, 163, 192
リスク移転　60, 198
リスクコントロール　50
リスク遮断　51
リスク集積　199
リスクテイカー　197
リスクの多様化・巨大化　56, 208
リスクの当初存在　199
リスクファイナンシング　58
リスク分散　200

リスクヘッジャー　197
リスクマネジメント　55, 57
リスク論　164, 197
レポ市場　121, 128
ロング・テール・リスク　38, 53

| わ行 |

ワンストップショッピング　109

| アルファベット |

AIG　3, 48, 122, 124
ALM（資産・負債総合管理）　97, 124, 196
CAMP 理論　55
CDO　34, 49, 121
CDS（クレジット・デフォルト・スワップ）　3, 33, 40, 78, 122, 124
GIC　19, 65, 158
HMO　25, 150
IAIS　38, 45, 69
IRA　19, 22, 107
MBS（モーゲージ担保証券）　34, 51, 118, 121, 122
MMMF　17, 140, 168
POS　25
PPO　25

| その他 |

401（k）　18, 22, 150, 158

【著者】知見 邦彦（ちけん・くにひこ）

1943 年　東京都生まれ
1967 年　横浜国立大学経済学部卒業
1967～2002 年　大成火災海上保険株式会社勤務
2011 年　中央大学経済学研究科博士課程修了、博士学位（経済学）取得

現住所　〒 409-0614　大月市猿橋町猿橋 2755

---

## 米国における保険の金融化

2012 年 3 月 31 日　第 1 版第 1 刷発行　　　※定価はカバーに
　　　　　　　　　　　　　　　　　　　　　　表示してあります。

著　者——知見 邦彦

発　行——有限会社 唯学書房
　　　　　〒101-0061　東京都千代田区三崎町 2-6-9　三栄ビル 502
　　　　　TEL　03-3237-7073　　FAX　03-5215-1953
　　　　　E-mail　hi-asyl@atlas.plala.or.jp
　　　　　URL　http://business2.plala.or.jp/asyl/yuigaku/

発　売——有限会社 アジール・プロダクション

装　幀——米谷 豪

印刷・製本——中央精版印刷株式会社

Ⓒ Kunihiko CHIKEN 2012 Printed in Japan
乱丁・落丁はお取り替えいたします。
ISBN978-4-902225-72-3 C3033